G. W. Surya · Okkulte Diagnostik und Prognostik

G. W. Surya

Okkulte Diagnostik und Prognostik

6. Auflage

Rohm-Verlag Bietigheim/Württemberg

ISBN 3 87683 140 7
© 1982 by Rohm-Verlag Bietigheim
Alle Rechte, insbesondere das der Übersetzung, vorbehalten
Gesamtherstellung: H. Mühlberger, Augsburg

Inhaltsverzeichnis

Vorwort zur vierten Auflage

Als im Jahre 1921 die erste Auflage dieses Buches erschien, war es doch noch ein gewisses Wagnis, derlei zu veröffentlichen. Wohl zeigte sich gleich nach Beendigung des Weltkrieges in aller Welt, besonders auch in deutschen Landen, ein auffallend reges Interesse für alles Okkulte sowie für alle Geheimwissenschaften, aber die okkulte Medizin war, was ihre Wiederentdeckung, Erprobung und Begründung anbetrifft, doch erst im Werden begriffen und hatte noch nicht so weite Kreise erfaßt wie heute. Zudem: vieles war für unsere Zeit zu neu, ungeklärt, unerwiesen, zu paradox und daher mit den bisherigen Prinzipien unserer Erkenntnis im allgemeinen und jenen der offiziellen Medizin im besonderen zu sehr im Widerspruch stehend. Überdies versuchten auch unlautere Elemente wie Schwärmer, Schwindler und Konjunkturritter sich des ganzen Okkultismus zu bemächtigen und so bekam das Wort ,,okkult" leider sehr bald keinen guten Klang. An sich ist dieses lateinische Fremdwort ganz harmlos und bedeutet nur soviel als verborgen oder geheim. Das ist, wie man zugeben muß, durchaus kein mystischer oder nebelhafter Begriff. Denn wer wollte heute leugnen, daß es in der Natur und im Menschen noch unendlich Vieles gibt, was uns bisher verborgen blieb?

Sind wir doch in Wahrheit überall von Rätseln und Wundern umgeben, sobald wir uns nur die Mühe nehmen, irgendeine Erscheinung oder ein Problem tiefer ergründen zu wollen. GOETHE hat dies bereits klar erkannt und sagte: ,,Wir wandeln alle in Geheimnissen. Wir sind von einer Atmosphäre umgeben, von der wir noch gar nicht wissen, was sich in ihr regt und wie es mit unserem Geiste in Verbindung steht."

Natürlich im Rahmen einer seichten materialistisch-mechanistischen Weltanschauung und einer ebensolchen oberflächlichen Wissenschaft ist für das wirklich Okkulte so wenig Platz, wie für das Geheimnisvolle und Wunderbare.

Aber unbemerkt von der großen Menge der Halbgebildeten und Unbelehrbaren hat sich im letzten Jahrhundert in wirklich führenden, wissenschaftlichen Kreisen eine derartige Abkehr von der bisher herrschenden materialistisch-mechanischen Weltanschauung vollzogen, wie man dies früher kaum für möglich gehalten hätte. Nicht nur philosophisch hat sich das materialistisch-mechanistische Weltbild als teilweise falsch und unhaltbar gezeigt, sondern was viel schwerer wiegt, gerade die Naturwissenschaften, wie Physik, Chemie und Biologie, haben am meisten dazu beigetragen, daß man heute immer mehr und mehr die volle Berechtigung einer metaphysischen Weltanschauung zugeben muß. – Hat doch z. B. die Physik das Atom bereits dematerialisiert, indem sie experimentell zeigte, daß es nur aus elektrischen Kraftwirbeln oder Kraftfeldern des Äthers besteht. Kraft ist aber ein durchaus übersinnlicher Begriff, denn das Wesen der Kraft an sich können wir nicht ergründen, noch direkt wahrnehmen, wir sehen immer nur deren Wirkungen! Mithin ist alle Materie nur „vorgetäuschte Wirkung" von uns ihrem Wesen nach ganz unbekannten Kräften. So sagen die Physiker unserer Zeit ausdrücklich, denn niemand weiß, was z. B. Elektrizität ihrem wahren Wesen nach ist. Vom Äther ganz zu schweigen.

Ebenso hat die moderne Biologie der materialistisch-mechanistischen Weltanschauung den Todesstoß versetzt. Das Rätsel des Lebens ist ohne Annahme der Beseelung der ganzen Natur absolut nicht zu lösen. – Das hat sogar HAECKEL erkannt, und daraufhin schrieb er sein letztes Buch „Kristallseelen", wodurch er wohl den materialistischen Monismus selbst überwunden hat. Denn, wie er in diesem Buche ausdrücklich sagt, gibt es nicht nur Kristallseelen, sondern auch Pflanzenseelen und Atomseelen, Molekülseelen usw. und alle diese Seelen sind ebenso unzerstörbar wie jede andere Energie, und er spricht direkt von der Unsterblichkeit dieser Seelen. Da aber aus sich selbst heraus niemals Lebendiges erstehen kann, so mußte HAECKEL selbst den Weltäther als belebt und beseelt erklären. Der Weltäther ist aber wahrlich allgegenwärtig und ewig zu nennen.

Damit war die alles belebende, organisierende Weltseele, oder wenn man will, der die ganze Schöpfung erfüllende schöpferische Weltgeist sozusagen naturwissenschaftlich wieder entdeckt worden. Auch der große deutsche Physiker GEHEIMRAT PLANCK sagt ausdrücklich, daß gegen die Annahme eines Allgeistes nichts einzuwenden sei, nur dieser könne die Schöpfung und deren Geheimnisse erklären und man könne, wenn man wolle, diesen Geist des Weltalls auch GOTT nennen. Damit sind wir aber letzten Endes zu einem spirituellen oder geistigen Monismus gelangt, wie ich solchen eingehend in meiner Schrift: ,,Wahrer und falscher Monismus" dargelegt habe. Solch ein geistiger Monismus ist ohne Zweifel der Wahrheit weitaus näher, als ein materialistischer oder energetischer Monismus, und im Lichte des geistigen Monismus lösen sich auch viel zwangloser alle biologischen Probleme wie Anpassung, Zielstrebigkeit, Instinkt, Lebenskraft usw., ebenso wie jene einer wahren Psychologie oder gar der Parapsychologie. Denn der geistige Monismus sieht im schöpferischen Geiste das Primäre, den Urgrund aller Dinge und Wesen. Mithin ist für ihn auch die menschliche Seele keineswegs nur eine Funktion oder vorübergehende Tätigkeitsform des Gehirns oder Nervensystems, sondern der sichtbare, grobstoffliche, menschliche Körper ist nur die zeitweise Materialisation (stoffliche Verdichtung) der an sich unsterblichen Seele. Das falsche Dogma, Gehirn gleich Seele, muß endlich fallen!

Und wie es in unserer grobstofflichen Welt eine Unmenge von Lebewesen aller Art gibt, so mag es auch in ätherischen und höheren Welten eine Unzahl von intelligenten Wesen geben, die teils höher, teils niedriger als der Mensch stehen, wenn sie auch normalerweise für uns unwahrnehmbar sind. Derartige unsichtbare Intelligenzen, die man Geister, Dämonen, Engel usw. nennt, können auch unser Dasein gut oder böse beeinflussen. Das alles mag für viele, die noch im materialistischen Fahrwasser schwimmen, unglaublich klingen. Wer aber, so fragen wir, kann Gott und der Natur in ihren unendlichen schöpferischen Möglichkeiten Grenzen setzen? Daher kann es sehr wohl auch Menschen geben, die sich mit solch unsichtbaren Intelligenzen, zu welchen auch die Seelen der verstorbenen Menschen zu zählen sind, in Verbindung setzen und mit deren Hilfe magische Wirkungen vollbringen können. Andrerseits ist es gleichfalls möglich, daß bestimmte Menschen teils angeborene, teils erworbene magisch-mystische Kräfte besitzen und nun ebensolche Wunder vollbringen können wie jene unsichtbaren Intelligenzen. Dadurch erscheinen uns die wunderbaren Phänomene der echten spiritistischen Medien und der wahren Yogis, Fakire, Zauberer, Medizinmänner, Hexen und Hexenmeister, aber auch der Heiligen, Ekstatiker und Mystiker in einem ganz anderen Lichte. Diese Phänomene kann heute kein Einsichtiger mehr leugnen. Nur die Feinde der Wahrheit wollen sie nicht zugeben.

Überdenkt man dies alles, so muß man zur Einsicht kommen, daß geistig-schöpferische Kräfte, die man ebensogut magische Kräfte nennen kann, in uns selbst und um uns in der ganzen Natur wirksam sind, daß wir uns ohne Vorhandensein dieser primären, geistigen Kräfte weder die Entstehung eines Atoms noch jene eines Sonnensystems befriedigend erklären können. Wir erkennen dadurch immer deutlicher die Richtigkeit des uralten Satzes, daß in Wahrheit hinter allen Dingen Magie ist. Oder wie es in der Bhagavad-Gita, dem heiligen Buche der Inder, treffend heißt: ,,Durch den geheimnisvollen Zauber meiner Schöpfungskraft habe ICH (BRAHMA, GOTT) dieses ganze Weltall mit allen seinen Erscheinungen aus Mir selber hervorgebracht. Siehe das Universum mit allem, was sich darin bewegt, als eine Einheit, ein Ganzes in meinem Leibe." Mithin können wir auch mit DR. FRANZ HARTMANN sagen: ,,Die Welt ist nur ein zeitweise verdichteter Gedanke Gottes, oder ein Traum Brahma's". Oder, wenn man sich nüchterner, philosophischer ausdrücken will: Die Welt entstand durch Wille und Vorstellung Gottes. Wille und Vorstellung in einer schöpferischen Potenz vereinigt finden wir aber im schöpferischen Worte Gottes, wie dies im EVANGELIUM JOHANNES I. 1–10, in unübertrefflicher Klarheit niedergelegt ist. Dort ist für den Erkennenden die Brücke, welche von der Physik zur Metaphysik führt . . . Diese Brücke überschreitend, gelangen wir wieder zum magisch-mystischen Weltbild.

Dieses urälteste Weltbild erweist sich auch heute als das vollkommenste! Denn nur das magisch-mystische Weltbild umfaßt auch die ganzen Geheimlehren und Geheimwissenschaften aller

Völker und aller Zeiten! Und unser vielgepriesenes „exaktes Wissen", über die Erscheinungen der materiellen Ebene, auf welcher wir augenblicklich uns verkörpert haben, gleicht nur dem sichtbaren Teil des Sonnenspektrums, welches sich bekanntlich links und rechts davon noch ganz erheblich ausbreitet. Ja, der unsichtbare Teil des Sonnenspektrums ist viel größer als der sichtbare. Mithin war unsere bisherige Wissenschaft zum allergrößten Teile nur „Sichtbarkeitswissenschaft". Aber die Welt des Unsichtbaren hat deswegen nie aufgehört zu existieren und zu wirken! – Je mehr aber unsere moderne Wissenschaft in die Welt des Unsichtbaren hineinwächst, desto mehr muß sie die Richtigkeit der Metaphysik anerkennen und damit auch die Berechtigung der Geheimwissenschaften sowie die Realität ihrer Phänomene, besonders dann, wenn diese schließlich positive Wirkungen, ja handgreifliche Veränderungen innerhalb oder außerhalb unseres Körpers erzeugen ... Denn die okkulten Phänomene kann heute nur ein Unwissender oder ein böswilliger Gegner leugnen. Der Okkultismus ist eine Macht geworden, welche vielleicht nur von in ihn eingedrungenen Menschen richtig eingeschätzt wird. Er kann von Gegnern nicht vernichtet werden, sowenig wie es ihnen mit den Naturwissenschaften gelungen ist.

Und so erleben wir innerhalb der letzten zehn Jahre endlich auch in Deutschland eine wahre Renaissance der Geheimwissenschaften, woran allerdings Außenseiter und Laien den allergrößten Anteil hatten. Diese Wiedergeburt der okkulten Wissenschaften habe ich vorausblickend bereits vor 25 Jahren in meinem Buche: „Moderne Rosenkreuzer, oder die Renaissance der Geheimwissenschaften" so eingehend und lebendig geschildert, daß dieses Buch fort und fort Neuauflagen erlebte, und jetzt in 10. Auflage vorliegt.

Wie ungeheuer umgestaltend aber dieses Wiedererwachen der Geheimwissenschaften auf unsere Weltanschauung, auf unsere Wissenschaften, auf Kunst, Religion, ja auf unser ganzes Leben sich auswirken wird, läßt sich heute kaum voraussagen. Wenn aber eine Wissenschaft davon besonders tief berührt, ja umgeschaltet, neu belebt werden kann, so ist dies die Medizin!

Denn vergessen wir nicht, gerade die Medizin ist durchaus nicht immer eine unveränderliche Wissenschaft, wie etwa die Mathematik, sondern die Medizin, als Heilkunde im weitesten Sinne des Wortes aufgefaßt, beruht immer auf der jeweiligen Erkenntnisstufe der Menschheit. Schon eine einzige naturwissenschaftliche Erfindung, wie etwa die des Mikroskopes, der Röntgenstrahlen oder die Entdeckung der Radioaktivität, haben unabsehbare Folgen für die Theorie und Praxis der Medizin gehabt.

Mithin können wir sagen: Ändert sich unsere Naturerkenntnis, ändert sich unser ganzes Weltbild, ja unsere Weltanschauung, so ändern sich auch zwangsläufig die Grundlagen und praktischen Methoden unserer Medizin.

In einem Zeitalter also, wo man fest davon überzeugt war, daß Dämonen Krankheiten verursachen können, mußte zwangsläufig auch die Medizin davon Notiz nehmen, und man suchte nach Abwehrmitteln gegen dämonische Krankheitseinflüsse oder trieb die Dämonen durch probate Mittel aus. Und der Effekt war in vielen Fällen Gesundheit. Das ist gar nicht so unwissenschaftlich wie man meint. Und wenn es Dämonen gibt, die so klein sein sollen, daß ihrer Zehntausend auf einer Nadelspitze Platz haben, so erinnert uns dies doch sehr an die Kleinheit der Bazillen. Als man die Bazillen entdeckte und deren mitunter furchtbare, krankheitserregende oder richtiger gesagt krankheitsauslösende Wirkung bei Menschen und Tieren, da war die Furcht vor diesen unsichtbaren Kleinlebewesen nicht geringer als die Dämonenfurcht vergangener Zeiten oder jene der heutigen Naturvölker, die noch an Dämonen glauben.

Solange man von der krankheitserzeugenden Macht gewisser Gestirneinflüsse überzeugt war, gehörte es zum Rüstzeug eines tüchtigen Arztes, auch ein guter Astrologe zu sein. Man suchte nach Abwehrmitteln der schädigenden Gestirneinflüsse und so entstanden gewisse Amulette. Auch das ist nicht unwissenschaftlich zu nennen, denn man suchte immer schädigende Einflüsse durch bestimmte Gegenwirkungen aufzuheben.

Mithin hat auch die okkulte Medizin ihre Daseinsberechtigung. Denn sie ist nicht ,,unwissenschaftlicher'' oder ,,unlogischer" als die Schulmedizin, wenn man auch zugeben muß, daß nicht alle Zweige der okkulten Medizin eine restlose Erklärung ihrer Methoden geben können. Sie steht eben in der Entwicklung; man darf diese Tatsache nicht aus den Augen lassen. Es fragt sich aber nur, ob diese Medizin praktisch nicht sehr bald zu einer Leistung kommt, die sie dem bisherigen Wissen – vielleicht als Parallele – wichtig machen wird? Jene, die ganz und gar auf materialistisch-mechanistischer Basis beruht, oder jene, die sich auf geheimwissenschaftliche, ja sogar mystische Grundlagen stützt? Ich lasse die Beantwortung dieser Frage einstweilen offen, denn sie gehört nicht zum Thema dieses Buches. Nur so viel frage ich: Warum sollen nicht neben der internen, offiziellen allopathischen Staatsmedizin alle übrigen Heilmethoden der Außenseiter, von der simplen Naturheilmethode angefangen bis zu den verschiedensten Formen der Homöopathie, den spagyrischen Heilmethoden, den mentalen und psychischen sowie rein okkulten Heilsystemen wirken? Diese verpönten Praktiken waren ausgestorben und deren Vertreter fristeten ein ebenso trauriges Dasein, wie etwa die wenigen Pferdedroschkenkutscher in Berlin und anderswo, wenn nicht hinter diesen Dingen eine größere Macht arbeitete, die wir durch die eben angeführten Bestrebungen lösen und damit wirksam machen können.

Das muß doch objektive Beurteiler etwas nachdenklich stimmen! Zudem: Wer die Geschichte der Medizin nur flüchtig kennt, der weiß, wie rasch gerade bei dieser Wissenschaft die Grundlagen, Ansichten, Hypothesen, Heilmethoden und Heilmittel wechseln, oft schon innerhalb von wenigen Jahrzehnten. Deshalb haben ehrliche Ärzte bis auf unsere Tage die Verbesserung und Vervollständigung der Medizin als eine absolute Notwendigkeit anerkannt und forschen unermüdlich, oft unter Einsatz ihres Lebens, um zu der höchsten Erkenntnisstufe zu gelangen. Daß sie auch in vielen schweren Krankheiten direkt ohnmächtig ist, beweist sehr schlagend und unwiderleglich DR. MED. ERWIN LIEK in seinem 1932 erschienen Buche: ,,Krebsverbreitung, Krebsbekämpfung, Krebsverhütung." Dies alles möge man einmal ruhig überdenken, ehe man es wagt, die Medizin der Außenseiter und besonders auch die okkulte Medizin von oben herab zu behandeln und lächerlich zu machen. Ein okkultes Gesetz, wonach auch die menschliche Entwicklung abläuft, lautet bekanntlich, daß nichts Schlechtes dauernd bestehen kann. Die okkulte Medizin hat, unwandelbar in ihren Prinzipien und Methoden, bereits Jahrtausende überstanden! Es bleibt die schönste Hoffnung, daß bald beide Erkenntnisse sich zum Wohle der gesamten Menschheit zusammenschließen und eine gemeinsame Arbeit beginnen.

Des weiteren läßt sich aus der Geschichte der Medizin der Nachweis erbringen, daß die heutige Medizin in vielen Beziehungen sich ebenso aus der okkulten Medizin entwickelt hat, wie etwa die Chemie aus der Alchimie, die Astronomie aus der Astrologie hervorging. Nebenbei bemerkt, hält man heute im Zeitalter der Atomverwandlungen, keineswegs alle alten Alchimisten für Betrüger, Phantasten oder Narren. Dasselbe gilt für die Astrologie, denn genügend Akademiker treten für diese heute offen ein. So mag es auch bald der Fall sein, daß man ähnlich gerecht über die okkulten Ärzte der Vergangenheit urteilen wird. Ein Anzeichen dieser Wandlung ist schon da: Eine Reihe von bedeutenden Ärzten zählt heute PARACELSUS zu den größten Ärzten aller Zeiten.

Noch vor etwa dreißig Jahren galt PARACELSUS als das ,,Urbild des ärztlichen Scharlatans", des ,,bombastischen Marktschreiers", des ,,herumziehenden Wunderdoktors", mit einem Worte als der: ,,König aller Kurpfuscher". Heute erscheinen, von Professoren der Medizin und Ärzten sorgfältig herausgegeben, die Werke dieses Mannes in neuen, würdigen Gesamtausgaben! Und am Grabe des PARACELSUS in der Sebastianskirche in Salzburg (ich schreibe diese Zeilen nur 500 Meter davon entfernt) hingen vor drei Jahren mächtige Kränze von deutschen und österreichischen ärztlichen Gesellschaften! – Es gibt, wie z. B. in München, eine von Ärzten begründete Paracelsusgesellschaft. Und in Wien schrieb Privatdozent DR. MED. BERNHARD ASCHNER ein ausgezeichnetes, dreibändiges Werk über PARACELSUS und seine Medizin, welch letztere er auch vielfach und mit großem Erfolge in seiner Praxis anwendet. Daher nennt man jetzt in ärztlichen Kreisen und auch in populären Veröffentlichungen nicht mehr PARACELSUS herabsetzend einen ,,Wunderdoktor", sondern bezeichnet ihn ehrfurchtsvoll als das ,,Wunder eines Arztes", wie solches kaum alle 1000 Jahre der Menschheit geschenkt wird. Man sieht daraus, daß Änderungen in der Einstellung durch die fortschreitende Entwicklung bedingt werden. Gerade in der Änderung unserer Weltauffassung liegt der Fortschritt, und daraus entwickelt sich der Segen.

Aus diesen Beispielen schon mag man ersehen, wie sehr sich die Zeiten zu Gunsten des PARACELSUS und seiner Medizin verändert haben. Sein Charakterbild schwankt nicht mehr in der Geschichte der Medizin, und man beginnt in allen Kreisen, die Erhabenheit und Größe seiner Wissenschaft zu ahnen und zu würdigen. Trotzdem müssen wir darauf hinweisen, daß die offizielle Wissenschaft PARACELSUS nur zum Teil entdeckt und verstanden hat; man sieht in ihm meistens nur den Naturwissenschaftler, Chemiker und genialen Arzt, aber dies alles nur im gewöhnlichen Sinne des Wortes gemeint. Nun liegt aber der Akzent bei PARACELSUS gerade in seiner außerordentlichen okkulten und mystischen Begabung. PARACELSUS kann man daher nur voll und ganz erfassen und richtig würdigen, wenn man in ihm den größten geheimwissenschaftlichen Arzt erkennt. Dazu muß man aber selbst praktischer Okkultist und Mystiker sein. Um aber einer Mißdeutung des Begriffes ,,Mystiker" vorzubeugen, sei hier gesagt, daß wir unter Mystik nur das zielbewußte Streben nach der schließlichen Einswerdung mit Gott verstehen wollen. Das hat mit krankhaftem oder nebulosem Mystizismus gar nichts zu tun. PARACELSUS Erdenwallen war letzten Endes nur ein Streben nach Vervollkommnung durch Dienen an der leidenden Kreatur im Sinne CHRISTI. Er war zweifelsohne auch der größte wahrhaft christliche deutsche Arzt, den es bisher gab und faßte seinen Beruf durchaus als göttliches Amt auf. Wer aber Gott mit ganzem Herzen sucht und ihm selbstlos dient, dem wird schließlich göttliche Erleuchtung zuteil, und Gott wirkt durch ihn. Solche Mysterien in vollem Umfange zu erfassen, wäre eine lohnende Aufgabe, besonders für sachlich denkende Wissenschaftler, weil wir hierdurch das bisher mißtrauisch Betrachtete verstandesgemäß stabilisieren.

Dies alles vorausgesetzt, wird man nun verstehen, warum die wirklichen Paracelsuskenner, wie z. B. der Theosoph, Mystiker und Okkultist DR. MED. FRANZ HARTMANN immer wieder betonen, daß man Paracelsus, sein Wirken, seine Sendung, sein außerordentliches Wissen und Können sowie seine Geheimnisse nur insoweit erfassen kann, als man selbst ein PARACELSUS geworden ist, das heißt, sich zu seiner geistigen Höhe aufgeschwungen hat. Daher können auch alle ,,Erläuterungsschriften'' über die Werke des PARACELSUS und speziell über seine Medizin, sofern sie nicht von Okkultisten und Mystikern geschrieben sind, nur eine bedingt richtige Auffassung seiner Erkenntnis wiedergeben. Im Gegenteil, sie hindern hierdurch teilweise den Wahrheitssucher, die wahre Größe des PARACELSUS im richtigen Lichte zu sehen.

Fragen wir aber danach, ob und inwiefern die Medizin überhaupt auch heute noch mit dem Okkultismus verknüpft ist, so hat darüber der Professor der Arzneimittellehre, DR. JACOBI, schon am 15. Nov. 1911 im Roten-Kreuz-Verein in Stuttgart einen sehr interessanten Vortag gehalten, ,,Okkultismus und medizinische Wissenschaft'' worin er sagte: ,,Wenn wir zunächst die Frage ins Auge fassen, wann und wie der Okkultismus entstanden ist, so ergibt sich die für manchen überraschende Tatsache, daß der Okkultismus soweit in der Geschichte zurückgeht, als es überhaupt denkende Menschen gegeben hat, und daß im Grunde genommen der Okkultismus die Wiege der Medizin ist, daß die Medizin sich in der Tat aus dem Okkultismus, und zwar im wesentlichen aus dem gleichen Okkultismus, wie er auch heute noch in den verschiedenen Formen vor uns steht, entwickelt hat.''

Nun war aber in fernen Zeiten, deren Jahrtausende die westliche Wissenschaft gar nicht abzuschätzen vermag, der Okkultismus vorwiegend das heilige Geheimwissen der eingeweihten Priester und geheimer Gesellschaften. Daher ist es erklärlich, daß schon im Altertum die besten Ärzte Priesterärzte oder Mitglieder der geheimen Gesellschaften oder mystischer Orden waren. Man denke nur an die Essäer, Gnostiker, Rosenkreuzer usw. Andererseits aber finden wir zu allen Zeiten und bei allen Völkern immer wiederkehrend Menschen, die außerhalb der Priesterkaste oder der geheimen Gesellschaften und Orden stehend, vermöge ihrer angeborenen okkulten Fähigkeiten (ein alter Spruch sagt ja: „Der wahre Magier wird schon als solcher geboren!") oder die ihre okkulten Kräfte durch Tradition entwickelten, große Heiler waren. Solche Menschen mit passiven und aktiven okkulten Fähigkeiten wie jene des Hellsehens, Hellfühlens, Hellhörens, Hellriechens und Hellschmeckens, sowie des Heilmagnetismus (Händeauflegens!), der magischen Macht des geistigen Wortes, des Gebetes, der Mantrams und Zaubersprüche, gibt es auch heute noch in aller Welt, ja mitten unter uns in allen Kulturstaaten! Diese sind die lebendigen Zeugen dafür, daß es seit jeher eine okkulte und sogar mystische Medizin gab. Mit Hypnotismus und Suggestion allein sind derlei große Heilungen, wie sie z. B. CHRISTUS vollbrachte, nicht restlos zu erklären. Zugegeben, daß viele Heilungen, auch bei CHRISTUS, wie er selbst sagt, durch den Glauben vollbracht wurden, so ist der Glaube doch auch eine geistige Kraft. Jede Heilung durch den Glauben oder auch durch Einbildung beweist ja immer wieder die Herrschaft des Geistes über die Materie. Aber wo ist heute ein Mensch, der durch ein Wort im Vorübergehen zehn Aussätzige heilt, oder der einen Blindgeborenen, einen schwer Gichtbrüchigen sowie einen Mann mit der verdorrten Hand, mit seit der Geburt gelähmten Beinen heilt, oder gar Tote, von welchen bereits Verwesungsgeruch ausging, durch wenige Worte wieder lebendig machte? ... Das kann nur ein gotterfüllter, aus Gott gekommener Mensch tun; dies sind daher wahrhaft mystische, ja göttliche Heilungen und Taten zu nennen.*

---

* DR. MED. E. LIEK (Danzig) sagt: „Denken wir daran, welch gewaltiger und erfolgreicher Psychotherapeut Christus war. Aber gewisse Kreise würden ihn sicher heute als Kurpfuscher behandeln, da er gewerbsmäßig Kranke heilte, ohne approbiert zu sein." BISMARCK sagte: „Wem Gott und die Natur die Fähigkeit zum Heilen gegeben hat, dem darf sie auch die Polizei nicht nehmen." Auch DR.

Diese wenigen Andeutungen mögen wohl für Einsichtige genügen, um sie vom Vorhandensein der okkulten Medizin zu überzeugen. Wer mehr darüber wissen will, lese meine Sammlung: „Okkulte Medizin", von welcher das vorliegende Buch nur ein Band ist.

Gibt es aber eine okkulte Medizin, so muß es auch, unzertrennlich von ihr und sie beweisend und stützend, gleichfalls eine „Okkulte Diagnostik und Prognostik" geben. Und ist die Praxis der Medizin, wie schon ein altes ärztliches Sprichwort sagt, eine vielfältige, so muß es auch vielfältige Methoden der okkulten Medizin und folglich auch der okkulten Diagnostik und Prognostik geben. Dem ist in der Tat so. Das vorliegende Buch bringt den Beweis dafür an vielen aus dem Leben gegriffenen Beispielen.

G. W. Surya

Vorwort zur fünften Auflage

Die Zeit schreitet fort, und mit ihr die Erkenntnisse auf fast allen Wissensgebieten. So entstand bei der Neuauflage dieses Werkes die Frage, ob ein so originelles und grundlegendes Werk über die ‚Okkulte Diagnostik und Prognostik' einer Überarbeitung unterzogen werden soll.

Sicher hätte darunter die Originalität gelitten. So hat sich der Verlag dazu entschlossen, einen lediglich der heutigen Sprachform etwas angepaßten, sonst unveränderten Nachdruck zu wagen.

E. LIEK ist der Ansicht, daß ein Verbot der Kurierfreiheit nutzlos wäre, einen Schlag ins Wasser bedeuten würde. „Ein solches Verbot schadet nur, untergräbt die allgemeine und persönliche Moral . . . Das beste Verfahren, das Kurpfuschertum zu bekämpfen, der einzige, der königliche Weg, ist die höhere Leistung." Und LIEK ist auch so einsichtsvoll, zu bekennen, daß alle großen Ärzte Künstler sind, die neben Wissen, Erfahrung und Technik den göttlichen Funken in sich haben müssen. In der Besinnung auf das geborene Arzttum sieht LIEK die Rettung des Ärztestandes, nicht in Verboten der Kurierfreiheit und dergleichen. Die Ärzte müssen eben wahre Ärzte sein: „Nur der Arzt, nicht der Gesetzgeber, kann den Kurpfuscher überwinden."

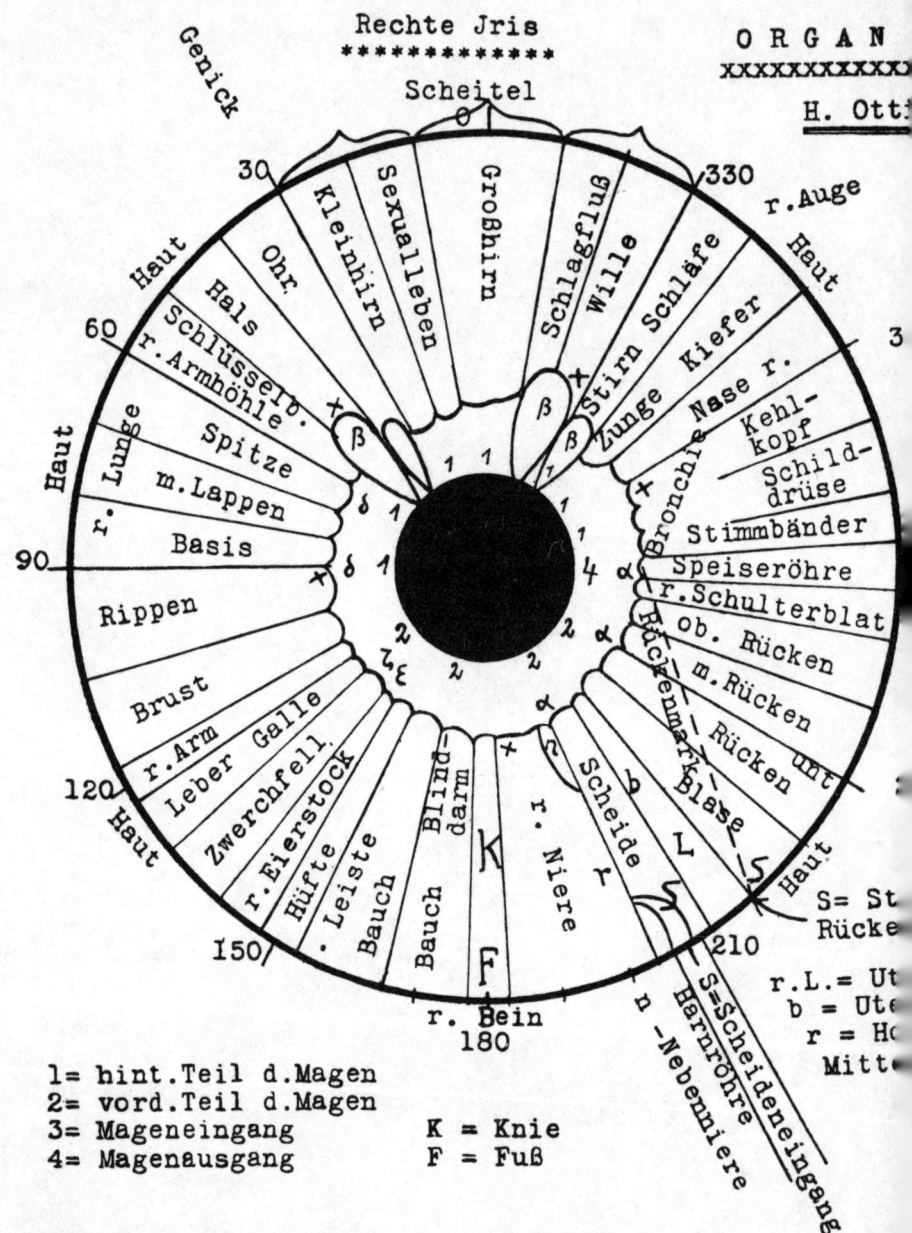

Rechte Jris
****

Scheitel

ORGAN
xxxxxxxxxxx

H. Ott

Genick

30

330

r.Auge

Haut

Kleinhirn   Sexualleben   Großhirn   Schlagfluß   Wille   Stirn   Schläfe

Ohr

Hals

Schlüsselb.

r.Armhöhle

Kiefer   Nase r.

Zunge

60

Haut

Lunge   r.

Spitze

m.Lappen

Basis

β   β

1 1

1 1

β

Bronchie

Kehlkopf

Schild-
drüse

Stimmbänder

90

Rippen

δ

δ

1

4   α

Speiseröhre

r.Schulterblat

Brust

r.Arm

Leber   Galle

Zwerchfell.

r.Eierstock

Hüfte

Leiste

Bauch   Bauch

Blind-
darm

120

Haut

2   2

2   2   2

ε

α   α

ob. Rücken

m. Rücken

Rückenmark

Rücken   unt

Blase

K   F

r. Niere

Scheide

r

L

Haut

S= St
Rücke

150

r. Bein
180

210

S=Scheideneingang

Harnröhre

-Nebenniere

r.L.= Ut
b = Ute
r = Ho
Mitte

1= hint.Teil d.Magen
2= vord.Teil d.Magen
3= Mageneingang
4= Magenausgang

K = Knie
F = Fuß

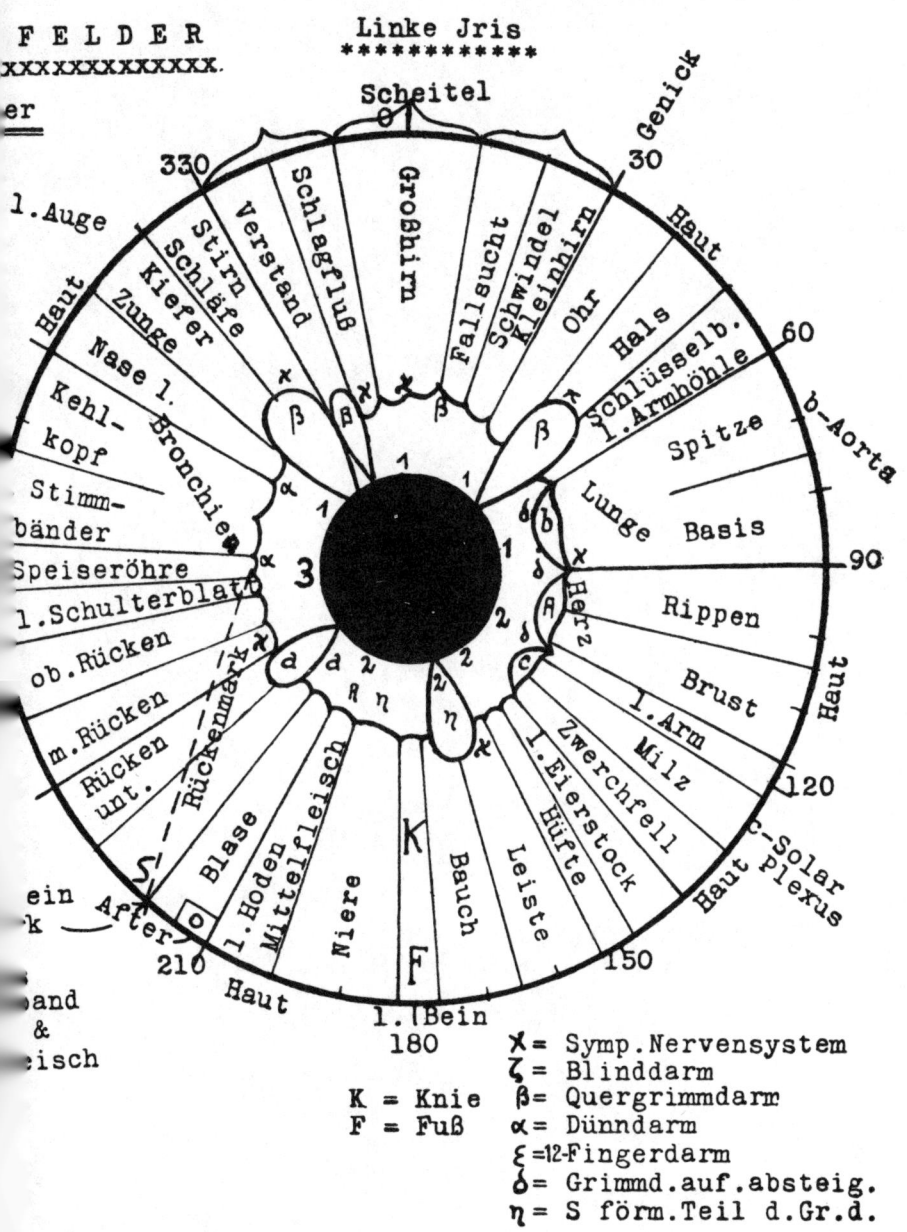

FELDER

XXXXXXXXXXXX.

Linke Jris
****

K = Knie
F = Fuß

ᚷ = Symp.Nervensystem
ζ = Blinddarm
β = Quergrimmdarm
α = Dünndarm
ξ = 12-Fingerdarm
δ = Grimmd.auf.absteig.
η = S förm.Teil d.Gr.d.

Einleitung

Von den unendlichen Geheimnissen der Natur sind
mir einige wenige bekannt.

SHAKESPEARE

Ein Arzt muß mehr sehen, als ein Fuhrmann sieht.

PARACELSUS

Die Feststellung der Krankheit, an der ein Mensch leidet, oder
welcher Art seine sonstigen Defekte, Schädigungen, Mißbildungen oder Verletzungen sind, nennen wir Diagnose oder Befund.

Hingegen ist Prognose das Vorhererkennen oder Voraussagen
des Verlaufes einer bestimmten Krankheit, Verletzung oder einer
sonstigen gesundheitlichen Schädigung.

Um also – im wissenschaftlichen Sinne – eine Diagnose richtig
stellen zu können, muß man vorerst ein Diagnostiker sein; ein
solcher wird man, indem man die verschiedenen Zweige der Diagnostik beherrscht und zu kombinieren versteht.

Diagnostik ist also die Wissenschaft und Kunst des richtigen
Erkennens der verschiedenen Krankheitsformen. Das Ziel aller
verantwortungsbewußten Diagnostik ist, herauszufinden, woran
ein Patient wirklich erkrankt ist oder woran er leidet.

Bereits die Ärzte des Altertums, vor allem HIPPOKRATES, hatten ein gewisses diagnostisches System, wohl meist nach den äußerlichen Kennzeichen der verschiedenen Krankheiten, aber
auch mittels der Astrologie, des Hellfühlens, Hellsehens usw.
Wie man die einzelnen Krankheitsformen durch meist äußerliche
Kennzeichen, die sogenannten Krankheitszeichen, von einander
unterscheiden kann, lehrt die Semiotik oder die Lehre von den
Krankheitsanzeichen. Darüber hat AD. ALF. MICHAELIS ein ge-
meinverständliches, aber ebenso gründliches Buch geschrieben,
betitelt: „Semiotik, oder die Lehre von den Krankheitszeichen,
eine gemeinverständliche Diagnostik und Prognostik.“

Prognostik hingegen ist die Wissenschaft und Kunst des Vor-
hererkennens und Voraussagens des Verlaufes einer durch die
Diagnostik bestimmten Krankheit, ihrer voraussichtlichen
Dauer, ihrer Krisen, Rückfälle, Heilungsaussichten, sowie end-

lich ihres guten oder schlimmen Ausganges. Beide Disziplinen ergänzen sich gewissermaßen und es ist müßig, noch den Wert oder Nutzen einer richtig gestellten Diagnose und Prognose sowohl für den Arzt als auch für den Kranken und dessen Umgebung besonders hervorzuheben.

Denn der Kranke hat nicht nur ein gewisses Interesse, zu erfahren, was ihm eigentlich fehlt, sondern auch, wie lange sein Leiden dauern kann, wie er sich dabei zu verhalten hat und wie es um die Heilungsaussichten seines Leidens steht. Für den behandelnden Arzt oder Heiler ist die richtige Diagnose, von rein geistigen Heilungen abgesehen, die notwendige Voraussetzung und zuverlässige Basis für die einzuschlagende richtige und rationellste Behandlung.

Denn sofern wir nicht im Besitze einer Universalarznei oder eines Universalheilmittels sind, das jede Krankheitsform heilt oder heilen kann, wird logischerweise immer eine bestimmte Krankheit nur durch bestimmte Mittel oder zweckentsprechende individualisierte Verordnungen oder Umstellung der Lebensweise usw. geheilt werden können. Ob es so etwas wie eine ,,Universalarznei" oder ein Universalheilmittel gibt oder geben kann, ist ausführlich, historisch und kritisch in meinem Buch: ,,Hermetische Medizin, Stein der Weisen, Lebenselixire" dargelegt.

Es gibt wohl kaum ein zweites Buch, welches dieses uralte Problem der wahrhaft okkulten Medizin umfassender und doch gemeinverständlich behandelt. Heute, wo die Wissenschaft die Verwandlung der chemischen Elemente selbst eifrig betreibt, gibt man bereits zu, daß die Alchimie durchaus kein leerer Wahn ist. Nur sind die Wege der modernen Wissenschaft, um z. B. die Transmutation der Metalle zu erreichen, ganz andere wie jene der klassischen Alchimie. Über all diese Fragen klärt das eben genannte Buch in eingehender Weise auf. Außer einer materiellen Universalmedizin, wie sie uns im Stein der Weisen oder dem Großen Elixir entgegentritt, kann es auch eine rein geistige Lösung dieses Problems geben. Wenn der Geist das Wesen aller Dinge und zugleich das schöpferische, formgebende und umformende Prinzip im ganzen Weltall ist, wenn er der Herr der Materie und Urquell alles Lebens ist, so müßte es möglich sein, auch alle Krankheiten und Gebrechen durch rein geistige Kräfte zu heilen. Einerlei, ob wir diese geistigen Kräfte „Einbildung", „Suggestion", „Autosuggestion" oder „Hysterie" nennen. Ganz zu schweigen von den höheren, geistigen Kräften, die durch Schulung des Willens und der Vorstellung erworben werden können, oder wie sie bei Personen, die den Weg der praktischen Mystik betreten haben, oft spontan und schließlich bei Gottmenschen in überwältigender Weise zum Durchbruch kommen. Schon an diesen Beispielen sieht man, daß die Heilkunst einem Baume gleicht, dessen Wurzeln im Materiellen verankert sind, dessen Krone sich aber im unergründlichen Urlicht Gottes verliert. Dazwischen liegen alle möglichen Formen der energetischen und magischen Heilweisen. Um also alle möglichen Formen der Medizin richtig werten und erkennen zu können, dazu gehört mehr als die Schulweisheit lehrt, nämlich Weisheit. Woraus wohl zwingend folgt, daß eine materialistische Wissenschaft nicht immer fähig ist, die wahrhaft okkulten und mystischen Heilweisen und Heilungen richtig zu erfassen, werten oder gar zu erklären.

Mithin steht und fällt die richtige, ärztliche Verordnung mit der richtigen Diagnose oder klarer ausgedrückt, mit der Erkenntnis der wahren Krankheitsursache. Dies alles gilt jedoch nur für bestimmte Systeme der Heilkunde, die noch mit materiellen oder energetischen Mitteln arbeiten, nicht aber für die höheren und höchsten Formen der okkulten und mystischen Heilkunst, wie wir in meiner „Okkulten Medizin" sehen. Man denke dabei nur an die geistigen und seelischen Heilmethoden!

Aber selbst ein Paracelsus, der bereits vor über 400 Jahren die Kraft der Imagination (Einbildungskraft, Suggestion) genau erkannt und auch beschrieben hat, verschmähte es nicht, gegen bestimmte Krankheiten auch bestimmte Arzneien anzuwenden und so legte er auf das richtige Erkennen der Krankheit – wobei ihm aber weniger an Krankheitsbenennung, als an Erkenntnis der Krankheitsursache gelegen war – großen Wert.

Die Lehre von den Krankheitsursachen nennt die medizinische Wissenschaft Ätiologie. PARACELSUS schätzte, wie gesagt, die Ätiologie offenbar höher als die reine Diagnostik. Noch höher achtete er aber die Kenntnis des richtigen Heilmittels oder der Therapie, um damit bestimmte Krankheiten wirklich radikal und rationell, also wahrhaft kunstgerecht und gründlich beheben zu können. Ja, PARACELSUS nannte in nicht mehr zu überbietender Kürze gewisse Krankheiten direkt nach dem Heilmittel, das sie beheben soll. Zum Beispiel wenn er sagte: ,,. . . diese Krankheit ist ,helleborus niger'". . ., so wollte er damit ausdrücken, daß diese Krankheitsform am besten durch helleborus niger (Schwarze Nießwurz) behoben wird. Wir ersehen daraus: Diagnose, Ätiologie, Pathologie und Therapie hat PARACELSUS in genialer Kürze, die dem Kenner alles sagt, durch einen Ausdruck festgelegt! Einige bedeutende Homöopathen und vor allem der geniale deutsche Arzt JOHANN GOTTFRIED RADEMACHER (1772–1850),* der obwohl Allopath, doch ehrlich bekannte, von PARACELSUS viel gelernt zu haben, sind ihm darin erfreulicherweise gefolgt. Näheres darüber in meinen Büchern: ,,Homöopathie, Isopathie, Biochemie, Jatrochemie und Elektrohomöopathie'', sowie: ,,Paracelsus, Rademacher und Zimpel, die deutschen Spagyriker''.

Man schlage irgend einen Band der medizinischen Schriften des PARACELSUS auf, wo er mit sichtbaren und greifbaren Heilmitteln operiert, und es zeigt sich, daß PARACELSUS gewöhnlich nach Beschreibung des Kranheitsbildes, der Krankheitsform und der Symptome (was wir heute Pathologie nennen), wodurch die Diagnose sehr erleichtert wird, sofort auf die ,,causa'', das ist die Krankheitsursache, eingeht und dann erst die ,,cura'', d. h. die Kurvorschrift gibt und Medizin verordnet. Nur muß hier bemerkt werden, daß PARACELSUS unter ,,causa'' eine Reihe von Krankheitsursachen anführt, die unsere moderne Wissenschaft nicht anerkennen will wie zum Beispiel Krankheiten, die durch Ge-

---

* JOHANN GOTTFRIED RADEMACHER, Rechtfertigung der verstandesrechten Erfahrungsheillehre der alten scheidekünstigen Geheimärzte. 2 Bände. Rohm-Verlag, 7120 Bietigheim.

22

stirnseinflüsse verursacht werden, oder Krankheiten, die durch schwarze Magie entstanden sind. Wer sich darüber eingehender orientieren will, den verweise ich auf meine Bücher: ,,Ursachen der Krankheiten" und ,,Astrologie und Medizin".

Ganz auffallend tritt also schon bei PARACELSUS der kausale Zusammenhang von Krankheitserscheinungen, Krankheitserkenntnis, Krankheitsursache einerseits und dementsprechender Verordnung andererseits, klar zutage. Kurz gesagt: es richten sich seine Verordnungen stets nach der Krankheitsursache und Krankheitsart. Denn ein und dieselbe Krankheitsform, sagen wir Gicht, Cholera usw. kann, äußerlich betrachtet, dieselben Symptome zeigen und dennoch sehr verschiedener Art oder Ursache sein, wie dies RADEMACHER so einleuchtend darlegt, und dementsprechend man zur Behebung ein und derselben Krankheitsform verschiedene Heilmittel benötigt.

Also richtet sich schon bei PARACELSUS die Verordnung eines Heilmittels stets nach der eigentlichen Krankheitsursache.

Dieses Fundamentalgesetz einer wahren Heilkunst hörte ich sogar aus dem Munde eines hellsehenden Bauern namens JOSEF HILDWEIN (in Wollmannsberg bei Stockerau in der Nähe von Wien), der zwar ein großer Heilkünstler, ja ein wahrhaftiger Arzt von Gottes Gnaden war (er behandelte pro Tag 3–400 Kranke aus aller Herren Länder), wohl aber kaum etwas von PARACELSUS je gehört oder gelesen hatte.

HILDWEIN, der auch ein ganz außerordentlicher Diagnostiker war, pflegte zu sagen: ,,Kurieren ist sehr leicht, wenn man sieht, was den Leuten eigentlich fehlt." Allerdings unter ,,sehen" verstand er eben ,,hellsehen"!

Ich selbst besuchte HILDWEIN, der inzwischen verstarb, im Jahre 1898 und wurde von ihm von einem langjährigen Nervenleiden befreit. Ich blieb damals drei Wochen bei HILDWEIN und durfte täglich, solange ich wollte, in seinen Sprechstunden anwesend sein. Da sah ich nun wahre Wunder seiner raschen und überaus treffsicheren, hellseherischen Diagnosen; aber auch wie meisterhaft er durch Kräuter, Sympathiemittel, Amulette, Heilmagnetismus und Gebete heilte. Schon wenn Kranke, im Winter in dicke Pelze gehüllt, zur Türe hereintraten, sagte er ihnen sofort, woran sie litten, aber auch, wie es zu Hause, mit Kindern oder Verwandten, gesundheitlich stünde usw. Diese Begegnung mit HILDWEIN war wohl die grundlegende Ursache, daß ich mich immer mehr und mehr dem Studium der Volksheilweisen und ganz besonders jenem der okkulten Medizin widmete. Denn, daß HILDWEIN sehr viel konnte, war stadtbekannt. Und in seinem großen Wartezimmer, dessen Wände mit eingerahmten Dankschreiben bedeckt waren, fand ich auch mehrere von Wiener Ärzten und Professoren der Medizin, die HILDWEIN dafür dankten, daß er diese oder deren Familienmitglieder von schweren Leiden befreit hatte, gegen die bisher alle ärztliche Kunst vergebens war. Das war der erste wahrhaftige Arzt von Gottes Gnaden, den ich persönlich kennen lernte, wohl eine schicksalsbedingte Zusammenkunft, wie sich später zeigte, denn von da ab war die materialistische Weltanschauung für mich, besonders als Basis für eine wahre Heilkunst, erledigt.

Daß aber viele Ärzte Wien's mit der in ihren Augen kurpfuscherischen Tätigkeit HILDWEIN's nicht einverstanden waren, ist begreiflich und sie sorgten schon dafür, daß dieser Arzt von Gottes Gnaden, der sie im wirklichen Heilen, zum Teil auch der schwersten Krankheiten, überragte, sich oftmals vor Gericht zu verantworten hatte und für sein überaus menschenfreundliches Wirken verurteilt, sogar des öfteren mit Gefängnis bestraft wurde. Aber trotz dieser öffentlichen Diffamierung wurde ihm nach Verbüßung jeder ungerechtfertigten Strafe ein triumphaler Empfang durch die ihm vertrauenden Freunde und Mitbürger zuteil. Schließlich scheint HILDWEIN durch sein enormes Können so hohe Protektoren gefunden zu haben, daß auch die Gegner es vorzogen, ihn in Ruhe zu lassen. Um diese Skizze über HILDWEIN abzurunden, sei noch hinzugefügt, daß er auch die Krisen und den Ausgang einer Krankheit mit großer Sicherheit voraussagte, auch rasche sichere Diagnosen aus dem Urin von räumlich entfernten Kranken stellte, aber auch oftmals unumwunden erklärte: diesem oder jenen Kranken sei nicht mehr zu helfen, er werde in dieser oder jener Zeit sterben. Ein nachfolgend aufgeführter, besonders markanter Fall unterstreicht in aufsehenerregender Weise die Richtigkeit der Prognosen HILDWEINS.

Als einmal ein Patient aus Wien zu HILDWEIN kam, sagte er diesem sofort ohne nähere Untersuchung beim Eintritt in sein Sprechzimmer, daß er eine Geschwulst am Halse habe, gab ihm einen entsprechenden Tee dagegen und meinte beim Abschied: „Aber passen Sie wohl auf, heute in einer Woche, genau um vier Uhr nachmittags bricht die Geschwulst auf, es wird sich massenhaft Blut und Eiter entleeren, bleiben Sie mir um diese Zeit hübsch daheim." Der Kranke versprach es, trank den Tee, worauf er aber schon nach wenigen Tagen solch eine Erleichterung im Halse fühlte, daß er glaubte, die Geschwulst sei bereits geheilt. Er bedachte daher nicht mehr die Weisung HILDWEINS und hielt sich zur kritischen Zeit nicht zuhause auf, sondern ging in sein Stammkaffeehaus. Punkt vier Uhr nachmittags brach die Geschwulst auf, Blut und Eiter entleerte sich und da mußte er an HILDWEINS Warnung denken, und daß es doch besser gewesen wäre, dessen Rat befolgt zu haben. – Oftmals allerdings gestaltete sich die Sprechstunde HILDWEINS wahrhaft aufregend, da er nicht nur die Gedanken seiner Patienten, sondern auch jene seiner Gegner, die bestimmte Personen zu ihm sandten, um HILDWEIN eine Falle zu legen, las! Da konnte der an sich sehr gütige Mann auch andere Töne anschlagen, wenn er auch nachher seine Heftigkeit bereute, denn jeder Zornesausbruch beraubte ihn für drei Tage seiner Gabe des Hellsehens. In diesen drei Tagen kamen aber aus nah und ferne gegen tausend Kranke, die dringend um Hilfe baten; es nützte jedoch nichts, HILDWEIN war in dieser Zeit für niemanden zu sprechen.

Natürlich steht HILDWEIN mit seiner Begabung keineswegs einzig da. Es gab und gibt immer derlei begnadete Menschen mit mehr oder minder starker hellsichtiger oder hellfühlender Begabung, von den alten Priester-Ärzten und Magiern angefangen, bis zu den heute noch bei ihren Stammesgenossen in Ansehen stehenden Medizinmännern und Schamanen. Es sind dies eben Menschen mit einem angeborenen oder durch besondere Schulung erweckten sogenannten sechsten Sinn. Mit Bildung haben derlei psychische Fähigkeiten gar nichts zu tun, wiewohl auch Gebildete sie besitzen. Aber es ist eine bekannte Tatsache, die seit dem Altertum bei allen Kulturvölkern beobachtet wurde, daß Personen, welche mit Ausdauer und Eifer den Weg der praktischen Mystik, den Weg der Verinnerlichung, des mit Gott-Einswerdens gehen, schließlich auch, ohne es direkt anzustreben, die mystischen und magischen Kräfte in sich erwecken. Beispiele dafür lassen sich zur Genüge bei Heiligen, Yogis und Eingeweihten aller Religionen und Völker finden. Derlei Menschen mit dem sogenannten sechsten Sinn, der sich in der Fähigkeit des Hellsehens, Hellfühlens, Hellriechens, Hellhörens usw. äußern kann, sind natürlich auch fähig, die heilende oder schädigende Wirkung von Pflanzen, Mineralien, Metallen oder auch Edelsteinen, die sie in die Hand nehmen, in oft nur wenigen Minuten zu erfühlen. Sie brauchen zum Beispiel den Namen einer Pflanze o. ä. gar nicht zu wissen, noch irgendein Buch über Arzneimittellehre oder Giftkunde gelesen zu haben. Es ist dies eine intuitiv-erfühlte primäre Erkenntnis, welche, wenn in genügend starkem Maße vorhanden, den rein wissenschaftlichen Erkenntnismethoden in den allermeisten Fällen weitaus überlegen ist. Daß die Kenntnis aller Heil- und Giftpflanzen nur dem blinden Zufall zu verdanken sei, ist eine gar zu einseitige und materialistische Auffassung. Die wildlebenden Tiere, wie auch unsere Haustiere, meiden erfahrungsgemäß instinktiv Pflanzen, die ihnen schaden könnten. Wer sagt es ihnen? Darum ist es sehr wahrscheinlich, daß die Menschheit das Wissen um die heilenden und giftigen Wirkungen der Pflanzenwelt usw. zum größten Teile nicht dem Zufall, sondern Hellsichtigen und Hellfühlenden verdankt.

Mir erzählte eine Lehrerin, daß vor einigen Jahrzehnten in Württemberg ein kleiner Bauer lebte, der nach Verstand und Bildung als ein sehr primitiver Mensch anzusprechen war. Aber er war so hellfühlend, daß er Kranke nur mit seiner Hand abzustreichen brauchte und alsbald das erkrankte Organ herausfand. Dann lief er in den Wald und brachte in kurzer Zeit ein Kraut oder eine Wurzel, womit er den betreffenden Kranken heilen konnte. Solch ein Mensch wird natürlich nicht wissenschaftlich genau sagen können, woran der Kranke leidet, noch etwa wie die Heilpflanze schulgerecht heißt, die er zur Heilung einer von ihm gefundenen Krankheit oder eines Organschadens braucht. Er weiß einzig und allein, das heißt er fühlt nur, daß eine bestimmte Krankheitsform durch eine bestimmte Pflanze zu heilen ist. Und das genügt auch schließlich vom praktischen Standpunkt aus! Krankheit und Arznei verhalten sich für ihn etwa wie Gift und Gegengift, wie Feuer und Wasser oder wie plus- und minuspolare Kräfte und Substanzen, die sich in ihrer wechselseitigen Gegenwirkung erfahrungsgemäß aufheben. Diese ,,Erfahrungsheilkunde" ist durchaus berechtigt, Hand in Hand mit der Medizin zu gehen, wie der deutsche Arzt JOHANN GOTTFRIED RADEMACHER in seiner ,,Erfahrungsheillehre" ebenfalls ausführt.

Denn was ist Krankheit im weitesten Sinne anderes, als die Störung der Funktionsharmonie des Körpers oder das Inerscheinungtreten einer psychischen Disharmonie. Man kann daher auch von positiven und negativen Krankheiten sprechen, welche Anschauung PROF. DR. MED. HANS MUCH gleichfalls vertrat. Bei ersteren sind die vitalen, odischen, magnetischen und elektrischen Kräfte des menschlichen Körpers krankhaft erhöht, bei letzteren zu sehr herabgestimmt. Man müßte also, mit bloß zwei polaren Mitteln, welche die Eigenschaft haben, diese gestörte Polarität wieder zu normalisieren, fast alle Krankheiten günstig beeinflussen, unter Umständen sogar heilen können.

Demnach besteht das Wesen der wahren Heilkunst in der ursächlichen Behebung und Auflösung dieser Disharmonien und Störungen, aber auch, was ebenso wichtig ist, in einer bewußten Vorbeugungshaltung. Denn abgesehen von zufälligen Unglücksfällen wie Verletzungen, Verwundungen und Vergiftungen werden wir ja gerade deshalb krank, weil wir in Disharmonie mit den göttlichen und natürlichen Gesetzen unseres Seins leben. Daraus folgt aber auch, daß die wahre Heilkunst immer den ganzen Menschen behandeln muß, nicht nur seine körperliche, vergängliche Erscheinungsform, sondern auch seine Seele und seinen Geist. Denn wahre und dauernde Gesundheit ist nur dann zu erreichen, wenn ein harmonischer Dreiklang zwischen Geist,

Seele und Körper herrscht. Weil aber der einzelne Mensch in Wechselbeziehungen zu andern Menschen und Lebewesen steht, ja sogar auch in Wechselbeziehungen mit dem ganzen Kosmos und den hinter diesem stehenden geistigen Kräften, die alles erschaffen haben und auch heute noch erhalten, muß der Mensch lernen, in Harmonie mit dem Unendlichen oder in Harmonie mit Gott zu leben.

Daraus folgt mit zwingender Logik, daß die wahre Heilkunst einer anderen, erweiterten und vertieften Basis bedarf als bisher, wo eine materialistische Wissenschaft und Philosophie das Fundament der Medizin bildet. Von diesem Standpunkt aus betrachtet, waren die großen Ärzte und Heiler vergangener Kulturepochen, namentlich die Priesterärzte, vielen nur materialistisch denkenden Ärzten sicher weitaus überlegen und es wäre erfreulich, wenn der Arzt und Heiler der Zukunft wieder diese übersinnlichen Zusammenhänge berücksichtigen würde. Das kann er aber nur, wenn er selbst überzeugter Metaphysiker ist, das Göttliche in der Natur und im Menschen nicht leugnet oder nur als Funktion der Materie hinstellt, vielmehr die Priorität, die Herrschaft des unvergänglichen geistigen Prinzips über alle Dinge anerkennt, mit einem Wort, Religion achtet und besitzt, ja selbst eine gewisse Gottverbundenheit anstrebt. Denn nur im Lichte einer höheren Weisheit, als die bisherige materialistische Schulweisheit sie bieten konnte, kann man das Mysterium des Lebens und Todes, des Werdens und Vergehens, der Gesundheit und Krankheit richtig verstehen. Der Arzt der Zukunft wird daher auch die Erkenntnisse von Biologie und Psychologie mehr beachten müssen. Er wird auch Schriften von PROF. DR. HANS DRIESCH (1867–1941), DENNERT, PROF. DR. CARL LUDWIG SCHLEICH (1859–1922), DR. ERWIN LIEK, DR. JOHANNES DINGFELDER und DR. FRANZ KLEINSCHROD in sein Wissen mit eingliedern.

Die Fehlgriffe in der Medizin stammen meiner Meinung nach vielleicht aus der irrigen Annahme, mit etlichen physikalischen und chemischen Gesetzen das Rätsel des Lebens, den ganzen Menschen und auch die kosmischen und übersinnlichen Einflüsse, denen er zweifellos mehr unterworfen ist, als es sich die offizielle Lehrmeinung träumen läßt, erfassen und erklären zu können. Ich glaube, daß man hier umlernen müßte!

Zurückkehrend zu unserem eigentlichen Thema, der Diagnostik und Prognostik, wollen wir gleich feststellen, daß für den Nichthellseher oder -hellfühler auch heute noch die Diagnostik und Prognostik eine schwierige, unsichere und oftmals versagende Wissenschaft und Kunst ist. Deshalb wird ein guter Diagnostiker unter den Ärzten sehr anerkannt und von den Kranken sehr geschätzt.

Die eigentliche wissenschaftliche Diagnostik und Prognostik ist über 200 Jahre alt, seitdem der österreichische Arzt DR. JOSEPH LEOPOLD VON AUENBRUGGER (1722–1809) die Perkussion (Beklopfung) und Auskultation (Behorchung) bei Krankheiten einführte, zwei diagnostische Hilfsmittel, die sich namentlich bei Erkrankungen der Atmungsorgane und des Herzens als außerordentlich segensreich erweisen. Einige Kollegen AUENBRUGGER's machten sich zuerst über den „klopfenden Narren" lustig. Doch eines Tages erkrankte der damalige österreichische Kaiser in Wien; sein Leibarzt behandelte ihn erfolglos wegen einer angeblichen „Magenverstimmung". Da wurde AUENBRUGGER gerufen, er stellte eine Lungenentzündung fest, und heilte den Kaiser in kurzer Zeit vollkommen. Daraufhin wurde AUENBRUGGER zum kaiserlichen Leibarzt ernannt und jetzt horchten die Spötter natürlich auf. Weil aber bekanntlich kein Prophet in seinem Vaterlande etwas gilt, so war es auch der französische Arzt PROF. DR. RENÉ-THEOPHILE LAENNEC (1781–1826) in Paris, der die Erfindung AUENBRUGGERS erst so recht in aller Welt bekannt machte und die Auskultation durch Erfindung des ärztlichen Höhrrohrs oder Stethoskops verbesserte. Zum Abklopfen bedient man sich auch eines kleinen Hammers, des sogenannten Perkussionshammers, und der entsprechend geübte Arzt kann mit Hilfe dieser beiden einfachen Instrumente die Töne genau nach Höhe, Klangfarbe, Helligkeit und Dumpfheit unterscheiden und daraus wichtige diagnostische Schlüsse ziehen, da ihm ja die Abweichungen dieser Tonabstufungen gegenüber jenen bei gesunden Menschen an derselben Stelle bekannt sind. Er verbindet dann diesen Befund mit der Prüfung des Pulses, Messung der Körpertemperatur, dem Allgemeinaussehen des Kranken, untersucht den Harn (am besten Morgenharn) und kann nun durch Befragen des Kranken (Anamnese) über Beginn der Krankheit, Dauer derselben, Schmerzen usw. sein Krankheitsbild ziemlich vervollständigen und daraufhin eine bedeutend sicherere Diagnose stellen als vorher Auenbrugger.

Heute aber gewinnen die physikalisch-chemischen Hilfsmittel in der Diagnostik immer mehr die Oberhand. Der moderne Arzt zieht häufig das seit Jahren wesentlich verbesserte Mikroskop zu Rate. Er untersucht damit Blut, Harn, Eiter, Auswurf und gebraucht den Augenspiegel (seit HELMHOLTZ) und noch eine Menge von komplizierten Durchleuchtungsapparaten zur Untersuchung von Kehlkopf, Magen, Blase, Darm usw. Seit Entdeckung der Röntgenstrahlen ist die Durchleuchtung des ganzen menschlichen Körpers und die photographische Aufnahme einzelner Körperteile und des Körperinneren durch Röntgenstrahlen eine gewiß hochentwickelte Disziplin der diagnostischen Wissenschaft geworden, deren relative Ungefährlichkeit aber bezweifelt und umstritten ist.

Man sollte nun meinen, daß durch diese zahlreichen physikalisch-chemischen Hilfsmittel das Stellen einer richtigen Diagnose mit nahezu hundertprozentiger Treffsicherheit eine ganz alltägliche Sache des wissenschaftlich gebildeten Arztes oder einer Universitätsklinik ist. Dem ist aber leider noch nicht immer so!

Man nehme z. B. nur die Krebsdiagnosen. Der 1878 in Loeben/Westpr. geborene und in Danzig praktizierende DR. MED. ERWIN LIECK hatte den seltenen Mut, in seinem 1932 erschienenen Buche: ,,Krebsverbreitung, Krebsverhütung, Krebsbekämpfung" offen zu bekennen, daß es eine zuverlässige Krebsdiagnose leider noch nicht gibt, daß kein Histologe der Welt, auch mit dem allerbesten Mikroskop, einer Zelle ansehen könne, ob sie eine normale oder eine Krebszelle ist! – Der leider einzige absolut sichere Beweis, daß wirklich ein Krebs vorliegt, ist der Tod des Kranken.

Was soll man des weiteren dazu sagen, wenn deutsche Lungen-

30

heilstätten sich beklagen, daß ein Großteil der ihnen von praktischen Ärzten übersandten Lungenkranken gar nicht lungenkrank ist.

Zu mir selbst kam vor etlichen Jahren ein Mann im Alter von 35 Jahren, der seit einem halben Jahr in einem großen deutschen Krankenhaus auf der Abteilung für Lungenkranke untergebracht war. Jedoch besserte sich sein Zustand keineswegs. Daraufhin untersuchte ich den Kranken mittels der Irisdiagnose (Augendiagnose) und sah sofort, daß er gar nicht lungenkrank war, wohl aber nierenleidend. Dem erstaunten Patienten gab ich entsprechende Nierenmittel und in zwei Monaten war der ,,Lungenkranke" wohlauf. Derlei Fälle wird jeder Praktiker des öfteren erleben.

Sehr im Argen steht es auch oft mit den ,,Diagnosen" von Nerven- und Geisteskranken!

Wie oft widersprechen sich in einem einzelnen Falle auch die Diagnosen bedeutender Ärzte und Professoren und selbst sogenannte ,,Koryphäen" sind keineswegs unfehlbar. Doch: ,,Es irrt der Mensch, so lang er strebt."

Um gerecht zu sein, diese Unsicherheit ist vielleicht erklärlich, wenn man folgendes bedenkt: Wohl lassen sich die wissenschaftlichen Grundsätze der Diagnose lehren und in gewisse Systeme bringen, sie aber richtig anzuwenden, auszudeuten und zu verwerten, aus den Beobachtungen eindeutige Schlüsse zu ziehen, darin besteht eben die Kunst des guten oder gar genialen Diagnostikers. Ein solcher muß ein gewisses Fingerspitzengefühl haben, ein feines Einfühlungsvermögen und eine natürliche scharfe Beobachtungsgabe und rasche Kombinationsfähigkeit, um die Tausende von Krankheitsformen sicher voneinander unterscheiden zu können. Und dazu gehört – wie zu jeder Kunst – unzweifelhaft eine angeborene Begabung. Schon die Fähigkeit einer scharfen Beobachtung ist nicht jedermanns Sache, noch weniger, aus an sich richtigen Beobachtungen die richtigen Schlüsse zu ziehen, ganz zu schweigen von einer gewissen Intuition, um auch in zweifelhaften Fällen brauchbare Diagnosen stellen zu können. Dies alles erklärt und entschuldigt, weshalb nicht alle Mediziner gute Diagnostiker sind. Einsichtsvolle Ärzte geben dies offen zu. Mitunter irrt sich sogar ein ganzes Konsilium von Ärzten.

Als wahrhaft klassisches Beispiel sei der folgende Fall angeführt, den PROF. CARL LUDWIG SCHLEICH in seinem Buche ,,Gedankenmacht und Hysterie" veröffentlicht hat. Kommt da ein Mädchen in eine deutsche Klinik für Geburtshilfe. Die Ärzte diagnostizieren eine Schwangerschaft im siebenten Monat. Als aber nach Ablauf von weiteren drei Monaten keine Geburt erfolgte, wurde ein Konsilium abgehalten. Befund desselben: Die Leibesfrucht des Mädchens sei bereits abgestorben und daher bliebe nur ein Mittel, dieselbe auf operativem Wege zu entfernen. Die Operation wurde vorgenommen, jedoch weder Leibesfrucht, noch Geschwulst vorgefunden. Abschließende Diagnose: Hysterie!

Dieser Fall hat ein erheiterndes Gegenstück, welches mir der bekannte, ausgezeichnete Elektrohomöopath PROF. DR. THEODOR KRAUSS erzählte. Er hielt in einer größeren deutschen Stadt einen populären Vortrag über Elektrohomöopathie, als nach dem Vortrag der Werkmeister einer größeren Fabrik zu ihm kam und bat, sich sofort zu seiner Frau zu bemühen, denn diese sollte am folgenden Tag operiert werden, da ihr Bauch sich in den letzten Monaten so vergrößert hatte. Krauss ging gleich mit dem Manne, besah die Frau, schüttelte bloß den Kopf und sagte: ,,Geben Sie nunmehr Ihrer Frau stündlich im Wechsel diese zwei elektrohomöopathischen Mittel. Hoffentlich ist morgen keine Operation mehr nötig." Das tat der gute Mann mit dem Erfolg, daß seine Frau am nächsten Morgen kräftigen Zwillingen das Leben schenkte!

Es wäre intolerant, derartige Fälle herauszugreifen und dadurch die Medizin lächerlich machen zu wollen. Es soll nur zeigen, daß jeder Mensch sich einmal irren kann. Gerade durch Irrtümer und Fehlschläge gelangen wir so oft zu weiteren Erkenntnissen.

Ich glaube, manch alter erfahrener Arzt könnte uns an Hand derselben viel Interessantes berichten. Je älter man wird, desto tiefer dringt man ein und desto größer wird die Sehnsucht, mehr und immer mehr zu wissen. Und erst dann können wir das Goethesche Faustwort in seiner ganzen Tiefe und Weisheit erkennen: „ . . . Und sehe, daß wir nichts wissen können, das will mir schier das Herz verbrennen."

Jeder einsichtsvolle Mensch und auch jeder ehrliche Arzt wird zugeben, daß die hier vorgebrachten Beispiele bereits manche Unvollkommenheit und Unsicherheit der schulwissenschaftlichen Diagnostik zur Genüge beweisen. Da aber von einer richtig gestellten Diagnose sehr viel abhängt, so ist jede brauchbare Erweiterung der diagnostischen Kunst eine Sache, die jedermann angeht.

Daraus folgt: Wo immer und von welcher Seite auch sich uns eine brauchbare Vertiefung unserer diagnostischen Kenntnisse ergibt, sollen wir diese dankbarst annehmen, ganz einerlei, ob die gerade herrschende Richtung der Medizin mit diesen Quellen der Bereicherung des Wissens parallel geht oder nicht. Nur so kommen wir vorwärts.

Hat man sich zu dieser gesunden, vorurteilslosen und für den Praktiker einzig richtigen Anschauung durchgerungen, so wird und kann man es auch nicht ablehnen, die okkulten Methoden der Diagnostik zu studieren und auf ihren Wert hin zu prüfen. Hier aber gilt, wie für das ganze praktische Leben überhaupt: Prüfet alles und das Beste behaltet! Natürlich sind auch die okkulten Methoden der Diagnostik und Prognostik nicht absolut vollkommene Methoden, dies sei ausdrücklich betont; denn bei fast allen diesen Methoden spielt die persönliche Begabung dessen, der sie ausübt, eine sehr große Rolle. Und wie in jeder Kunst gibt es auch innerhalb der okkulten Diagnostik und Prognostik eine Stufenleiter vom Lehrling bis zum Meister. Man soll aber den Wert einer Kunst oder Wissenschaft niemals nach den Leistungen ihrer minderwertigen Vertreter, sondern nach den Leistungen ihrer Besten bewerten!

Zu verurteilen aber ist das Festhalten an einem verfehlten medizinischen Dogma oder einer schädlichen Heilmethode, wie zum Beispiel Strahlentherapie bei Krebs, Quecksilberbehandlung bei Lues oder das Reaktionsrisiko mancher Impfungen.

Befolgt ein nach Vollendung strebender Arzt oder Heilkundiger diese einfachen Winke, so wird er sicher die Methoden der okkulten Diagnostik und Prognostik studieren und erproben. Denn so wird sich seine ganze bisherige Weltanschauung durch das Hinzukommen der neuen Erkenntnisse erweitern und vertiefen, und er wird dadurch Erfolge erzielen, die oftmals ans Wunderbare grenzen. Hier beginnt wirklich das ,,Wunder in der Heilkunde" und hat schon lange, lange bestanden, ehe es Dr. Liek entdeckte.

Noch zaghaften Anfängern will ich Mut machen durch einen Hinweis, der heute eigentlich schon ein offenes Geheimnis ist: Seit Jahren bedient sich eine nicht geringe Zahl von Ärzten und Heilkundigen in allen Teilen der Welt – und daher auch in Deutschland – der okkulten Methoden der Diagnostik und Prognostik, als sehr brauchbares Hilfsmittel in ihrer Praxis und diese Ärzte und Praktiker hätten derlei Methoden todsicher wieder fallen gelassen, wenn sie sich nicht von ihrem großen Wert und Nutzen, ja in vielen Fällen von ihrer Überlegenheit gegenüber den bisherigen Heilmethoden der Medizin überzeugt hätten. Auch hier gilt der Satz: Das Bessere ist des Guten Feind.

Damit glaube ich genügend viel zur Einleitung gesagt zu haben, setze aber bei jedem Leser soviel Einsicht voraus, daß er nicht von mir verlangt, ihm ein vollkommenes ,,Lehrbuch" der ganzen okkulten Diagnostik und Prognostik hier in einem Band zu liefern. Nur ein Adept höheren Ranges könnte diese Riesenarbeit leisten.

Was ich bieten kann, ist nur ein allgemeiner, bescheidener Überblick über das so weite Gebiet der okkulten Diagnostik und Prognostik, unter Darlegung ihrer Grundsätze, sowie der möglichen kritischen Wertung derselben, teils auf Grund von eigenen Beobachtungen, teils auf Grund von Mitteilungen und persönlicher Bekanntschaft mit hervorragenden Vertretern und Praktikern dieser Disziplinen. Keineswegs erhebt daher das vorliegende Buch irgendeinen Anspruch auf Vollkommenheit, nicht einmal bezüglich der Literaturnachweise, denn das ganze Gebiet des Okkulten und seiner Beziehungen zur Medizin ist heute schon ein so großes, daß es kaum einen Menschen geben wird, der es vollkommen übersieht, geschweige denn beherrscht.

Immerhin hoffe ich, daß der interessierte Leser durch das vorliegende Buch genügende und mitunter auch wertvolle Anregungen empfängt, vor allem, sich darin vertiefend, dazu kommt, die ganze okkulte Diagnostik und Prognostik nicht mehr für bloßen „Aberglauben", „Mumpitz", „Betrug und Schwindel" anzusehen, sondern für Tatsachen, die sich nicht mehr leugnen lassen, wenn wir auch in vielen Fällen noch weit davon entfernt sind, für alle Methoden der okkulten Diagnostik und Prognostik eine restlos befriedigende, wissenschaftliche Erklärung geben zu können.

Vielleicht möchte sich dann der eine oder andere Leser diesem oder jenem Spezialgebiet der okkulten Diagnostik und Prognostik besonders widmen. Und so unvollkommen das vorliegende Buch auch ist, es kann dennoch auf diese Weise den Anstoß zu einer neuen, unter Umständen sogar segensreichen und gesegneten Tätigkeit geben. Denn Bücher haben nicht nur ihre Schicksale, wie ein altes lateinisches Sprichwort sagt, sondern sie wirken auch, öfters als wir es glauben, schicksalgestaltend auf ihre Leser und deren Umwelt ein.

Daß dem so ist, bewies mir eines Tages ein deutscher Arzt aus der Tschechoslowakei, der mich besuchte und dankerfüllten Herzens sagte, er sei bereits durch die erste Auflage meiner „Okkulten Diagnostik und Prognostik" auf die ganze okkulte Medizin aufmerksam geworden, von welcher er vorher keine Ahnung hatte. Er kam auf diese Weise auch zu meinem Buche „Rationelle Krebs- und Lupuskuren", mit dessen Hilfe er sich von seinem 20jährigen Gesichtslupus befreien konnte, der bisher jeder ärztlichen Behandlung getrotzt hatte. Daraufhin gab er seine bisherige Tätigkeit als Chirurg auf, wurde Homöopath und Augendiagnostiker und erfreute sich als solcher einer sehr guten Praxis.

Derartige Erlebnisse mit Ärzten, die ich öfters hatte, beweisen mir immer wieder aufs neue, daß meine Lebensarbeit als Schriftsteller und Forscher nicht vergeblich war, was auch von einsichtsvollen Ärzten anerkannt wird. Nichtsdestoweniger weiß ich zu gut, daß ich von Reformärzten noch manches lernen kann.

Dankbar kann ich sagen, daß Tausende meinem Buch Hilfe und Rettung verdanken, darunter auch Fälle, die aufgegeben waren. Es ist heute aber zeitgemäßer denn je, denn als die vierte Auflage davon 1928 erschien, starb in den Kulturstaaten der weißen Rasse jeder zehnte Mensch an Krebs, im Jahre 1932 aber bereits jeder fünfte, und jenseits des 50. Lebensjahres schon jeder zweite Mensch. Mithin hat LIEK vollkommen recht, daß, wenn wir nicht bald bessere Krebsverhütungs- und Krebsheilungsmethoden ausfindig machen, die weiße Rasse, bei Fortschreiten der progressiven Krebssterblichkeit, vom Krebs ausgerottet werden dürfte. Die Krebsfrage geht somit jedermann an! Die Ohnmacht dem ganzen Krebsproblem gegenüber gibt LIEK offen und ehrlich in seinem Buche: ,,Krebsverbreitung, Krebsbekämpfung, Krebsverhütung", welches 1932 erschien, zu. Dabei ist LIEK selbst Chirurg, hat über tausend Krebsoperationen gemacht, sagt aber offen, daß weder derlei Operationen, noch Radium- und Röntgenbestrahlungen nennenswert verbessert werden können. Andere, neue Wege müßten also beschritten werden, um die furchtbare Krebsgefahr zu bannen. Vor allem Abkehr von der wissenschaftlichen Ansicht, daß der Krebs nur ein rein lokales Leiden sei, Abkehr von dem darauf fußenden falschen Dogma, daß Messer und Bestrahlung die besten und sichersten Krebsheilmethoden sind. LIEK hatte auch den seltenen Mut, offen zu bekennen, daß die Dauerheilungen bei Krebs nach Operation und Bestrahlungen nur zwischen Null und wenigen Prozenten betragen. Gerade beim Krebs bewahrheitet sich der Ausspruch von PROF. DR. MED. GUSTAV JÄGER (1832–1917): ,,Weggeschnitten ist nicht ausgeheilt!" Denn sitzt der Krebs im Blute, wie das Volk immer richtig vermutet hat, so ist es nicht von Nutzen, eine derartige Krankheit durch Operation oder Bestrahlung heilen zu wollen. Mit derselben Berechtigung könnte man auch tuberkulöse Knoten oder syphilitische Geschwüre operativ entfernen und dann den Kranken als ,,geheilt" erklären. Nur eine Abkehr von diesen Lehren kann die Menschheit von der Krebsgeißel befreien. Die neuen Wege der Krebsbehandlung, die sich LIEK erhofft, sind aber vom Verfasser des vorliegenden Buches schon seit 1912, dem Erscheinen der ersten Auflage seiner „Rationellen Krebs- und Lupuskuren" nachweisbar mit sehr gutem Erfolge beschritten worden, was auch von einer stets wachsenden Anzahl von Reformärzten bestätigt wurde. Natürlich wurde mein Krebsbuch bisher von der Presse nicht erwähnt, aber andauernde und wachsende Erfolge lassen sich nicht aus der Welt schaffen und wahre Menschenfreunde sorgten bisher für die Verbreitung meines Krebsbuches. Ich bitte dieselben, es auch weiter zu tun. Mir ist übrigens kein Krebsbuch in deutscher Sprache bekannt, welches, noch dazu von einem Außenseiter stammend, sechs Auflagen aufweisen kann.

Um nun dem Anfänger, der sich rasch über das Wesen der okkulten Diagnostik und Prognostik orientieren will, einen Ariadnefaden an die Hand zu geben, wollen wir gleich hier, ehe an die detaillierte Beschreibung der einzelnen Methoden dieser Disziplinen geschritten wird, feststellen, daß, so mannigfach und verschieden sie auch dem Fernstehenden erscheinen mögen, man sie dennoch in drei Hauptgruppen einteilen kann.

1. Gruppe. Diese beruht auf Erkennung und Deutung von bisher wenig oder gar nicht beachteten äußerlichen Anzeichen am menschlichen Körper, sei es an einzelnen Gliedern oder Organen, sei es der Gesamteindruck eines Menschen. Hierher gehört z. B. die Diagnose aus den Linien und Kennzeichen der Hand, aus den Nägeln der Hand, aus den Zeichen der Iris (sogenannte Augendiagnose) aus dem Gesichtsausdruck, aus dem ganzen Habitus usw.

2. Gruppe. Diagnosen und Prognosen, welche unter Benützung der Geheimwissenschaften gestellt werden, also z. B. der Astrologie, der Kabbalah usw.

3. Gruppe. Dieselbe beruht vorwiegend oder ausschließlich auf Benützung psychischer Fähigkeiten des Menschen wie: Hellfühlen, Hellsehen, Hellhören. Aber dazu gehören auch jene Methoden, die mehr oder minder mittels Zuhilfenahme des Unterbewußtseins, des Somnambulismus, der Medialität usw. betrieben werden. Selbst Diagnosen und Prognosen mittels des Pendels oder der Wünschelrute sind dieser Gruppe unterstellt.

Während nun Diagnosen und Prognosen der beiden ersten Gruppen, bis zu einem gewissen Grade wenigstens, noch rein verstandesgemäß erfaßt, begründet und gelehrt werden können, ist dies bei der dritten Gruppe meist gar nicht oder nur sehr beschränkt möglich. Denn selbst der schärfste Intellekt versagt vollständig bei Methoden, welche auf Intuition, Einfühlungsvermögen, Hellsehen, Hellfühlen, Hellhören usw., kurz auf psychischen Fähigkeiten oder Gaben beruhen.

Umgekehrt jedoch kann ein Mensch, der derlei Gnadengaben besitzt oder erworben hat, auch die Methoden der beiden ersten Gruppen weitaus sicherer und erfolgreicher anwenden, als der reine Verstandesmensch. Denn der intuitive Mensch, gar der Hellsichtige und Hellfühlende, wird aus den Linien und Zeichen der Hand, aus dem Horoskop, aus der Handschrift eines Kranken, ja sogar aus dessen Harn oder aus wenigen Haaren, die dem Kranken angehörten – es genügt schließlich dazu auch ein getragenes Kleidungsstück – Dinge sagen können, deren Erkenntnis aus dem scheinbar Irrealen selbst der größte Gelehrte, der diese Gaben nicht besitzt oder reiner Materialist ist, für absolut unmöglich halten wird.

Hier scheiden sich eben die Geister! Während z. B. die materialistische Richtung der Medizin alles Heil und allen Fortschritt nur von den Naturwissenschaften, wie bisher betrieben, vom möglichst geschärften Verstand, von Umgebung und Technik ihrer diagnostischen Methoden erwartet, wird eine Medizin, die auf idealistischer, okkulter, mystischer und religiöser Basis beruht, ganz andere Wege einschlagen, um tüchtige Ärzte und Diagnostiker auszubilden. Sie wird vor allem die psychischen Fähigkeiten ihrer Schüler zu entwickeln suchen und da diese, wenigstens in ihren höheren und feineren Graden, nur durch ein ethisches und gottverbundenes Leben errungen werden können, auch auf solches streng achten und Scheußlichkeiten, wie zum Beispiel die Vivisektion, in ihrem Lehrsystem nicht dulden. Schon die Bibel sagt:

,,Denn die Weisheit kommt nicht in eine boshafte Seele und wohnt nicht in einem Leibe, der Sünde unterworfen, und ruchloser Dünkel scheidet von Gott. Denn der heilige Geist, der ein Geist der Zucht ist, flieht die Falschen und weicht von den Ruchlosen und wird verscheucht, wenn Ungerechtigkeit sich ihm nahen will." (Weisheit 1, 3–5.)

Hier erkennen wir erst klar, was PARACELSUS meinte, wenn er sagt: „Der wahre Arzt geht aus Gott hervor." Nämlich in ihm und durch ihn wirken die göttlichen Gaben der Weisheit, Erleuchtung, der Güte und selbstlosen Liebe, von welchen der reine Verstandesmensch keine Ahnung hat. Diese hohen Gaben, Eigenschaften und Fähigkeiten, mit welchen sich schließlich auch direkt heilende, persönliche Kräfte des gottverbundenen Arztes verbinden, sind es wohl, welche PARACELSUS unter Tugend des Arztes versteht.

Damit führe ich meine Leser in eine wunderbare Welt, in eine Welt der Wunder und ich bin mir dessen wohl bewußt, daß für Nichtokkultisten vieles, was in diesem Buche als oft beobachtete Tatsache hingestellt wird, „unglaublich oder märchenhaft" klingen muß. Indessen, das darf und soll uns nicht abschrecken, immer weitere Kreise gerade auf die Realität jener Tatsachen, worauf die okkulte Diagnostik und Prognostik beruht, hinzuweisen. Möge man uns Okkultisten darob auch „Phantasten" nennen, wir sagen ruhig: „Es ist nun einmal so, streitet nicht mit uns darüber, ehe ihr diese Dinge nicht selbst erlebt und geprüft habt!"

Wir Okkultisten sind wahrlich daran unschuldig, daß Makro- und Mikrokosmos so voll tiefer Geheimnisse sind, und daß es zwischen beiden die wunderbarsten Beziehungen gibt, von welchen materialistisch eingestellte Gelehrte keine Ahnung haben.

Es ist und bleibt jedoch für den Erkennenden und Tieferblickenden eine uralte Wahrheit, daß Gott den Menschen und die Welt mit weitaus größerer Weisheit erschaffen hat, als menschlicher Unverstand es für möglich halten. Daher ist und bleibt die wahre okkulte Diagnostik und Prognostik, besonders in ihren höheren Formen, nur für jene verständlich und zugänglich, die alle Voreingenommenheiten abgelegt haben und sich den Geheimnissen der Schöpfung in Demut und Verehrung nahen.

Wer hingegen über alles – was sein enger Verstand nicht sofort fassen oder wissenschaftlich eindeutig erklären kann – lächelt, der tut besser, den rein okkulten Methoden der Diagnostik und Prognostik fern zu bleiben. Denn nur wirklich Berufene werden darin etwas leisten können.

Hervorgehoben sei hier nochmals, daß der Verfasser dieses Buches sich oft vom Nutzen, ja von der Überlegenheit der okkulten Diagnostik und Prognostik persönlich überzeugt hat, und auch mit bedeutenden Praktikern dieser Disziplinen befreundet und bekannt wurde, von solchen sehr wertvolle Winke und ein umfangreiches Tatsachenmaterial, sozusagen aus erster Hand, erhielt, was seiner Arbeit sehr zugute kam.

Diese Erkenntnisse der Vergessenheit zu entreißen und zu veröffentlichen ist sicherlich eine ebenso nützliche wie notwendige und zeitgemäße Aufgabe. Und nun wollen wir in zwangloser Reihe die einzelnen Sondergebiete der okkulten Diagnostik und Prognostik näher kennen lernen und zwar nicht in Form einer streng wissenschaftlich kühlen Abhandlung, sondern in mehr freier Art, durchpulst von lebendiger Erfahrung und durchglüht vom Lichte einer höheren und einheitlichen Erkenntnis, wie uns solche nur die Geheimwissenschaften und die Mystik geben können.

Literaturnachweis

AD. ALF. MICHAELIS, Semiotik, oder die Lehre von den Krankheitszeichen, eine gemeinverständliche Diagnostik und Prognostik. 792 S.

JOHANN GOTTFRIED RADEMACHER, Rechtfertigung der verstandesrechten Erfahrungsheillehre der alten scheidekünstigen Geheimärzte. 2 Bde. Rohm-Verlag, 7120 Bietigheim.

DR. ERWIN LIEK, Krebsverbreitung, Krebsbekämpfung, Krebsverhütung. 252 S. München 1932.

–, Das Wunder in der Heilkunde. 208 S. München 1930.

Carl Ludwig Schleich, Gedankenmacht und Hysterie. Bln. 1920.

G. W. Surya, Hermetische Medizin, Stein der Weisen, Lebenselixiere. 347 S., Linser-Verl., Bln.-Pankow, 1923.

–, Homöopathie, Isopathie, Biochemie, Jatrochemie und Elektrohomöopathie und deren Beziehungen zum Okkultismus. 208 S. Bln.-Pankow 1923.

–, Paracelsus, Rademacher und Zimpel, die deutschen Spagyriker.

–, Rationelle Krebs- und Lupuskuren. 2. Aufl. 60 S. Rohm-Verl., Lorch/Württ. 1922. 4. Aufl. 1928. 6. Aufl. 1950.

Die Augendiagnose

Das Schaubild „Organ-Felder in der Iris" ist zur bequemen Benützung des Lesers als loses Kartonblatt beigefügt und am Schluß des Buches eingelegt

Das Auge ist des Leibes Licht.
Wenn dein Auge einfältig ist, so ist dein ganzer Leib
Licht, so aber dein Auge ein Schalk ist, so ist auch
dein Leib finster.

LUKAS 11, 34

Ich Iris bin ins Licht gestellt
Zum Zeugnis einer besseren Welt,
Für Augen, die vom Erdenlauf
Getrost sich wenden zum Himmel auf
Und aus der Dünste trübem Netz
Erkennen Gott und sein Gesetz.

GOETHE

Hat GOETHE, dieses Universalgenie, auch die Augendiagnose bereits im Prinzip gekannt? Es bleibt uns fast keine andere Deutung übrig, wenn wir das obenstehende Motto heute vom Standpunkt der Augendiagnose betrachten. Es fragt sich nur, woher GOETHE die Augendiagnose gekannt haben soll? Da gibt es wohl nur zwei Möglichkeiten. Entweder hat er sie im Prinzip selbständig entdeckt – dann hätte er aber wohl ausführlicher darüber geschrieben – oder er wurde auf die Tatsache der Augendiagnose von anderer Seite aufmerksam gemacht. Nur von welcher? Nun, wenn diese Frage überhaupt für uns lösbar sein soll, müssen wir folgenden Gedankengang einschlagen: Die Augendiagnose soll bereits vor Jahrhunderten den Jesuiten und anderen Ordensangehörigen bekannt gewesen sein. Man weiß ja, daß die Klöster zu allen Zeiten Kulturträger waren und darum darf man ohne weiteres annehmen, daß sie über ein großes Wissen auch um geheime Wissenschaften verfügten. Da auch sie sich immer sehr – schon aus ihrer religiös bedingten Nächstenliebe heraus – mit der Heilkunst beschäftigten, liegt ihre Kenntnis der Augendiagnose durchaus im Bereich des Möglichen.

Ist dies der Fall, so war die Augendiagnose auch sicherlich den

Rosenkreuzern nicht unbekannt, und GOETHE soll ja zu diesen Mystikern – deren bevorzugtes Studium zweifellos die Geheimmedizin ist – in näheren Beziehungen gestanden haben. Hat GOETHE aber von den Rosenkreuzern Einblick in die Augendiagnose bekommen, so war er darüber zum Stillschweigen verpflichtet. Die Augendiagnose gehörte dann zur Geheimdiagnostik des erlauchten Ordens, und GOETHE durfte nur in andeutender Form davon sprechen, daß ihm dies Geheimnis nicht unbekannt sei, und so mögen wohl die vorstehenden Verse entstanden sein.

Wollen wir uns aber betreffs der Augendiagnose auf einwandfrei historischen Boden stellen, so müssen wir auf den ungarischen Arzt IGNAZ PÉCZELY zurückgreifen, der 1867 in Wien das Doktorat der Medizin erwarb, sich 1869 in Budapest als homöopathischer Arzt niederließ und 1880 eine kleine Abhandlung: „Anleitung zum Studium der Diagnose aus den Augen" herausgab. Die Tages- und Fachpresse befolgte damals, wie in dieser Zeit üblich, die Taktik des Totschweigens der epochalen Schrift PÉCZELYS. Aber die unaufhörlich wachsende Anzahl der Patienten PÉCZELYS sorgte dafür, daß seine wunderbare Kunst, die Krankheiten aus den Augen festzustellen, doch bekannt wurde. Da griff sogar die Regierung ein. Es erschien ein drohendes Reskript des Ministeriums, um der „Betrügerei" der Augendiagnose ein Ende zu bereiten. Als aber auch diese Maßnahme keinen Erfolg hatte, fingen die Zeitungen an, Doktor PÉCZELY mit groben Beschimpfungen zu überschütten. Sie erreichten dadurch, was sie wohl am wenigsten erhofften: PÉCZELY wurde nun nicht nur in seinem Heimatlande, sondern auch im Auslande bekannt. Das Verdienst, PÉCZELY jedoch auf erfolgreiche und angemessene Art in Deutschland eingeführt zu haben, gebührt dem wackeren AUGUST ZÖPPRITZ in Stuttgart (damals Redakteur der homöopathischen Monatsblätter); er scheute die Reise nach Budapest nicht, um sich näher über die Diagnose und die Krankenbehandlung PÉCZELYS zu informieren. Darüber sowie über die Lebensschicksale PÉCZELYS berichtete dann ZÖPPRITZ in den homöopathischen Monatsblättern 1886. Was AUGUST ZÖPPRITZ für die Ausbreitung der Homöopathie sowie für die Verteidigung der freien Heilkunst und Bekämpfung des Impfzwanges durch über 60 Jahre geleistet hat, ist bewunderungswürdig. Und nun erfahren wir auch, daß er die Augendiagnose nach Deutschland brachte.

Der erste deutsche Arzt, der jedoch für PÉCZELY in Deutschland eintrat, war E. SCHLEGEL in Tübingen.

Wie ist nun PÉCZELY zu seiner epochalen Entdeckung gekommen? Durch einen sogenannten Zufall, wie die Profanen es nennen oder durch höhere Führung, wie die Mystiker sagen.

Pastor LILJEQUIST schildert diese „zufällige Entdeckung" in seinem großen Werke „Die Diagnose aus den Augen":

„Als elfjähriger Knabe versuchte PÉCZELY eines Tages eine Eule zu fangen; aber als er sie erhaschte, wehrte sie sich und schlug eine Kralle in die Hand des Knaben. Er versuchte, die Hand zu befreien, aber das hatte zur Folge, daß die Eule die Kralle um so tiefer in die Hand drückte. Der Knabe wußte da keinen anderen Ausweg, als das Bein der Eule abzubrechen, und da er starke Finger hatte, gelang ihm dies wirklich. Dabei sahen sich der Knabe und die Eule scharf in die Augen, und der Knabe bemerkte, daß in dem Augenblicke, wo er der Eule das Bein brach, ein schwarzer Strich im Auge derselben entstand, das Zeichen eines schweren Organschadens. Aber da der Knabe kein zukünftiger wissenschaftlicher Tierquäler, sondern ein Tierfreund und zukünftiger Arzt war, so verband er danach das Bein der Eule, behielt sie bei sich und pflegte sie, bis sie wieder ganz hergestellt war. Dann gab er ihr die Freiheit wieder, aber sie blieb freiwillig im Garten, und jedesmal, wenn der Tisch gedeckt wurde, kam sie geflogen und setzte sich auf den Tisch neben den Knaben. So verging der Sommer. Im Herbst flog sie fort, aber im nächsten Sommer kam sie wieder und war des Knaben Gast. Er betrachtete da ihr Auge und es überraschte ihn, in demselben immer noch das Zeichen des Beinbruches zu bemerken, aber von einer weißen Krummlinie begrenzt. Im Herbst flog sie wieder fort und kam im nächsten Sommer zurück. Und siehe da, das alte Zeichen war noch immer vorhanden, obgleich der Beinbruch seit so langer Zeit geheilt war. Im Herbst flog sie abermals fort und kam nicht mehr zurück. So wurde die Entdeckung der Diagnose aus den Augen gemacht, obgleich der Knabe die Wichtigkeit seiner Entdeckung nicht ahnte.

Später, als PÉCZELY bereits praktischer Homöopath – aber noch nicht Doktor der Medizin – war, konnte er eines Nachts nicht schlafen, und es fiel ihm auf, wie merkwürdig es sei, daß alle Menschen, die zu ihm kamen, so verschiedene Augen hatten. Plötzlich kam ihm die kleine Episode mit der Eule wieder ins Gedächtnis, und am nächsten Tage begann er mit seinen augendiagnostischen Studien. Ehe drei Monate vergangen waren, war es ihm gelungen, den Schlüssel des Rätsels zu finden. Inzwischen fingen die Leute an, ihm immer mehr zuzuströmen, und bald kam er in den Ruf eines ‚Wunderdoktors‘. Da mischte sich die Obrigkeit in die Sache und verbot ihm, fernerhin Kranke zu behandeln. PÉCZELY erklärte dann, er wolle Arzt werden, so daß niemand ihm verbieten könne, seinen Nächsten zu helfen.

Ein Arzt, der ihm übel wollte, kam zu ihm und erklärte, ‚Sie sind ein Scharlatan, ein Betrüger. Sie behaupten, die Krankheiten in den Augen der Leute lesen zu können.‘ PÉCZELY sah ihm in die Augen und sagte: ‚Sie haben das und das gehabt und sind sehr schlecht ausgeheilt worden.‘ Da der Arzt dies ganz verblüfft zugeben mußte, sprach er nicht mehr von Betrügerei.‘‘

In der Tat hat PÉCZELY später als Arzt seine Augendiagnose nahezu ganz ausgebaut, er konnte schließlich eine ganze Regionenlehre für das Auge aufstellen, indem jedem äußeren oder inneren Organ des Körpers ein ganz bestimmtes Feld der Iris entsprach.

Wenn wir das menschliche Auge betrachten, so sehen wir rings um das schwarze Sehloch (Pupille) eine kreisförmige Scheibe, die Iris oder Regenbogenhaut. Diese Iris kann in ihrer Grundfärbung blau, grau und braun sein, und wir sprechen dann von einem blauen, grauen oder braunen Auge. Es gibt aber, wie jedermann weiß, zahllose Abstufungen vom zartesten Blau bis zum tiefsten Braun. Wer nordischer Abstammung ist und sich kräftigster Gesundheit erfreut, soll eine klare, himmelblaue Regenbogenhaut besitzen, deren Grund dicht, eben und blank wie Perlmutter ist. Die Iris verändert nun ihre Farbe und Dichtigkeit entsprechend der Herabsetzung der Lebenskraft durch Krankheiten, aber auch durch unpassende Arzneien (Medizinalvergiftung!). Übereinstimmend erklären alle erfahrenen Augendiagnostiker, daß die Behandlung eines Kranken mit aus giftigen Substanzen gewonnenen, naturwidrigen allopathischen Mitteln die Iris sozusagen „verschmiert". Wird ein Kranker mit allopathischen Arzneien auch scheinbar geheilt, so verschwindet selbst nach akuten Krankheiten das betreffende Merkmal niemals von seiner Stelle im Auge. Heilt man jedoch den Kranken mit ungiftigen, natürlichen oder homöopathischen Mitteln, so erkennt man, daß das Krankheitszeichen, beziehungsweise die Verdunkelung in der Iris allmählich mit der fortschreitenden wirklichen Heilung immer heller wird, und mit Eintritt der vollen Genesung nimmt die Iris ihre frühere Farbe und Dichtigkeit an. Wir können also ganz allgemein sagen, daß jede Verdunkelung (jeder dunkle Fleck) in der Iris ein Krankheitsmerkmal darstellt. Je dunkler oder intensiver das betreffende Krankheitszeichen ist, desto stärker, ernster ist die Störung.

Knochenbrüche und Verletzungen aller Art, aber auch Operationen zeigen sich als tiefschwarze Flecke in der Iris. Sind diese Verletzungen gut ausgeheilt, dann sind sie in scharfe weiße Umrisse gebettet oder gleichsam von einer weißen Linie umrandet.

Darin liegt also der große Wert der Augendiagnose, daß wir durch sie die erfolgte Heilung einwandfrei feststellen bzw. beweisen können. –

Der Vollständigkeit halber wäre noch auf die Ansicht des Münchener Augendiagnostikers RUDOLF SCHNABEL, der in seinem beachtenswerten Buche „Symptome des Auges und seiner Annexe bei Erkrankungen im Organismus mit besonderer Berücksichtigung der Iris-Reaktionen" den Nachweis erbringen will, daß die sogenannten „Medizinzeichen" in der Augendiagnose in der Mehrzahl der Fälle ganz andere Ursachen haben als Medizinalvergiftung, nämlich – nach SCHNABEL – nur Wirkungen der Autotoxine (Eigengifte) des Organismus sind. Auf einen Wi-

derspruch – in dem sonst gewiß sehr lesenswerten Buche SCHNA-
BELS – muß ich aber gleich hier hinweisen. U. a. führt SCHNABEL
aus, daß die Jodflecke in der Iris, ,,selbst wenn dem Kranken Jod
verabreicht wurde, nicht vom Jode herstammen, denn in unzähli-
gen Fällen war die gebrauchte Menge des Jods viel zu geringfü-
gig, um Jodvergiftungserscheinungen auslösen zu können, selbst
wenn man einer gewissen Idiosynkrasie Rechnung tragen wollte". Des weiteren erwähnt SCHNABEL einen Fall, wo eine Dame
mit Sohn und Tochter zu ihm in die Sprechstunde kam. Alle drei
beklagten sich über eigenartige Aufregungszustände wie Schlaflosigkeit, Herzklopfen und -beklemmungen, Brechreiz, innere
Unruhe und ,,Zappeligkeit". Die charakteristische Verfärbung
der Augen dieser drei Personen veranlaßte SCHNABEL sofort zu
der Frage: ,,Raucht der Vater der Kinder sehr stark?" – Antwort: ,,Na – und wie! Sogar abends und morgens im Bette noch
muß er seine Zigarre haben." – ,,Dann sagen Sie Ihrem Manne,
daß er seinen Kindern und seiner Frau das Opfer bringen muß,
sogleich das Rauchen in den Räumen einzustellen, die er mit
Ihnen gemeinsam hat, und Sie werden sehen, wie bald Ihre und
Ihrer Kinder Beschwerden verschwunden sind, denn Sie alle leiden an hochgradiger, chronischer Nikotinvergiftung." Das ,,Re-
zept" wirkte und einige Zeit später waren die ,,rätselhaften Erscheinungen" fast völlig verschwunden.

Wenden wir diese Beobachtung auf die Jod-, Arsenik- und
Quecksilberzeichen im Auge an, so können wir mit gleichem
Rechte sagen, daß bereits geringe Mengen dieser Gifte bei emp-
findlichen Personen Medizinalzeichen im Auge und auch Vergiftungserscheinungen im Organismus hervorbringen können, daß
es aber auch Personen gibt, bei welchen eine gleich starke Dosis
desselben Giftes keine schädlichen Wirkungen und Medizinalzeichen hervorruft. Mithin ist der Schluß Schnabels vielleicht nicht
ganz richtig, daß geringe Jodmengen keine Medizinalzeichen und
keine Vergiftungserscheinungen hervorrufen können. Doch kann
diese geringfügige Abweichung in der Übereinstimmung unserer
Erkenntnisse keineswegs die Verdienste SCHNABELS um die Augendiagnose mindern.

Wir wollen nun ein wenig die sogenannten Organfelder der rechten und linken Iris betrachten und benützen zu diesem Zwecke die beigegebene Tafel, die uns von dem Augendiagnostiker und homöopathischen Arzt H. OTTINGER in Riethäusli bei St. Gallen, Schweiz, in dankenswerter Weise zur Verfügung gestellt wurde.

Als allgemeine Orientierungsregel in der Augendiagnose merke sich der Anfänger, daß linksgelagerte Organe und Körpergebiete im linken, rechtsgelagerte Organe und Körpergebiete im rechten Auge, des weiteren die oberen Organe und Körperteile (etwa vom Herz aufwärts oben, die unteren Organe und Körperteile unten, die mittleren im mittleren Teil der Iris ihr „Organfeld" haben. Man kann sich die Sache auch so verständlich machen, daß man sich von der Pupille zu den einzelnen Organen und Gliedern des menschlichen Körpers Strahlen gezogen denkt; die Richtung dieser Strahlen entspricht ungefähr den Organfeldern der Augendiagnose.

Organe, die in der Körperlängsachse liegen, wie Zunge, Kehlkopf und Speiseröhre sowie die Blase sind in beiden Augen ersichtlich. Eine Ausnahme von dieser Regel machen Harnröhre, Scheide und Gebärmutter, die nur im rechten Auge ihr „Feld" haben. Weshalb dies so ist, ist noch nicht geklärt.

Eine Sonderstellung nehmen auch noch der Magen, die Gedärme und das sympathische Nervensystem ein. Der Magen liegt dicht um die Pupille herum. Daran schließt sich in nahezu quadratischer Form das Darmgebiet an, dessen äußere Grenzen das Organgebiet des sympathischen Nervensystems bilden.

Ein völlig gesunder Magen mit normaler Verdauung zeigt sich als etwas hellerer Kranz um die Pupille. Ist dieses Kranzgebiet des Magens verdunkelt, so zeigt dies einen schwachen, kranken Magen oder gestörte Verdauung an. Schwarze Flecken im Magenfeld bedeuten Magenblutungen oder Verletzungen usw.

Bei vollkommen gesunden Verdauungsorganen ist das Darmgebiet in der Iris unsichtbar. Schmutzige Verfärbungen darin sowie Verdunkelungen und Flecke deuten stets auf mehr oder minder ernstere Darmerkrankungen hin. Bei ernsteren und weiter fortgeschrittenen Störungen der Verdauungsorgane gehen vom Darmgebiet strahlenförmige Schleifen (Zacken) aus, die gleichsam auf das bedrohte oder bereits in Mitleidenschaft gezogene Körpergebiet in der Iris hindeuten. Daraus folgern die Augendiagnostiker, daß eine krankhaft gestörte Verdauung der Ursprung der meisten Krankheiten ist, eine Wahrheit, die schon den alten ägyptischen Priesterärzten wohlbekannt war.

Sind jedoch durch diese gestörte, krankhafte Verdauung andere wichtige Organe bereits erheblich erkrankt oder in Mitleidenschaft gezogen, dann sehen wir, daß die strahlenartigen Schleifen oder Zacken zu einer isolierten (selbständigen) Verdunkelung des betreffenden Organfeldes wurden.

Ein weißlich oder gelblich-weiß gefärbtes Magengebiet deutet auf Entzündung oder nervöse Überreizung des Magens hin. Aber auch der Mißbrauch von Medikamenten oder deren oftmaliger gewohnheitsmäßiger Gebrauch (z. B. von doppeltkohlensauerem Natron) kann ähnliche Verfärbungen hervorrufen.

Als allgemeine Regel können wir sagen, daß jede Verdunkelung anzeigt, daß an der betreffenden Stelle der Blutkreislauf gestört ist, Krankheitsstoffe (Fremdstoffe) abgelagert sind usw., was seine logische Begründung darin hat, daß in geschwächten Organen der Blutkreislauf in den feinen Haargefäßen meist ein minder lebhafter ist. Hingegen zeigt jede merkliche Erhellung vermehrten Blutzufluß an, was auf Fieberzustände, Entzündungen oder Nervenüberreizung hindeutet.

Am äußersten Rande der Iris ist die Region für das Hautgebiet. Zeigt sich dieses verdunkelt, so schließen wir auf Bleichsucht, Blutarmut oder auf schlechte Blutzusammensetzung und dadurch gestörte Hauttätigkeit.

Bei der Regionenlehre und der Einteilung des Auges in Organfelder sowie der ganzen Iris in zwölf gleiche Teile zu je 30° und dieser wieder in Unterabteilungen zu je 10°, eine Einteilung, die schon PÉCZELY machte, fällt es Kennern der Astrologie gewiß auf, daß wir darin eine ganz ähnliche Einteilung wie beim Tierkreis finden, der auch in zwölf Tierkreiszeichen von je 30° und diese wieder in Dekanate zu je 10° geteilt wird.

Péczely hat diese Einteilung ganz unabhängig von der Astrologie gemacht, aber darin sicherlich, ohne zu wollen – also intuitiv – die beste Einteilung getroffen, denn sie wurde auch von allen anderen Beobachtern als die brauchbarste bestätigt.

Mithin wäre die Iris des Auges im Verhältnis zum ganzen Menschen (der den Makrokosmos darstellt) gleichsam ein Mikrokosmos. Und wie der Mensch als Mikrokosmos ein genaues Spiegelbild des Makrokosmos mit all seinen Kräften und Eigenschaften darstellt, so ist die Iris als Mikrokosmos des menschlichen Organismus das Spiegelbild nicht nur seiner astralen und mentalen Zustände, sondern auch seiner körperlichen Beschaffenheit und Gesundheit. Kurz gesagt: Das Auge ist also nicht nur der Spiegel der Seele, sondern auch der des Körpers.

Dieses Gleichnis läßt sich noch weiter ausbauen. G. Reinhardt, praktischer Arzt in Bremen, fand, daß die sieben Planeten und ihre Organprojektionen (d. h. die ihnen entsprechenden Organe wie z. B. Sonne gleich Herz usw.) in ihrer natürlichen Reihenfolge in der Iris von innen nach außen angedeutet sind und zwar zuinnerst die Sonne, dann der Mond, Merkur, Venus, Mars, Jupiter, zuäußerst Saturn. Auch daraus lassen sich neue Schlüsse ziehen. Zu empfehlen ist nach G. Reinhardt dann nur eine Verbindung mit der astro-psychologischen Diagnose. Reinhardt steht auf dem Standpunkt, daß sowohl die Augen- wie auch die Chiromantie-Diagnose als Ergänzungsdiagnosen sehr wertvolle Dienste leisten und dadurch neue Gesichtspunkte schaffen. Reinhardt anerkennt auch, daß die Augendiagnose als spezielle Erkenntnis von Krankheitsursachen sehr wertvoll ist. Von dem Herd der akuten Krankheit, sichtbar durch Zeichen und Veränderungen in der Iris, lassen sich Verbindungen ziehen zu anderen Organen oder sie werden als ein Teil breiterer Störungen erkannt. Alles dies führt zu einer tieferen und wichtigeren Erkenntnis der Krankheitsursachen.

Wie weit aber die Zusammenhänge der Iris mit der Astrologie reichen, werden wir wohl erst nach und nach feststellen können, und man wird dabei vielleicht höchst erstaunliche Entdeckungen machen.

So erzählte mir vor etlichen Jahren ein deutscher Universitäts-professor der Mathematik, der sich allerdings nebenbei mit Ge-heimwissenschaften befaßte, darunter auch mit Astrologie, daß er in Gesellschaft einiger Freunde ganz zufällig die Bekannt-schaft einer einfachen alten Frau machte, die lediglich aus der Iris eines Menschen, ohne weitere Hilfsmittel, sofort nicht nur dessen Geburtsmonat, sondern auch Geburtstag genau angeben konnte. Die Herren waren darüber, wie man sich denken kann, nicht wenig erstaunt. Leider hat diese Frau das Geheimnis um ihr er-staunliches Wissen nicht preisgegeben. So bleibt es also dahinge-stellt, ob sie ihre frappanten Aussagen auf Grund besonderer Kennzeichen in der Iris oder auf hellseherischem Wege zustande brachte. Ähnlich rätselhaft waren die Leistungen eines Augen-diagnostikers in Hamburg, der mit fast hundertprozentiger Si-cherheit aus den Augen einer weiblichen Person feststellen konn-te, ob Schwangerschaft vorlag oder nicht und wenn ja, welchen Geschlechtes das zu erwartende Kind war.

Noch wunderbarer waren aber die Leistungen der SEHERIN VON PREVORST. So oft diese in das rechte Auge eines Menschen sah (wobei der Geisterblick ihres Auges noch aufs höchste gestei-gert wurde und sie zuletzt jedesmal, wie von einem elektrischen Schlag getroffen, zusammenfuhr), sah sie in ihm, hinter ihrem sich abspiegelnden Bilde, immer noch ein Bild, das aber weder ihrem Bilde noch vollkommen dem Bilde desjenigen, in dessen Augen sie sah, glich. Sie hielt es für das Bild des inneren Men-schen, dem sie ins Auge sah. Bei manchen erschien ihr dies inne-re Bild ernster als das äußere oder umgekehrt, und es entsprach dies auch immer dem Charakter des Menschen, in dessen Augen sie sah – bei manchen schöner und verklärter als das äußere.

Sah sie in das linke Auge eines Menschen, so stellte sich in diesem immer das innerliche körperliche Leiden im Bilde dar, z. B. Magen, Lunge oder woran er sonst krankte und dabei zu-gleich das Heilmittel. Im linken Auge des Arztes JUSTINUS KER-NER (1786–1862) sah sie die Verordnungen für sich selbst. Bei Menschen, die nur noch ein, und zwar das linke Auge hatten, sah sie in diesem den inneren Menschen und zugleich noch ein körperliches Leiden desselben und die Verordnungen dagegen. Auf dieser ganz okkulten Basis hatte sie erstaunliche Heilungserfolge, was wieder ein Beispiel mehr dafür ist, wie durch einzelne gottbegnadete Menschen, die hellsichtig waren, die Heilkunst entstanden sein mag. Die Geschichte der Geheimwissenschaften und auch jene der Medizin bietet uns eine genügende Anzahl von außergewöhnlichen Menschen.

Damit sind wir zum okkulten Teil der Augendiagnose gelangt, denn nur mit Hilfe des okkulten Grundsatzes, daß die Iris als Mikrokosmos des menschlichen Organismus das dreifache Spiegelbild seiner geistigen, seelischen und körperlichen Beschaffenheit ist, wird uns das Wesen der Irisdiagnose einigermaßen klar. Doch bleibt uns das ,,Wie'', d. h. die Art der Übertragung von Organschäden auf die Iris, trotz aller wissenschaftlichen Theorien und Erklärungsversuche noch sehr rätselhaft.

Die scharfsinnigsten wissenschaftlichen Erklärungsversuche gipfeln alle darin, daß wir uns eine Einwirkung des Körpers oder seiner einzelnen Organe auf die Iris nur durch Vermittlung des Nervensystems denken können. Wahrscheinlich spielt hier der NERVUS SYMPATHICUS eine große Rolle, der ja, wie SCHLEICH erkannte, so tief in viele geistige, seelische und körperliche Funktionen eingreift. So wäre es naheliegend, daß dieser Nervus sympathicus, der als Dilatator pupillae (Erweiterer der Pupille) bezeichnet wird, mit einem Nervenfasergeflecht die Iris durchdringt, und nun, wenn seine anderen Enden, die wir uns in alle Organe und Körperteile versenkt denken müssen, irgendwie gereizt werden, diese Reize, gleich welcher Natur, sofort auf die Iris überträgt und dort mehr oder minder bleibend registriert. Das Geheimnisvolle ist nur, wie durch einen Knochenbruch oder eine Operation eine dauernde Veränderung der Iris zustande kommt. Wenn z. B. auf einer blauen Iris durch Knochenbruch plötzlich ein schwarzer, dauernder Fleck entsteht, wie soll man dies erklären? Findet da wirklich eine Umfärbung der Iris statt? Wird da plötzlich schwarzes Pigment (Farbstoff) vom Nervus sympathicus auf die Iris übertragen? Wie aber erzeugt der Sympathicus diesen Farbstoff? Da beginnen die großen Rätsel! Wir wissen zwar, daß

Tiere wie Chamäleons und einige Fische ihrer Oberflächenfarbe mit staunenswerter Schnelligkeit derjenigen ihrer Umgebung anzupassen vermögen. Auch dies geschieht durch Vermittlung von Nerven und durch die Netzhaut des Auges. Weitere Forschungen werden dies klären.

Was den Nutzen und praktischen Wert der Augendiagnose betrifft, so sind sich alle Praktiker – darunter eine stattliche Anzahl von promovierten Medizinern – die die Augendiagnose jahrelang geprüft haben, darüber einig, daß sie für den praktischen Arzt und Heilkundigen von großem Wert ist, vor allem deshalb, weil ein geübter Augendiagnostiker oft in wenigen Minuten, ja auf den ersten Blick, die gravierendsten Krankheiten eines Patienten feststellen kann. Um aber eine vollkommene und detaillierte Diagnose zu geben, muß man wohl, wie LILJEQUIST es tat, eine farbige Pastellzeichnung der Augen des Kranken anfertigen, was immerhin einige Stunden dauert. Macht man dann in der Mitte und am Ende einer Kur oder eines Heilprozesses noch derlei farbige Aufnahmen der Iris, so werden diese für Heiler und Geheilte gleich lehrreich sein. Man wird in den meisten Fällen die fortschreitende Heilung oder Besserung kontrollieren und feststellen können, welche Mittel am besten wirken.

Der große Wert der Irisdiagnose besteht nach Angabe vieler Praktiker darin, daß wir durch sie einen weitaus tieferen Einblick in die Grundursachen einer Krankheit bekommen. So sagt M. RETSCHLAG sehr richtig in seinem Artikel ,,Über die Diagnose aus den Augen" (Magische Blätter, Juniheft 1920): ,,Wie immens wichtig die Erkenntnis der Grundursachen einer Krankheit ist, wird jeder verstehen können, der bedenkt, wie innig die Zusammenhänge im Körper sind, und wie wenig wir davon eigentlich wissen. Ein kleines Beispiel wird das verständlich machen. Leute, die an Verstopfung leiden, husten sehr oft, und bei Nierenleiden findet man vielfach Heiserkeit lokal behandelt, so unterdrückt man sie wohl eine Zeitlang, aber heilen wird man sie nicht können, solange die Grundursache, die Verstopfung oder das Nierenleiden, nicht beseitigt ist."

Das ist eine Erkenntnis, die schon der geniale RADEMACHER,

den Spuren des PARACELSUS folgend, klar ausgesprochen hat, indem er die Lehre vom urerkrankten Organ und den davon abhängigen verschiedenen Leiden an anderen Stellen des menschlichen Körpers aufstellte und auch am Krankenbette mit großem Erfolge verwertete. Natürlich gibt es auch Leiden, die im Gesamtorganismus, in der Konstitution usw. ihre Ursache haben. Auch das hat RADEMACHER in eigenartiger Weise gelehrt. Die Hauptursache, daß unsere moderne, interne Medizin teilweise versagt, liegt vielleicht darin, daß sie meist nur lokal das erkrankte Organ behandelt, statt den ganzen Menschen. Viele große und wahre Ärzte, auch Naturärzte, verdanken aber ihre großen Erfolge der Tatsache, daß sie sich nicht einseitig spezialisiert hatten, sondern den ganzen Menschen behandelten.

Zu allen Zeiten haben gewissenhaft praktizierende und forschende Mediziner auf die Zusammenhänge der Funktionen im menschlichen Organismus hingewiesen, während die offizielle Lehrmeinung sich an den lokalen Krankheitssymptomen orientierte. Diese Einstellung brachte es mit sich, daß sich das Spezialistentum unter den Ärzten so stark ausbreiten konnte. Der geniale Arzt, Chirurg und Philosoph C. L. SCHLEICH sagte diesbezüglich ein wenig drastisch: ,,Vor jedem körperlichen Loch sitzt heute bereits ein Spezialist.‘‘

Noch eine weitere Eigenschaft muß uns die Augendiagnose besonders wertvoll machen; durch ihre Anwendung ist uns die Möglichkeit gegeben, eine Erkrankung in ihrem Anfangsstadium erkennen zu können. Es ist dies von großer Bedeutung, denn man muß bedenken, daß eine Krankheit in ihrem Beginne bei weitem leichter zu heilen ist als später, nachdem die Verheerungen im Körper schon größeren Umfang angenommen haben. Wir kennen sogar Krankheiten, die in ihren ersten Anfängen wohl noch zu heilen sind, in ihren späteren Stadien aber für unheilbar gelten. Erinnert sei an den Krebs. Diese gefürchtete Krankheit ist durch Diagnose aus den Augen Jahre früher festzustellen, ehe es der medizinischen Wissenschaft durch ihre bisher gebräuchlichen Diagnosen möglich ist, sie zu erkennen.

Was nun die Treffsicherheit der Augendiagnose anbelangt, so

ist diese sicherlich ebenso groß wie bei den Diagnosen der Medizin. Ich kenne einzelne Praktiker, die mit mindestens 80–90 Prozent Sicherheit bei der Augendiagnose rechnen; natürlich wird solch hohe Ergebniszahl kein Anfänger erzielen, sondern nur ein Meister der Augendiagnose.

RUDOLF SCHNABEL in München sagte mir einmal gesprächsweise, daß er bei eintausend Irisdiagnosen nur 2–3 Fehldiagnosen mache. Mag auch vielleicht dieses Verhältnis zu hoch gegriffen sein, es wird doch manchen nachdenklich stimmen. Eines ist sicher, man sollte über Augendiagnose und dergleichen Dinge erst dann ein Urteil fällen, wenn man sich eingehend damit beschäftigt hat.

Da erhebt sich die Frage: ,,Ist die Augendiagnose schwierig zu erlernen?" Darauf wäre folgendes zu sagen: Bei einiger Veranlagung, wozu gute Beobachtungsgabe und scharfes Sehvermögen gehören, kann man die Grundelemente der Augendiagnose in wenigen Wochen erlernen. Um es aber zur Meisterschaft darin zu bringen, bedarf es Jahre der Übung. Von diesem Standpunkt aus betrachtet, hat DR. MED. FR. PRAGER recht, wenn er sagt: ,,Die Augendiagnose ist äußerst schwierig! Schwieriger noch ist, sie mit wenigen Worten zu erklären oder in eine Lehrschablone zu bringen. Der Anfänger wird zunächst immer durch die Mannigfaltigkeit der natürlichen Irisfarben vom hellsten Blau zum Grasgrün und Braun irregeführt, zumal nur das allerschärfste Auge in der Lage ist, die oft überaus feinen Verfärbungen und Zeichen zu erkennen. Wem die Natur nicht auch ein vorzügliches Stück Unterscheidungsvermögen, einen besonderen Blick dafür mitgegeben hat, der wage sich ja nicht an die Augendiagnose heran. Komisch aber berührt es den geübten Praktiker, der sich nach jahrelangen Erfahrungen diejenige Sicherheit in der Erkennung von Krankheiten und veränderten Zuständen des Körpers verschafft hat, die den Unkundigen so oft in das größte Erstaunen versetzt, wenn irgend jemand, der mal ein paar Bücher über Augendiagnose gelesen oder ein paar hilflose eigene Versuche unternommen hat, über die Kunst der Augendiagnose zu Gericht sitzt und sie für Schwindel und Täuschung erklärt.

Das ist genau so, als wenn jemand, der einen Künstler hat Klavierspielen hören, sich auf zwei Wochen selbst an den Flügel setzt, um eifrig darauf herumzuklimpern und dann das Instrument als untauglich und die Sache für eine Täuschung erklären würde, weil es ihm nicht gelingen wollte, die Musik des Künstlers nachzuahmen."

Sehr befremdlich wirken die Angriffe allopathischer Ärzte auf die Augendiagnose. Bedauerlicher- und für die deutsche Justiz beschämenderweise wurde der „Lehmpastor" Felke des öfteren wegen Kurpfuscherei und Praktizierung der Augendiagnose angeklagt – aber immer wieder freigesprochen! Interessant ist dabei die Äußerung eines Schulmediziners zu dem Autor eines Buches über Augendiagnose:*

Hier sei nur des Hamburger Arztes DR. S. SELIGMANN gedacht, der einen Freispruch des „Lehmpastors" FELKE zum Anlaß nahm, um diesen wie die Augendiagnose in einem bei Barsdorf in Berlin erschienenen Buche: „Augendiagnose und Kurpfuschertum" eingehend zu beleuchten. SELIGMANN erklärt die Augendiagnose als die schlimmste Kurpfuscherei. Er behauptet, selbst eingehende Nachprüfungen vorgenommen zu haben und nennt auch die Ärzte, die ähnliche Nachprüfungen mit demselben Resultat veranstaltet haben.

Dagegen haben die beiden Münchener Ärzte DR. MED. KLEEBLATT und DR. MED. JOHANNES DINGFELDER SENIOR, die die Au-

---

* „FELKE steht als Meister der Diagnose unerreicht da. Man solle zu ihm in die Lehre gehen und ihm dankbar sein, wenn er in sein Wissen Einblick tun läßt. Es wirkt wie eine Anekdote, daß ein Mediziner (Universitätsprofessor) zum andern – der um Rat bezüglich seiner kranken Frau kam – sagte: „Ja, mein Lieber, was deiner Frau fehlt, das wissen wir, willst du aber, daß sie gesund wird, so schicke sie zu FELKE."

PASTOR FELKE ist indessen leider, wenn auch hochbetagt, nach einem überaus segensreichen Wirken gestorben. Aber sein Lebenswerk ist für die leidende Menschheit nicht verloren gegangen, es wird an vielen Orten von seinen Schülern fortgesetzt. Seine Lehmumschläge und Erdbäder wurden auch von allopathischen Ärzten und Krankenhäusern übernommen, weil sie sich in der Praxis als überaus heilsam, selbst bei schwersten Leiden aller Art, sogar bei der Behandlung von Diphtherie, in Kombination mit homöopathischen Mitteln wie z. B. Merc. cyan. C. 30, erwiesen haben.

gendiagnose seit vielen Jahren mit bestem Erfolge in ihrer Praxis verwendeten, sowohl in Broschüren, als auch Zeitungsartikeln und öffentlichen Vorträgen so eingehend Stellung genommen, daß auch Laien erkennen mußten, daß die Augendiagnose nicht mehr zu übersehen ist.

Ärzten, die es immer wieder versuchen, die Augendiagnose als reinen Schwindel, deren praktische Anwendung als Kurpfuscherei, wo nicht als schlimmen Betrug hinzustellen, wollen wir ein deutsches Gerichtsurteil entgegensetzen, worüber der Bayerische Kurier vom 28. 5. 1925 wie folgt berichtet:

,,Eine bemerkenswerte Entscheidung wurde in einer Prozeßverhandlung vor der Strafkammer des Landgerichtes in Würzburg am 11. Mai 1925 getroffen. Angeklagt war der Naturheilkundige H. F. . . . aus W. . . . wegen Gaukelei, weil er in einer Zeitungsanzeige bekanntgegeben hatte, daß er sich zur Feststellung von Krankheiten der Augendiagnose bediene. Von dem zuständigen Bezirksarzt sowie von dem als Sachverständigen geladenen UNIVERSITÄTSPROFESSOR DR. MED. GANTER in Würzburg wurde die Augendiagnose als Schwindel und Gaukelei bezeichnet. Das Gericht gelangte indessen auf Grund der Gutachten des REGIERUNGSMEDIZINALRATES DR. MED. MAYER in Ingolstadt und des homöopathischen Arztes DR. MED. EDUARD BUSSMANN in Würzburg sowie der eidlichen Bekundungen einer Anzahl von Zeugen, bei denen der Angeklagte sowohl richtige Krankheitsfeststellungen mittelst der Augendiagnose getroffen hatte, als auch Erfolge mit seiner Behandlung erzielte – zu dem Urteil, daß die Augendiagnose kein Schwindel und keine Gaukelei, sondern eine Wissenschaft sei!'' (Der obengenannte Gutachter, MEDIZINALRAT DR. MAYER lernte die Augendiagnose in mehreren Monaten ernsten Studiums im Laboratorium des bekannten Physiologen RUDOLF SCHNABEL in München unter dessen Anleitung kennen und schätzen.)

Ähnlich äußerte sich DR. H. W. ANDERSCHOU (Christiania) 1911: ,,Eins ist gewiß, daß auch die Augendiagnose und mit ihr die Elektrohomöopathie dereinst groß und stark wachsen und obenan sitzen wird.'' DR. ANDERSCHOU hielt im Sommer 1910 nicht nur in England, sondern auch in Deutschland, in Berlin, Leipzig, Magdeburg, Kassel, Erfurt, Essen usw. Einführungsvorträge in die Wissenschaft der Augendiagnose und gab auch einen kurzen Leitfaden darüber bei Arwed Strauch in Leipzig heraus.

DR. ANDERSCHOU erklärte u. a., er könnte mit der Augendiagnose auch Selbstbefleckung, Epilepsie, Geisteskrankheiten usw. nachweisen. Im Jahre 1907 hat er in Christiania öffentlich verkündet, dem tausend Kronen zahlen zu wollen, der ihm einen einzigen Epileptiker zeigen könne, der in seinen Augen das Merkmal dieses Leidens nicht habe. Im Jahre 1911 war er noch immer im Besitze der tausend Kronen! – Er behauptete auch, mit Hilfe der Augendiagnose in weniger als einer Minute mit Sicherheit feststellen zu können, ob jemand Lungentuberkulose habe oder nicht, welcher Lungenflügel angegriffen sei und in welchem Stadium sich die Krankheit befinde. Ferner sagte er, man könne sofort aus dem Augenbefunde sagen, ob jemand eine venerische Krankheit gehabt habe oder habe. Aus diesem Grunde forderte er von jedem Mädchen, daß es die Augendiagnose lerne. Wenn dann ein junger Mann um ihre Hand anhalte, folge sie erst dann der Stimme ihres Herzens, wenn sie mit der Lupe einen Blick auf seine Iris geworfen habe. ,,Wenn die jungen Damen meinem Rate folgten", meinte er, ,,würden die kommenden hundert Jahre uns ein gesundes lebensfähiges Geschlecht bringen." Bemerkenswert aber ist, daß aus den Augen nie Befruchtung oder Schwangerschaft zu ersehen waren. Er begründet dies damit, daß es sich hier um natürliche Vorgänge handle, daß sich also nur unnatürliche Krankheitszustände im Auge bemerkbar machen.

Das klingt wohl anders als das Urteil des Dr. Seligmann über die Augendiagnose. Doch um der Sache objektiv gegenüberzustehen und ohne uns hier in ein Für oder Wider einzulassen, möchten wir nur feststellen: Hier finden Ärzte trotz ehrlichsten Bestrebens keine Krankheitszeichen in den Augen – dort konnten Ärzte und Laien in vielen Tausenden von Fällen immer einen engen Zusammenhang zwischen Zeichen und Leiden feststellen. In solchen Fällen wird zur Erklärung von seiten der Medizin meist Suggestion, dieses medizinische ,,Mädchen für alles" herangezogen. Uns aber widerstrebt es, deren Machtbereich ins Unendliche auszudehnen, wie das seinerzeit mit der „Hysterie" geschah. Wir möchten vielmehr unseren Lesern zurufen: „Habt Ihr ein scharfes Auge, einen guten Willen und eine geeignete Lupe, so prüft die Sache selbst! Denn nur durch Selbsterkenntnis – nicht aber durch Erfahrungen, Meinungen und Ansichten anderer – können wir auf irgendeinem Gebiete die Wahrheit ergründen."

Literaturnachweis

E. SCHLEGEL (Arzt und Augenarzt in Tübingen), Die Iris nach den neuen Entdeckungen des DR. MED. V. PÉCZELY.

E. SCHLEGEL, Die Augendiagnose des DR. V. PÉCZELY mit PÉCZELYS Porträt, Abbildungen sowie schwarz-weißen und Farbtafeln. Dritte vermehrte Auflage.

(E. SCHLEGEL, der bekannte homöopathische Arzt und Augenarzt in Tübingen, war der erste deutsche Arzt, der PÉCZELY mehrmals besuchte und die ersten wissenschaftlichen Arbeiten über Augendiagnose in Deutschland veröffentlichte. Schlegel verband in genialer Weise Augendiagnose und Homöopathie. Er ist auch ein warmer Verfechter des großen PARACELSUS, überhaupt bedeutender Arzt und Fachschriftsteller.)

N. LILJEQUIST, Die Diagnose aus den Augen. Dritte umgearbeitete und vermehrte Auflage mit Bilderatlas. Mit Bild des Verfassers.

(PASTOR LILJEQUIST verband die Augendiagnose mit der Elektrohomöopathie und hat dadurch sehr große Erfolge erzielt. LILJEQUIST hat die Augendiagnose selbständig neben PÉCZELY entdeckt.)

ANDREAS MÜLLER, Die Augendiagnose, bearbeitet nach PASTOR FELKES Grundsätzen. 4. Auflage. Mit zahlreichen Illustrationen und 6 vielfarbigen Tafeln.

(PASTOR FELKE ist wohl der populärste Augendiagnostiker in Deutschland. Er kombinierte die Augendiagnose mit Homöo-

pathie, Elektrohomöopathie, Zimpelmittel sowie mit Natur-
heilmethode und hat großartige Heilungen damit erzielt. Sein
Wirken, seine Vielseitigkeit sind mustergültig.)
ANDREAS MÜLLER, Die Augendiagnose in ihren gesicherten Er-
gebnissen. Eine Einführung. Mit einer farbigen Iristafel.
(Als kleine, kurze Einführungsschrift zu empfehlen.)
DR. MED. ANDERSCHOU, Iris-Wissenschaft. Erweiterte Ausgabe.
Aus dem Englischen übersetzt von W. von Bojanowski. Mit
vielen Abbildungen und Tafeln.
PETER JOHANNES THIEL, Der Krankheitsbefund (Diagnose) aus
den Augen. Vierte verbesserte Auflage. Mit vermehrten farbi-
gen und Schwarzdruck-Augentafeln und Textbildern.
(Vorzüge dieses Werkes: Klarheit und Volkstümlichkeit nebst
vortrefflichen farbigen Augenbildern.)
DR. O. WIRZ, Der Krankheitsbefund aus der Regenbogenhaut
der Augen. Eine populäre Darstellung der Kunst, aus der Iris
alle Krankheiten zu erkennen. Mit Abbildung und Tafeln.
(DR. WIRZ war ein ausgezeichneter homöopathischer Arzt und
grundehrlich in seinen Büchern. Man kann sich auf seine Angaben und Winke verlassen.)
RUDOLF SCHNABEL: Symptome des Auges und seiner Annexe bei
Erkrankungen im Organismus mit besonderer Berücksichtigung der Iris-Reaktionen. Ophthalmologische Physiologie als
diagnostische Hilfswissenschaft.
(Eine wissenschaftliche Abhandlung über Veränderungen des
Auges bei Erkrankungen von Körper und Geist unter kriti-
scher Beleuchtung der volkstümlich sogenannten Augendiagnose.)
RUDOLF SCHNABEL, Das Auge als Gesundheitsspiegel. Grundzü-
ge von Theorie und Praxis der Krankenuntersuchung aus dem
Auge, populärwissenschaftlich dargestellt.
(Dr. med. J. METZGER in Stuttgart betrachtet diese Schrift als
einen guten Leitfaden, um in das Wesen der Augendiagnose
einzudringen.)
RUDOLF SCHNABEL, Ophthalmo-Symptomatologie mit besonderer Berücksichtigung der Pupillo- und Iridoskopie.

(Schnabel wurde aufgrund seiner Werke Dr. phil. h. c. einer nordamerikanischen Universität. Übrigens beginnt man nun auch in deutschen wissenschaftlichen Kreisen die Augendiagnose richtig einzuschätzen. So schrieb Universitätsprofessor Dr. Birch-Hirschfeld in einem längeren Aufsatz über Augendiagnose in der Deutschen med. Wochenschrift, 1926, Nr. 47: „. . . Mit einem Achselzucken oder geringschätzigen Lächeln ist die Sache nicht abgetan. Ich denke, es ist besser, wenn wir der Irisdiagnose die Ehre erweisen, sie so ernst wie möglich zu nehmen . . .".)

Schnabel bemüht sich, die Augendiagnose nach naturwissenschaftlichen Grundsätzen auszubauen. Sein Laboratorium war höchstwahrscheinlich – was Instrumente und Apparate anbetrifft – damals das besteingerichtetste in Deutschland. – Doch kann man, wie Pastor Felke und die übrigen Augendiagnostiker beweisen, auch bloß mit einer guten Lupe Hervorragendes in der Augendiagnostik leisten.

H. Hense, *Mein Heilsystem* enthält sehr wertvolle, farbige Tafeln über Augendiagnose. Das Buch wird aber nur an Ärzte oder Heilkundige abgegeben. Zu beziehen durch die Thorraduranwerke von H. Hense in Hüls bei Krefeld. Man kann mit Hilfe des Systems Hense diagnostische Feinheiten aus der Iris herauslesen, wie kaum mit Hilfe eines anderen Systems der Augendiagnose. W. Thimm in Berlin-Schmargendorf, ein anerkannt ausgezeichneter Augendiagnostiker und Heilkundiger gab an, daß er Hense außerordentlich viel zu verdanken habe. Thimm hält Hense für den besten Augendiagnostiker. Auf Grund 13jähriger Erfahrungen fand W. Thimm vermittels der Irisdiagnose nach Hense, daß bei Krebs, Tuberkulose und Zuckerkrankheit, obwohl sie im gewöhnlichen Sinne der Wissenschaft nichts miteinander zu tun haben, doch ein innerer Zusammenhang oder eine Affinität besteht. Denn ist eine der drei Krankheiten in einer Familie vorgekommen, so vererbt sich in der Blutverwandtschaft todsicher und ohne Ausnahme, auf Kinder und Kindeskinder, manchmal ein Glied überspringend, die Disposition für eine der drei Krankheiten. Wenn

z. B. Krebs bei den Eltern vorhanden war, so bekommen Kinder oder Kindeskinder entweder eine Anlage für eine Lungenaffektion (kann auch Pneumonie sein) oder Tuberkulose, aber auch für Krebs oder Zucker (Diabetes). Es braucht aber Krebs nicht wieder Krebs zu werden, kann sich auch als Tuberkulose oder Diabetes vererben. Die Anzeichen dafür sind auch im Auge zu sehen. Die heutige Wissenschaft gibt zu, daß die Disposition zu Krebs vererbt werden kann. Sicher vererbt sich aber Krebs nur dann, wenn beide Eltern Krebs desselben Organs hatten, also z. B. beide Magenkrebs. Dann vererbt sich beim Kind mit hoher Wahrscheinlichkeit auch Magenkrebs.

Man kann aber gegen die Krebsveranlagung wirksam ankämpfen, wenn man erstens weiß, daß solch eine Veranlagung vorhanden ist und zweitens, wie man dann entsprechend krebsverhütend zu leben hat. Auch ein bereits vorhandener Krebs kann durch eine geeignete Lebensweise in Verbindung mit einer entsprechenden Kur, die nicht nur lokal den Krebs behandelt, sondern den ganzen Organismus umzustimmen versucht, wirksam bekämpft werden, wie ich dies in meinem Buche: ,,Rationelle Krebs- und Lupuskuren" aufgrund von 25jährigen Erfahrungen in Tausenden von Fällen dargelegt habe. Auch Ärzte des In- und Auslandes bestätigen darin ausdrücklich, belegt durch frappante Erfolge, den großen Wert dieser Behandlungsmethode. Ein Wiener Arzt, der durch 6 Jahre hindurch die darin geschilderten Kuren in seiner großen Praxis anwandte, schrieb am 7. Nov. 1931 dem Verfasser: ,,Über Ihre Krebs- und Lupusmittel könnte ich Ihnen von sehr, sehr vielen Erfolgen, aber auch von einigen ganz wenigen Mißerfolgen erzählen." – Es wurden damit auch oftmals frappante Erfolge in hoffnungslosen Fällen oder in solchen, die nach Operation und Bestrahlung rückfällig wurden, erzielt.

G. W. SURYA Makrokosmos und Mikrokosmos. Rohm-Verl., Bietigheim, Württ.

JUSTINUS KERNER Die Seherin von Prevorst.

DR. S. SELIGMANN Augendiagnose und Kurpfuschertum. Berlin . . .

ANDREAS MÜLLER, Die Augendiagnose, bearbeitet nach Pastor Felkes Grundsätzen.

DR. MAX BACHEM, Der praktische Lehmdoktor.

EMMY SCHUMANN, Augendiagnose. Herm.-Bauer-Verlag, Freiburg 1961.

Gesichtsausdruckskunde

> Gewisse Gesichtsausdrücke sind für gewisse Krankheiten höchst charakteristisch und für die Diagnose sehr maßgebend.
>
> PROFESSOR HAGEN

Neben der Augendiagnose spielt in neuerer Zeit die sogenannte Gesichtsausdruckskunde mit Recht eine immer größere Rolle in der Diagnostik. Denn nicht nur das Auge ist als Spiegel der Seele und des Gesundheitszustandes eines Menschen zu bezeichnen, auch dem Gesicht fällt eine ähnliche Rolle zu.

Die Gesichtsausdruckskunde, wie sie heute zu diagnostischen Zwecken betrieben wird, ist eigentlich nur ein spezieller Zweig der allgemeinen PHYSIOGNOMIK, die sich seit urdenklichen Zeiten allgemeiner Beachtung erfreute, denn die richtig betriebene Physiognomik ist eine sehr nützliche Wissenschaft, da sie Menschenkenntnis verleiht. Die geistigen Fähigkeiten und Anlagen eines Menschen sowie seine Charaktereigenschaften prägen sich in hohem Maße in seinen Gesichtszügen aus. Dies ist im Grunde nicht verwunderlich, sondern nur eine Folge des Naturgesetzes, daß jede körperliche Form nur die Materialisation einer Idee oder eines geistigen Prinzips darstellt. So baut sich auch der Geist des Menschen seinen Körper nach diesem Gesetze auf und Gesicht und Kopf können davon keine Ausnahme machen. Daher sagen wir Okkultisten: ,,Es gibt eine Gerechtigkeit auf Erden, daß aus Geistern Gesichter werden." Nun könnte dagegen von materialistischer Seite der Einwand erhoben werden, daß die Gesichtszüge eines Menschen doch im großen und ganzen von der Rasse des Menschen abhängen und man niemanden dafür verantwortlich machen könne, wenn er den Stempel einer niedrigen Rasse mit dementsprechenden Charaktereigenschaften durchs Leben tragen müsse.

Dies gilt nur solange, als wir die Wahrheit der Wiederverkörperungslehre in Verbindung mit der Karmalehre noch nicht erkannt haben oder absichtlich ignorieren. Hat man aber dieses

Fundamentalgesetz der Entwicklung der menschlichen Seele einmal voll erfaßt, so fällt auch der Entschuldigungsgrund hinweg, ein Mensch „könne nichts dafür", welcher Familie, welcher Rasse er angehöre. Nein, die Sache verhält sich anders. Ein Mensch wird gemäß seiner Charaktereigenschaften, die er im früheren Leben entwickelte, in einer höheren oder niedrigeren Rasse geboren. Dies bestätigt sogar die Bibel, wo es heißt: „Denn ich war ein Kind guter Art und habe bekommen eine feine Seele. Oder vielmehr da ich gut war, kam ich in einen unbefleckten Leib." (Weisheit 8, 19–20.) Hierbei darf man aber nie vergessen, daß manche Seelen in niedere Menschengruppen geboren werden, um geläutert oder geschult zu werden. Diese Anregungen dürfen nie verallgemeinert werden. Oft soll bewiesen werden, welche Kraft in dem bewußt erwachten Geiste liegt, daß er über die schwerste Erbmasse zu siegen versteht.

Kein blinder Zufall ist es, der die Schuld trägt, daß wir in diesem Leben bestimmte Gesichtszüge haben. Wir wurden zu einem bestimmten Elternpaar hingezogen, weil wir demselben geistig und seelisch wahlverwandt waren, und sind durch Bande der Liebe oder des Hasses an dasselbe durch frühere gute oder schlechte Taten gefesselt.

So führt uns die ernsthaft betriebene Physiognomik sofort zu okkulten Problemen. Für den Praktiker jedoch genügt es, wenn er weiß, daß man wirklich aus Auge, Nase, Mund, Ohr, Kinn, Stirn usw. entweder einzeln betrachtet oder zueinander in Beziehung gebracht, die Charaktereigenschaften eines Menschen oft überraschend genau erkennen kann.

In China gibt es, wie auch Reisende verschiedentlich bestätigt haben, gewisse Wahrsager, die aus den Formen des Gesichtes und seiner einzelnen Teile sowie aus den Linien der Stirn und aus besonderen Kennzeichen, wie Muttermale usw., nicht nur die Vergangenheit, sondern auch die Zukunft überraschend treffend vorauszusagen verstehen.

Daß man des weiteren im Gesicht eines Menschen lesen kann, ob er gesund oder krank beziehungsweise leidend ist, ist ebenfalls seit alter Zeit eine Binsenwahrheit und der „Hippokratische Zug, das Hippokratische Gesicht" sind zum geflügelten Worte geworden. Man versteht darunter bekanntlich den Gesichtsausdruck eines Sterbenden, in der medizinischen Wissenschaft als FACIES HIPPOKRATICA bekannt. Der größte Arzt des Altertums, HIPPOKRATES, hat nämlich in seinen Prognosticis ein ebenso naturgetreues wie treffendes Bild des Gesichtsausdruckes eines sterbenden Menschen entworfen:

„Eine bleiche, erdfahle oder bläuliche Farbe des Gesichtes, tief eingefallene Wangen, über den Jochbögen eingesunkene Schläfe und runzlige Stirne, spitzige, an den Seiten zusammengezogene Nase, deren Öffnungen sich bei jedem schweren Aus- und Einatmen auffallend verengen und erweitern, ein halb offenstehender Mund, dünne, farblose oder nußfarbige Lippen, welche die Zähne nicht bedecken, tief in den Höhlen liegende Augen mit trübem, mattem, leblosem Blick sind die Zeichen, welche das hippokratische Gesicht bilden, und nicht bloß die äußerste Erschöpfung der Lebenskräfte, sondern auch den nahen unabwendbaren Eintritt des Todes ankündigen."

AD. ALFR. MICHAELIS schreibt in seiner „Semiotik" über HIPPOKRATES: „Alle Ärzte seiner Zeit überragte in bezug auf Beobachtungsgabe der unvergleichliche und unerreichte HIPPOKRATES, der mit einer angeborenen und durch Übung hochentwickelten Beobachtungsgabe, der Natur auf ihre geheimsten Pfade zu folgen wußte und sich auch hierin als der größte Arzt, den die Welt gehabt, vorstellt, denn alles, was in Jahrtausenden nach ihm an medizinischem Denken, Suchen und Forschen summa summarum geleistet wurde, war in ihm in wunderbarer Weise in einem Brennpunkte vereinigt oder doch in Anfängen vorgebildet, insofern dies die innere Medizin betrifft." Hier hätte MICHAELIS nur noch hinzufügen können, daß PARACELSUS womöglich noch HIPPOKRATES übertroffen hat, nicht vielleicht an Genialität, wohl aber an Vielseitigkeit seines Wissens und Könnens, schon bedingt durch die weiten Reisen, die PARACELSUS unternahm und dabei überall von Land und Leuten sowie von Fachgenossen lernte.

Ebenso bekannt wie dieses „Hippokratische Gesicht" war es seit alten Zeiten, daß gewisse schwere Leiden dem Gesichte einen bestimmten Ausdruck verleihen oder richtiger gesagt, ihre Spuren darin eingraben. Man denke nur an die ganz eigenartige Gesichtsfarbe bei Leberleiden, Krebs, das scheinbar blühende Aussehen bei Tuberkulose, ganz abgesehen von Gelbsucht und Bronzekrankheit (Addison'sche Krankheit) usw.

Einen ganz neuen Zweig der Gesichtsausdruckskunde hat aber ein Deutscher ausgebaut, dessen Charakterbild in der Geschichte noch schwankt, denn Tausende, die er geheilt hat, heben seine Verdienste um die Menschheit in den Himmel, während die Zahl seiner Gegner – auch unter den Naturheilern – nicht gering war: L. KUHNE.

Wir haben hier nicht die Aufgabe, zu entscheiden, inwieweit sich ein Heilverfahren bewährt hat und noch bewährt, sondern wollen nur erwähnen, daß KUHNE von schwerkranken Eltern einen siechen Körper erbte, und im Kampfe mit allen möglichen Leiden von der Allopathie durch die Homöopathie zur Naturheilkunde kam, die ihm wohl Linderung und Besserung, aber keine Heilung verschaffte. Zu dieser kam er erst, als er seine neue Heilart an sich selbst erprobte. Sein „Heilinstinkt", wenn man so sagen darf, führte ihn zu jenem Heilverfahren, das man als die „KUHNE-KUR" im engeren Sinne bezeichnen kann (die Rumpf- und die viel angefeindeten Reibesitzbäder), und zur Gesichtsausdruckskunde. –

Zu dieser Kur kam er auf folgendem Wege: Er fand, daß jede Krankheit auf Stoffen in unserem Körper beruht, die dieser als „Fremdstoffe" empfindet und auszuscheiden sucht. Diese Krankheitsstoffe sind nun teils in langsamer Veränderung begriffen (bei chronischen Leiden), teils in rascher Veränderung (bei akuten, u. U. fieberhaften Krankheiten). Sie suchen sich auf Kosten der gesunden Organe des Leibes Platz zu verschaffen und bewirken so die dem Auge wahrnehmbaren Veränderungen in Form und Aussehen der verschiedenen Körperteile.

Diese Veränderungen zu erkennen und danach auf die Schwere der Erkrankung zu schließen, ist nun die Hauptaufgabe der Gesichtsausdruckskunde.

L. KUHNE brachte es durch jahrelange Übung an Tausenden

von Kranken und Leidenden so weit, daß er durch das bloße Ansehen des Kranken ohne weiteres die Krankheit, ja sogar die Krankheitsdisposition zu erkennen vermochte.

L. VIERECK, seinerzeit Herausgeber der ,,Wörishofener Blätter", der auch ein sehr lesenswertes Büchlein über KUHNES Gesichtsausdruckskunde schrieb, erwähnt darin u. a.: ,,Im Jahre 1891 machte ich die Bekanntschaft mit KUHNE und gleich bei der ersten Begegnung gab mir der Vielgenannte eine Probe seines diagnostischen Könnens, indem er mir – ohne auch nur eine einzige Frage an mich zu richten – ein so klares Bild meiner eigenen, chronischen Leiden entwarf, daß mir nicht nur der innere Zusammenhang aller Krankheitserscheinungen, die ich seit Jahren an mir zu beobachten Gelegenheit hatte, sondern auch der Grund vollkommen klar wurde, weshalb alle bisherigen Verordnungen, die mir verschiedene KNEIPP-Ärzte gegeben hatten, sich so wirkungslos erwiesen hatten."

Weil die medizinische Diagnose bekanntlich bei manchen Nervenleiden keine greifbaren Merkmale anzugeben vermag, so unterliegt sie oft dem Trugschluß, daß es sich nur um Simulation oder schlechte Gewohnheit handelt, selbst in Fällen, wo ganz zweifellos eine schwere Nervenerkrankung zugrunde liegt.

Für L. KUHNE ist Schönheit (Ebenmaß, Harmonie, Proportion) von Gesundheit nicht zu trennen. Eine sogenannte krankhafte Schönheit, wie sie in Romanen spukt, ist ihm ein Unding. Der Hauptgrundsatz der Natur ist, vollendete Körperfülle in der knappsten Form neben vollkommenem Ebenmaße zu erzeugen. Nur das Schöne und Gesunde zeigen uns dieses Ebenmaß! Nun ist Schönheit schon nach den Lehren der Kabbala eine Eigenschaft der Gottheit, sowie des urbildlichen oder himmlischen Menschen, der nach dem Ebenbilde Gottes erschaffen ist. Für den Kabbalisten ist die Schönheit als Ausdruck und Resultat aller moralischen Eigenschaften oder der Summe alles Guten zu betrachten. – Ein häßlicher, kranker Gott wäre unvorstellbar als Personifikation des guten, harmonischen, aufbauenden Prinzips. Wohl aber wird das böse, disharmonische, zerstörende Prinzip personifiziert in Gestalt von häßlichen Dämonen dargestellt. Es

69

liegt somit tiefe Weisheit darin, wenn der Böse mit einer Teufelsfratze und Pferdefuß, hinkend und stinkend, beschrieben wird.

Ohne höchstwahrscheinlich bis zu diesen letzten Reflexionen gekommen zu sein, hat KUHNE dennoch seine Gesichtsausdruckskunde unbewußt darauf aufgebaut. Kuhnes Grundsatz „Nur das Schöne und Gesunde zeigt Ebenmaß" ist demnach ein Grundgesetz der ganzen Schöpfung. Insofern ist KUHNE's Gesichtsausdruckskunde zu den okkulten Formen der Diagnostik zu rechnen, da sie auf einem metaphysisch-moralischen Gesetz beruht.

In der Tierwelt findet man Schönheit und Gesundheit vor allem bei dem wild lebenden Tier, in der Menschheit besonders noch bei den „Wilden", die von den Kultursegnungen des Raubverbandes der sogenannten Kulturmenschheit verschont geblieben sind. Musterbilder gesunder Schönheit und Gesundheit in Stein und Erz sind die alten griechischen Meisterwerke. In dieser Beziehung waren also die alten Griechen Gott näher als wir, denn unter den Kulturmenschen der Gegenwart ist das Häßliche, Unebenmäßige, unnatürlich Überfettete oder Ausgemergelte nicht nur die Regel, sondern der ungesunde Zeitgeschmack – das Gesund-Schöne die seltene Ausnahme.

Wo unschöne Wulste, wenn auch noch so gering und dem ungeschulten Auge kaum wahrnehmbar auftreten, liegen bereits Belastungen des Leibes mit Fremdstoffen, kurz gesagt, mit Krankheitsstoffen vor. Diese Abweichungen vom Grundtypus lassen sich meist schon durch Formveränderungen an Hals und Kopf feststellen.

Nach L. KUHNE muß die Stirne dessen, der gesund ist, frei, hoch, glatt und plastisch sein. Seine Nase darf weder zu dick, noch zu dünn sein (wie dies z. B. an der Büste Schillers der Fall ist, wo sie die Krankheitszeichen zeigt), sie darf auch keine Polster haben, nicht schief stehen oder zu lang nach unten gezogen sein. Das Nasenbein darf nur einen mäßigen Überzug haben. Rote Nasen sind nur bei schwerkranken Menschen (im Sinne KUHNES) zu finden. Der Mund des Gesunden ist im Wachen und namentlich im Schlafe geschlossen. Offenstehender Mund ist stets ein sicheres Zeichen von Krankheit. Der Mund darf auch nicht schief und nicht zu groß sein oder herunterhängen. Das ganze Gesicht muß eine schöne, ovale Form zeigen und sollte auch im Alter weder Falten noch Runzeln tragen. Die Abgrenzung am Ohrläppchen muß sich scharf abheben, und der ganze Gesichtsausdruck muß ruhig sein. Ist das Haar trocken, so ist nach KUHNE eine ungesunde Hitze des Haarbodens vorhanden, während ein dicker Kopf stets mit einem anormalen Leib verbunden ist.

Der Kopf muß in voller Übereinstimmung mit der ganzen Gestalt stehen und darum verhältnismäßig klein sein und bei plastischen Stirnknochen scharf geschnittene Züge aufweisen. Alle Ablagerungen und Polster auf der Stirne sind nach KUHNE Zeichen schwerer Belastung von Krankheitsstoffen. Der Hinterkopf muß sich scharf vom Halse abgrenzen und mit ihm einen Winkel bilden, ebenso das Kinn am Halse.

Der Hals darf weder zu kurz noch zu lang sein und muß vor allem eine große Beweglichkeit besitzen. Der Hals bildet für Kuhne gewissermaßen den Engpaß zwischen Kopf und Rumpf, da sich durch den Hals die Fremdstoffe durchzwängen müssen, ehe sie in den Kopf gelangen.

Für die Gesichtsausdruckskunde ist es demnach ganz unerläßlich, Halsdrehungen vornehmen zu lassen und festzustellen, wie weit noch die volle Bewegungsfreiheit des Halses besteht. Sobald bei diesen Bewegungen eine Spannung eintritt, ist eine Belastung mit Fremdstoffen vorhanden. Jede Spannung der Muskulatur am Halse ist für KUHNE ein sicheres Zeichen für krankhafte Veränderungen im Innern des Körpers. Die Gesichtsfarbe muß lebendig sein, gleichmäßig, nicht glänzend. Auf der Haut dürfen sich keine roten Flecken abgrenzen, auch nicht auf den Backen.

Im Zusammenhang mit dem Gesicht ist für KUHNE noch maßgebend am Körper: Die Arme dürfen weder zu dick noch zu dünn sein, ebenso die Beine. Die Knöchel müssen an den Füßen scharf hervortreten. Am Körper müssen überall ebenso scharfe Abgrenzungslinien bemerkbar sein wie am Kopfe. Die Haltung muß gerade, der Gang leicht, federnd, elastisch sein.

L. Kuhne nimmt nun an, daß die Fremd- bzw. Giftstoffe im Körper in mehr oder minder starker Wanderung und Gärung begriffen sind, und teilt seine Kranken ein nach jenen Leibesgegenden, wo die größten Anhäufungen von Fremdstoffen zu finden sind, in Vorderbelastete, Seitenbelastete, Vorder- und Seitenbelastete und in Rückenbelastete. Meist ist niemals nur eine dieser Belastungen allein vorhanden. Häufig sind sie miteinander verbunden, nur ist die eine ausgesprochener als die andere. Sehr häufig sind unsere Kulturmenschen allseitig belastet.

Die Vorderbelastung erkennt man zunächst an der mangelhaften Abgrenzung des Gesichtes, das sich deshalb als zu groß oder plump ausnimmt. Solche aufgedunsenen Gesichter werden fälschlicherweise oft als Zeichen „strotzender Gesundheit" angesehen. Der Vorderbelastete hat auch zumeist schadhafte Zähne, Augenleiden, eine rote Nase, Anlage zu Diphtherie, zu allen möglichen Katarrhen und Leiden der Luftwege, zu Nasenbluten, Ausschlägen, Gehirnhautentzündungen. Vorderbelastung ist nach Kuhne am leichtesten zu heilen.

Seitenbelastung zeigt sich vor allem am Halse durch Anschwellen der Muskeln und am Unterleib, wo sich nach Kuhne die Fremdstoffe zuerst ablagern. Sie entstehen nach L. Kuhne hauptsächlich durch eine naturwidrige Ernährungsweise. Fleisch, Alkohol und Tabak sind nach Kuhne die Ursache des Entstehens der Fremdstoffe im Körper. Vom Magen und Darm aus beginnt die Belastung mit Fremdstoffen, namentlich bei krankhaft gestörter Verdauung.

Dieser letzte Satz gewinnt heute mehr und mehr an Bedeutung. Der Tod sitzt wirklich in vielen Fällen im Darm oder hat, richtiger gesagt, von dort seinen Ausgangspunkt. Darmgifte verschiedener Art, bedingt durch naturwidrige Ernährung und schlechte Verdauung, sind die Ursache von vielen schweren chronischen Krankheiten, u. U. auch von Krebs, bei letzterem vermutlich eine der Hauptursachen.

Der Seitenbelastete ermüdet sehr leicht. Lassen wir ihn den Kopf nach links oder rechts drehen, so sehen wir dort Spannungen oder Anschwellungen. Jeder Muskel ist im gesunden unge-

spannten Zustande weich und elastisch. Dringen nun Krankheitsstoffe hinein, erscheint der Muskel bald vollgestopft wie eine
Wurst und spannt sich bei jeder Biegung des Kopfes. Bei Seitenbelastung zeigt sich häufig Schiefhalten des Kopfes, Warzen an
den belasteten Teilen, Migräne. Vorder- und Seitenbelastung
sind oft miteinander vereint und rufen dann gern Schwerhörig-
keit hervor. Linksseitig Belastete sollen fast gar nicht zum
Schwitzen zu bringen sein, rechtsseitig Belastete sollen leichter in
Schweiß geraten und daher die Fremdstoffe rascher ausscheiden
können. Bei Linksbelasteten treten oft auch Fußschweiß und
Verdauungsleiden auf infolge von Störungen der Lebertätigkeit.

Rückenbelastete sind am schwersten betroffen und demgemäß
auch am schwersten zu heilen. Bei ihnen trifft man meistens
schlechte Körperhaltung. Der Kopf wird nach vorn gedrängt.
Der Gesichtsausdruck ist meist finster oder melancholisch, während Vorderbelastete meist einen verschmitzten Ausdruck haben. Der Rückenbelastete ist vielfach zerstreut, neigt zu Gedächtnisschwäche und Arbeitsunlust. Meist hat er einen angegrif-
fenen Nervus sympathicus. Bei rückenbelasteten Kindern ist besonders bezeichnend deren Frühreife, die später oft arger Gei-
stesträgheit Platz macht. Rückenbelastete neigen zu den schwersten Nerven- und Gehirnleiden. Geisteskrankheiten sind durchweg mit starker Rückenbelastung verbunden. Nach KUHNE litten
die Römer (der Kaiserzeit?) mit wenig Ausnahmen an der Rük-
kenbelastung, was ihm die Bildsäulen aus jener Zeit zu bezeugen
scheinen. In Verbindung mit dieser Belastung steht auch der
Rückgang der Fortpflanzungsfähigkeit.

Die Untersuchung nach KUHNE's Gesichtsausdruckskunde ist
anscheinend ziemlich einfach. Der Kranke muß zunächst nach
oben blicken. Auf diese Weise kann man die Abgrenzung am
Kinn, die Muskulatur und den Hals am genauesten beobachten.
Dann läßt man den Patienten den Kopf wenden und nacheinan-
der auf die rechte, dann auf die linke Schulter blicken. Dabei
kann man erkennen, ob sich der Hals frei bewegt oder irgendwelche Spannungen vorhanden sind. Dann beobachte man die
Rückseite des Kopfes und des Halses und lasse bei dieser Unter-

suchung den Kranken wieder nach vorn, links und rechts blicken. KUHNE hatte in solchen Untersuchungen eine derartige Übung erlangt, daß er innerhalb einer Minute in großen Zügen ein Krankheitsbild vor sich hatte, bevor noch der Patient ein Wort gesprochen hatte. –

Ich möchte also allen Heilkundigen raten, sich mit der Gesichtsausdruckskunde bekanntzumachen. Übrigens haben lange vor KUHNE tüchtige Homöopathen, die eine scharfe Beobachtungsgabe besaßen, nicht nur den Gesichtsausdruck, sondern die ganze Gestalt eines Kranken, seinen Habitus, einer raschen diagnostischen Wertung unterworfen, so daß sie dadurch oft schon beim ersten Anblick des Kranken wußten: Das ist ein Fall für Sulphur, für Nux Vomica oder Bryonia. Diese Art der Diagnose erinnert sehr an Paracelsus!

Sie ist sicherlich eine vortreffliche, sozusagen natürliche Ergänzung der Augendiagnose. Man beurteile zuerst den Kranken im Sinne KUHNES, dann mit der Augendiagnose, und man wird sehen, daß man dabei gut fährt. Alle weiteren Einzelheiten über die Kuhnekur, deren Wert, Grenzen, Erfolge und Schwächen, können wir an dieser Stelle nicht erörtern, da wir es hier nur mit der Gesichtsausdruckskunde als Krankheitserforschungsmittel zu tun haben.

Erwähnt sei nur noch, daß bei der Gleichung Gesundheit = Schönheit für Kuhne den Maßstab jeglichen Ebenmaßes der Goldene Schnitt gebildet hat. Bekanntlich hat PROF. ZEISING bereits im Jahre 1854 auf diesen Schönheitsmaßstab in seiner „Neuen Lehre von den Proportionen des menschlichen Körpers" hingewiesen. Diese Tatsache ist ziemlich bekannt, vor allem den Lesern von DU PRELS Schriften, der wiederholt auf ZEISING und KNAPPS „Philosophie der Technik" hingewiesen hat. Weniger bekannt jedoch dürfte sein, daß der Münchner KUNSTMALER DR. ADALBERT GOERINGER die Untersuchungen ZEISINGS weiter geführt hat in seiner Schrift „Der Goldene Schnitt und seine Beziehungen zum menschlichen Körper, zur Gestalt der Tiere, der Pflanzen und Kristalle, zur Kunst und Architektur, zur Harmonie der Töne und Farben, zum Versmaß und zur Sprachbildung"

(1893), und zur raschen Auffindung dieser Maße sogar einen äußerst handlichen „Goldenen Zirkel" erfunden hat. In neuerer Zeit hat ZEDERBAUER ganz ähnliche Studien betrieben. Die ganzen Schriften eines GOERINGER und ZEDERBAUER beinhalten nichts anderes als die neuerliche wissenschaftliche Bestätigung des einheitlichen Planes, nach dem sowohl der Mikrokosmos als auch der Makrokosmos geschaffen wurde.

Die neuere Atomforschung – etwa seit Entdeckung des Radiums – beweist auch, daß jedes Atom ein winziges Sonnensystem darstellt. Der hermetische Satz: „Wie oben, so unten" ist heute sozusagen Gemeingut nicht nur der Okkultisten, sondern auch der Naturwissenschaftler und Philosophen geworden. Näheres darüber in meiner kleinen Schrift: „Wahrer und falscher Monismus".

Desgleichen weist der Astrologe LIBRA in seinem Buche „Makrokosmos" nach, daß der Goldene Schnitt tatsächlich in der ganzen Natur vom Kristall bis zum Planetensystem eine große nicht zu verkennende Rolle spielt. Jede Abweichung hiervon empfinden wir als Disharmonie, und diese ist mit Krankheit identisch. –

Mithin beruht letzten Endes auch die Gesichtsausdruckskunde auf tiefen, philosophischen und okkulten Erkenntnissen, auf dem Kanon der Harmonie und Proportion und der Erkenntnis, daß alles Äußere nur ein Spiegelbild der inneren Kräfte, jede Form der Ausdruck einer schöpferischen Idee ist. DU PREL wußte schon, was er lehrte, wenn er sagte, daß der menschliche Körper nur eine Objektivierung der Seele sei, so wie das ganze Weltall die Materialisierung einer übersinnlichen Welt ist. Hier sehen wir, daß sowohl der Mensch als Mikrokosmos, wie das Weltall als Makrokosmos bezüglich ihrer Entstehung einem Gesetz unterworfen sind. Sie sind in der Tat die Ausdrucksformen, Schöpfungen ein und desselben schöpferischen Geistes. Daher sind sie im Entstehen und Vergehen denselben Gesetzen untertan, und daher rühren auch die tiefen Gleichnisse zwischen Mikro- und Makrokosmos. So lehrt auch die Kabbala:

„Was ist der Mensch? Ist er bloß Haut, Fleisch, Knochen und

Adern? Dem ist nicht so! Der wahre Mensch ist Seele, und die Dinge, die wir genannt haben, die Haut, das Fleisch, die Knochen und Adern, sind bloß ein Gewand, eine Hülle, aber nicht der Mensch. Wenn der Mensch weggeht (von der Erde), entkleidet er sich seiner Hüllen, die er angekleidet hatte. Doch auch diese Körperteile sind nach dem Geheimnis der höchsten Weisheit gebildet. Die Haut stellt das Firmament dar, das sich überall hin erstreckt und alles bedeckt, gleich einem Gewande. Das Fleisch erinnert uns an die schlechte Seite der Welt (das heißt an das rein äußerliche und sinnliche Element). Die Knochen und Adern sind ein Bild des himmlischen Wagens, der Kräfte, die im Inneren vorhanden sind, der Diener Gottes. Dies sind aber bloß Gewänder, denn im Inneren ist das tiefe Geheimnis des himmlischen Menschen. Alles ist unten so geheimnisvoll wie oben. Darum heißt es: Und Gott schuf den Menschen nach seinem Ebenbilde. Das Geheimnis des irdischen Menschen ist nach dem Geheimnis des himmlischen Adam. Allein so wie wir am Firmament, das alles bedeckt, verschiedene von den Sternen und Planeten gebildete Zeichen sehen, welche verborgene Dinge und tiefe Geheimnisse enthalten, so gibt es an der Haut, die unseren Körper umgibt, Zeichen und Züge, welche die Sterne und Planeten unseres Körpers sind. Alle diese Zeichen haben einen geheimen Sinn und ziehen die Aufmerksamkeit der Weisen auf sich, die im Gesichte des Menschen zu lesen verstehen."

Hier wird in der Tat ein sehr geheimnisvolles Gebiet berührt. Allein, so unglaublich es auch dem materialistischen Gelehrten erscheinen mag, der praktische Okkultist und besonders der praktische Mystiker weiß aus eigener Erfahrung um die tatsächliche Wahrheit dieser Erkenntnisse, wie sie CARL WEINFURTER in seinem Buch: ,,Der brennende Busch, . . .'' niedergelegt hat.

Man glaube ja nicht, daß dies bloß in der Kabbala gelehrt wird. In den heiligen Büchern der Inder steht im Grunde genau dasselbe. So zum Beispiel heißt es, daß die Weisen einen Buddha gleich nach der Geburt an 32 geheimen Zeichen erkennen, die an seinem Körper vorhanden sein müssen. Ebenso ist auch die Handlesekunst in Indien seit Jahrtausenden von den Brahminen eifrig gepflegt worden. Daß man tatsächlich aus den Linien und der Form der Hand sowie der Nägel vieles in bezug auf Charakter, Schicksal und Gesundheit sagen kann, daran zweifelt niemand, der einen guten Handleser besucht hat oder sich selbst in die Handlesekunst vertiefte. Wir wollen daher anschließend an die Gesichtsausdruckskunde im folgenden Abschnitt die Diagnostik aus der Hand behandeln.

Literaturnachweis

L. KUHNE, Die neue Heilwissenschaft. Enthält auch das Heilsystem Kuhnes.

DR. MED. G. HOFFMANN, Die Kunst, aus dem Gesichte Krankheiten zu erkennen und zu heilen.

HERMANN KRUKENBERG, Der Gesichtsausdruck des Menschen.

L. VIERECK, Kuhnes Gesichtsausdruckskunde.

AMANDUS KUPFER, Grundlagen der praktischen Menschenkenntnis nach Carl Huters Psycho-Physiognomik. Huter-Verl., Schwaig b. Nürnbg. 1976.

Wer endlich noch tiefer in die Psycho-Physiognomik einzudringen wünscht, der sei auf CARL HUTERS großes Lehr- und Lebenswerk ,,Menschenkenntnis'' aufmerksam gemacht. (Fünf Bände Atlasformat in 52 Lektionen auf 700 Seiten mit über 1000 Illustrationen.)

DR. PHIL. BERNHARD CORVEY schrieb einen Leitfaden zur Einführung in die Hutersche Psycho-Physiognomik. Welt- und Menschenkenntnis durch Körperformen und Gesichtsausdruckskunde.

Des weiteren findet der ernste Sucher viel Material über Gesichtsausdruckskunde zu diagnostischen Zwecken in dem großen Werke von Ad. Alf. Michaelis, Semiotik oder die Lehre von den Krankheitszeichen. Eine gemeinverständliche Diagnostik und Prognostik.

HEINRICH HENSE, Die Augendiagnose und Gesichtsausdruckskunde, mit 4 Tafeln und 10 Stereobildern populär dargestellt.

1931. 78 Seiten broschiert DM 4,80, geb. DM 6,40. Diese Volksausgabe stützt sich auf 30jährige Erfahrungen und Beobachtungen unter Benützung des Nervenkreislaufes nach Dr. Kreidmann und bringt damit eine befriedigende Lösung von bisher Ungeklärtem in der Augendiagnose.

KURT HICKETHIER, Lehrbuch der Augendiagnose. Wertvolles Buch besonders für Biochemiker. 9. Aufl., Halle 1926.

ZEISING, Neue Lehre von den Proportionen des menschlichen Körpers, 1854.

KNAPP, Philosophie der Technik.

DR. ADALBERT GOERINGER, Der goldene Schnitt und seine Beziehungen zum menschlichen Körper, zur Gestalt der Tiere, der Pflanzen und Kristalle, zur Kunst und Architektur, zur Harmonie der Töne und Farben, zum Versmaß und zur Sprachbildung. 1893. 2. Aufl. München 1911.

CARL HUTER, Illustriertes Handbuch der praktischen Menschenkenntnis. 6. Aufl. 225 S. mit Abb., Huter-Verl. Schwaig b. Nürnbg. 1970.

CARL HUTER, Das Gesicht des Kranken. Huter-Verl., Schwaig b. Nürnbg. 1932.

EMMERICH ZEDERBAUER, Die Harmonie im Weltall, in der Natur und Kunst. Wien 1917.

G. W. SURYA, Wahrer und falscher Monismus, Freiburg 1921.

CARL (Karel) WEINFURTER, Der brennende Busch, der entschleierte Weg der Mystik. Rohm-Verl., 342 S. Lorch/Württ. 1980.

Diagnose auf Grund der Handlesekunst

Das Gesicht kann täuschen,
die Hand jedoch kaum.

Wer die Handlesekunst wirklich praktisch beherrscht, kann ohne Zweifel mittels derselben aus den Linien und Formen der Hand bestimmte Schlüsse auf Vergangenheit, Gegenwart und Zukunft einer Person ziehen, deren Charakter enthüllen, und endlich auch in Bezug auf Gesundheit und Krankheit sehr brauchbare, mitunter wahrhaft verblüffende Aufschlüsse geben.

Daß eine solche Kunst zu allen Zeiten geschätzt wurde, ist begreiflich. In der Tat ist die Handlesekunst, Handwahrsagerei, Chiromantie oder Palmistrie eine der ältesten Geheimwissenschaften; sie dürfte ebenso alt sein wie die Astrologie. Ihre Spuren reichen in das grauste Altertum, ja bis in die prähistorische Zeit zurück. Theosophen, für die alle Arten Wahrsagekünste aus Atlantis stammen, mögen dahin auch den Ursprung der Handdeutekunst verlegen. Für uns muß genügen festzustellen, daß diese Kunst nachweislich schon im Vedenzeitalter bei den Indern blühte. Einige Jahrtausende vor unserer Zeitrechnung hatten Vorderasien, vor allem Babylonien, Assyrien und Ägypten ihre Handwahrsager, die sich nach zeitgenössischen Berichten ausgebreiteter Kundschaft erfreuten. Von jenen Gegenden dürften die Griechen, wie so vieles andere, auch diese Wissenschaft übernommen haben. Sicher ist, daß selbst hervorragende Gelehrte Griechenlands nicht verschmähten, sich mit ihr zu befassen. Ich nenne nur ARISTOTELES, ANAXAGORAS und PLATO, die den Linien der Hand große divinatorische Bedeutung zumaßen. Von Griechenland und dem nahen Orient dürfte die Handlesekunst nach Italien gekommen sein, wo schon die Etrusker in der Frühzeit in allen magischen Künsten wohlerfahren waren. Die Auguren im alten Rom waren sicherlich auch gewandte Chiromanten, wie dies aus VIRGIL, CICERO, JUVENAL und PLAUTUS hervorgeht.

ARTEMIDOR schrieb zur Zeit des ANTONIUS eine Verteidigungsschrift der Handlesekunst; sie hatte also bereits ihre Anhänger und Feinde. JULIUS CÄSAR, AUGUSTUS, SCYLLA und LUCIUS galten als hervorragende Handleser. Von JULIUS CÄSAR wird erzählt, daß er die Handlesekunst derart beherrschte, daß ihn niemand täuschen konnte, dessen Hand er einmal besehen hatte.

Mit dem Niedergang Westroms aber kam die Handlesekunst in Vergessenheit. Erst die Kreuzzüge, die zu näherer Bekanntschaft mit dem Nahen Orient führten, der die alten magischen Überlieferungen eifersüchtig bewahrte, dann aber vor allem die erwachende Begeisterung der Renaissance für die klassischen Studien, brachte auch die alte Mantik zu neuer Blüte.

Unter den bedeutenden Persönlichkeiten, die die Handlesekunst schätzten, finden wir den GRAFEN V. BOLLSTÄDT, bekannt unter dem Ehrennamen ALBERTUS MAGNUS, ebenso PARACELSUS und AGRIPPA VON NETTESHEIM. Es sind dies zufällig drei Deutsche, doch war die Handlesekunst zu allen Zeiten wahrhaft eine internationale Kunst.

ALBERT FRHR. VON SCHRENCK-NOTZING nennt in seiner sehr lesenswerten Abhandlung: ,,Handlesekunst und Wissenschaft" noch GALENUS, PETRUS PRIMORDARIUS, ANTIOCHUS, TIBERTUS, SAVONAROLA, ROBERTUS DE FLUDD, MANSFELD, JOHANNES DE INDAGINE, (Synonym für Christian von Hagen) PERRUCHIO und ADRIAN SICLER und bemerkt dazu: ,,Diese und andere Forscher legten nicht nur Wert auf die Handlinien zu Orakelzwecken, sondern besonders auch auf die Physiognomie der Hand, welche für sich allein schon zahlreiche Geheimnisse des menschlichen Charakters erschloß." Nun ist es klar, daß man die Physiognomie der Hand, ebensogut wie jene des Gesichtes, zu diagnostischen Zwecken benützen kann, was wohl seit ältester Zeit geschah.

HARTLIEB gab 1448 die erste systematische Darstellung der Handlesekunst in deutscher Sprache heraus. Ein eifriger Förderer der Chiromantie war der deutsche Geistliche PROF. DR. CHRIST. THEDEL HEINR. VON HAGEN (1714–1776), genannt JOHANNES DE INDAGINE, in der ersten Hälfte des 18. Jahrhunderts, dessen Schriften vielfach kopiert wurden. Zwischen 1650 und 1780 war Chiromantie sogar Vorlesungsgegenstand an mancher deutschen Universität, so z. B. in Halle und Jena.

Im Zeitalter der Aufklärung wurde auch sie der allgemeinen

Verachtung anheimgegeben und verlor an Glaubwürdigkeit und Interesse. Im 19. Jahrhundert trugen viel zu ihrer Wiedererweckung zwei Franzosen bei: DESBAROLLES und D'ARPENTIGNY, die präzise auf die Chiromantie eingehende Bücher schrieben.

Als Repräsentanten der praktischen Chiromanten und Schriftsteller, die den hohen Wert der Handliniendeutung für die medizinische Diagnose erkannt haben und danach handeln, möchte ich nur H. OTTINGER (Riethäusli in St. Gallen) und E. ISSBERNER-HALDANE (Berlin) nennen. OTTINGER, der auch Homöopathischer Arzt war, schrieb ein kleines praktisches Handbuch der Handlesekunst: „Originalsystem der Handlesekunst", von dem ein so anerkannter Fachmann wie ISSBERNER-HALDANE in seiner „Wissenschaftlichen Handlesekunst" schreibt: „Es sei das einzige gute (und billige) Buch in deutscher Literatur. Es enthält nur wenig, aber dafür verläßliches. Darauf kommt es gerade an."

Soviel über die Geschichte der Handlesekunst und deren Literatur in alter und neuer Zeit. Wenn nun über die Benützung der Handlesekunst zu diagnostischen Zwecken gesprochen werden soll, wäre vor allem hervorzuheben, daß es sich bei der reinen Handliniendeutung oder wissenschaftlichen Chirosophie nicht um das vielfach verrufene „Wahrsagen" handelt, sondern, wie ISSBERNER-HALDANE sehr richtig bemerkt, lediglich um ein Übersetzen der wirklich vorhandenen, ablesbaren Zeichen der Hand, auf Grund von uralten, durch Erfahrung und Beobachtung gewonnenen Regeln, in unsere Sprache. Mithin ist die Chiromantie eine Erfahrungswissenschaft, die man eines Tages ebenso anerkennen muß wie die Graphologie.

Oft ist noch die irrtümliche Ansicht verbreitet, die Linien der Hand entstünden durch Faltung oder manuelle Arbeit. Dazu ist zu sagen, daß ein neugeborenes Kind bereits viele Linien vollkommen ausgeprägt besitzt. Da diese Linien Charakter und Schicksale anzeigen, so beweist deren vorgeburtliches Eingegrabensein, daß kein neugeborenes Kind ein unbeschriebenes Blatt, sondern eine Seele ist, die sich – belastet mit einem guten oder üblen Karma – wiederverkörpert hat. – Gewiß, es gibt auch eine materialistische Auffassung der Handlinien; so bedeutet die Lebenslinie anatomisch nichts anderes als eine Abgrenzung der Muskeln und Sehnen des Daumens, oder man will jene Linien und Zeichen der Hand, die sich nicht von Faltung oder anatomischen Verhältnissen ableiten lassen, durch eine exakte Verbindung der Hand mit dem Gehirn erklären. Die Hand stelle gewissermaßen das ausführende Organ des Gehirns dar, und so darf es uns nicht wundern, wenn angenommen wird, daß die Form der Hand und deren Linien bedingt seien von der geistigen Entwicklungsstufe und geistigen Regsamkeit ihres Besitzers. Wir haben jedoch bereits im ersten Band der ,,Okkulten Medizin" ziemlich eingehend bewiesen, daß das Gehirn nicht die Seele des Menschen ist, sondern daß das Gehirn nur mit einer Orgel zu vergleichen ist, auf der ein unsichtbarer Organist spielt. Die Seele benützt also das Gehirn bloß als Instrument oder Organ, um sich auf unserer materiellen Ebene betätigen zu können. Mithin stammen letzten Endes Handformen und Handlinien doch von der Seele, wie ja der ganze Körper nur eine Objektivierung unserer Seele oder eine Materialisation unseres Geistes ist.

Mithin muß ein geistig und moralisch hochentwickeltes Ego eine edle, schöne Handform haben, ein minderwertiger Mensch jedoch gegenteilige Formen aufweisen, was auch die Praxis bestätigt. Je entwickelter der Intellekt eines Menschen, je feinfühliger seine Seele, desto zahlreicher und charakteristischer sind die Linien seiner Hand. Dies beweisen die Hände von Künstlern, Gelehrten und Staatsmännern. Die Seele ist es also, die die Runen in die Hand einzeichnet. Daran wollen wir als Okkultisten festhalten.

Hat man sich einmal diese tiefere Auffassung zu eigen gemacht, so versteht man auch die Kabbalisten, die in der menschlichen Hand einen synthetischen Mikrokosmos der ganzen menschlichen Entwicklung sehen und deshalb aus dem Studium der Hand unzweifelhafte Schlüsse für das ganze künftige Leben ziehen. Stellt die Hand aber einen synthetischen Mikrokosmos dar, so müssen deren einzelne Teile untereinander im Verhältnis zum Goldenen Schnitt stehen, was in der Tat nachweisbar ist. Jeder Bildhauer wird dies bestätigen können. – Dann darf es uns nicht wundern, wenn wir in der Hand auch die sieben Prinzipien oder „Planeten" (Grundkräfte) des Makrokosmos vertreten finden. Auffallenderweise ist dies von der Chiromantie immer gelehrt worden. Die einzelnen Berge der inneren Handfläche sind seit uralten Zeiten den sieben Planeten zugeeignet worden. Und wie nachstehende Abbildung zeigt, hat ISSBERNER-HALDANE auch noch die korrespondierenden Stellen für Neptun und Uranus in der Hand festgesetzt, ja sogar eine Neptun-, Uranus- und Isis-Linie in der Hand mancher Menschen gefunden; überdies aber die zwölf Tierkreiszeichen auf den drei Gliedern der vier Finger der menschlichen Hand als entsprechende Regionen des Makrokosmos eingetragen.

Wir haben also nachstehende „Berge" beziehungsweise Orte der Hand, die den einzelnen Planeten entsprechen: Der Daumenballen ist der Venusberg. An der Wurzel des Zeigefingers ist der Jupiterberg, an der Basis des Mittelfingers der Saturnberg, neben ihm unter dem Ringfinger der Sonnen- oder Apolloberg, und endlich an der Wurzel des kleinen Fingers der Merkurberg. Unterhalb desselben liegt der Marsberg, daran schließt sich der Mondberg, der sozusagen das Gegenstück des Venusberges ist.

Wo es Berge gibt, gibt es auch Täler mit Flußläufen und als letztere müssen wir die Handlinien auffassen. Sie repräsentieren für den denkenden Okkultisten die astralen, mentalen und spirituellen Strömungen in der Hand beziehungsweise im Ego, zu dem die Hand gehört. Wir unterscheiden da die Lebens-, Kopf- und Herzlinie, ferner die Schicksals- oder Saturnlinie, die Sonnenlinie, die Magen- oder Leberlinie, den Venusgürtel, die Marslinie als Verdoppelung der Lebenslinie und endlich die Neptun- und Uranuslinie sowie die Ehe- und Reiselinie.

In Figur 2 sind alle diese Handlinien und „Berge" eingezeichnet, so daß sie leicht ablesbar sind. Ursprung und Verlauf der Linien ist durch Pfeile angedeutet. Hier soll auf etwas besonders aufmerksam gemacht werden: Unser Leben stellt einen steten Kampf zwischen Wille und Schicksal dar. Die Lebenslinie repräsentiert auch den Willen zum Leben, ihr Lauf ist dem der Schicksalslinie entgegengerichtet. Ebenso sind Kopf und Herz (Verstand und Gemüt) die beiden Gegenpole unserer Seele. Und wir sehen, daß in der Tat nach uralten chiromantischen Überlieferungen die Laufrichtungen der Kopf- und Herzlinie einander entgegengesetzt sind. So hat alles in der Chiromantie, wenn man sich ihren tiefen Sinn zu eigen macht, seine besondere Bedeutung. Polar ist auch die kabbalistische Handeinteilung. Das Kreuz im Handteller, d. h. der kürzere Balken davon, scheidet die Hand in einen Handnorden als Sitz der geistigen und seelischen Kräfte, gegenüber dem darunter liegenden Handsüden, wo die physische Kraft und das Triebleben eingezeichnet sind.

Die ,,Berge" der Hand sind für ISSBERNER-HALDANE nur Empfangsstationen für die planetarischen Strahlungen des Makrokosmos. Mit den ausgespreizten Fingern saugt der Mensch gleichsam die entsprechenden planetarischen Grundkräfte aus dem Makrokosmos ein. Welcher Handberg nun am stärksten entwickelt ist, zeigt dann den dominierenden Einfluß des ihm zugeordneten planetarischen Einflusses oder Kraftstromes an. ,,Die größte Empfangsstation (d. h. der größte Handberg) wird folglich auch die meiste Kraft aufnehmen und verarbeiten, somit auch eine bestimmte Richtung des Charakters oder Charaktereigenschaften entwickeln und erkennen lassen. Die Charakteranlage entsteht durch die Formierung der Aufnahmestation – Finger und Berge. Die am meisten und stärksten einwirkende Kraft – welche dann auch dominiert – entwickelt den entsprechenden Platz und erzeugt so eine plastisch ,,hervorragende Stelle, den regierenden Berg." So sagt ISSBERNER-HALDANE in seinem vortrefflichen Buche: ,,Wissenschaftliche Handlesekunst." Ich kann nur allen wirklich Suchenden, die sich ernsthaft dem Studium der Handlesekunst widmen wollen, den Rat geben, Issberner-Haldanes Buch zu studieren. Was er darin über die Beziehungen der Astrologie und Kabbala zur Handlesekunst sagt, ist das Beste, was die entsprechende Literatur zu bieten hat.

Man sagt den Zigeunern, welche höchstwahrscheinlich aus Indien stammen – und Abkömmlinge einer vertriebenen Kaste sein sollen – nach, daß sie davon praktischen Gebrauch zu machen wissen, um Lebenskräfte in sich zu akkumulieren.

Unter ihnen gibt es eine dünne Oberschicht besserer und edlerer Elemente, deren Gestalt und Gesichtsausdruck einen gewissen Adel zeigen. Diese Zigeuner-Aristokraten haben mitunter eine erstaunliche Kenntnis von okkulten Dingen und Künsten und selbstredend auch von der okkulten Medizin. Dies spricht erneut dafür, daß die Zigeuner aus Indien stammen und wohl auch auf ihren endlosen Wanderzügen viel okkultes Wissen gesammelt haben, wovon manches wahrscheinlich sogar aus Ägypten stammen mag.

Daß es wirklich eine Beziehung der Astrologie zur Chiromantie gibt, wird jeder praktische Okkultist bald herausfinden sowie er Charakter und Schicksal einer Person zuerst aufgrund des Horoskopes, dann aufgrund der Handlesekunst zu enthüllen sucht. Der praktische Arzt G. REINHARDT, Bremen, hat diesbezüglich (besonders in Bezug auf Krankheitsdiagnosen) einige Studien in den ersten drei Jahrgängen des Zentralblattes für Okkultismus veröffentlicht. Ich selbst habe mich gleichfalls davon überzeugt, und zwar für den Praktiker in einwandfreier Form, indem ich – ohne das Horoskop der betreffenden Person zu kennen – zu den gleichen oder ähnlichen Schlüssen aufgrund der Handlesekunst kam, wie der Astrologe. Ich tat dies nicht als Chiromant von Beruf, sondern nur, um mich als Okkultist davon zu überzeugen, daß der ,,Paß der Hand" dasselbe sagt wie ein gutes Horoskop.

Nach dieser Einleitung wenden wir uns der Diagnose aus der Hand selbst zu, und wollen dabei folgendes bemerken: Die Diagnose und Prognose aus der Hand zu medizinischen Zwecken, stellt nur einen Spezialfall der Handlesekunst dar. Man muß also – bevor man sich der Diagnose aus der Hand zuwendet – zuerst die Grundprinzipien der Handliniendeutung sich zu eigen machen und sich erst dann auf die medizinische Chiromantie verlegen.

Der Handleser, gleichgültig, ob er Chiromantie zum Zwecke der Schicksals- und Charakterdeutung oder zu diagnostischen Zwecken betreibt, zieht seine Schlüsse aus folgenden Kriterien:

1. Aus der allgemeinen Form und Beschaffenheit der Hand,
2. aus der Form und der Beschaffenheit der Handberge,

3. aus der Form und Beschaffenheit der Finger und Fingernägel,
4. aus den Linien der Hand und
5. aus besonderen Zeichen sowohl auf und neben den Linien,
   auf den Bergen der Hand, sowie auf den Fingern und Nägeln.

Es gilt hier als Hauptregel, daß sich in der linken Hand sowohl
das Ererbte, Angeborene in physischer Hinsicht, als auch das aus
einem früheren Leben mitgebrachte gute oder schlimme Karma
zeigt. Die rechte Hand hingegen gibt darüber Aufschluß, was der
Mensch aus diesen angeborenen Eigenschaften gemacht hat, wie
er sich also in diesem Leben weiter entwickelt hat. Also muß man
stets beide Hände betrachten, doch suche man zuerst in der linken Hand nach Krankheitszeichen.

Nur eine Ausnahme hat diese Regel nach den Beobachtungen
ISSBERNER-HALDANES, indem man bei Krankheiten vererbter Art
in der linken Hand die von seiten der mütterlichen Generation,
in der rechten Hand die von der väterlichen Generation stammenden vorfindet. Dies geht unter Umständen bis zu den Ur-
großeltern und noch weiter zurück.

Des weiteren läßt ein Zeichen nur eine bestimmte Neigung
erkennen; erst mehrere Zeichen, die dasselbe aussagen (besonders, wenn dies in beiden Händen der Fall ist), geben die Gewißheit einer Tatsache, beziehungsweise ihres Eintreffens. Zu beachten ist auch noch, daß sich die Linien im Laufe der Zeit verändern. Wie mir ein sehr tüchtiger Handleser einmal verriet, können bereits innerhalb von sechs Wochen sichtliche Veränderungen der Handlinien vor sich gehen, wenn auch die Hauptlinien als
solche bestehen bleiben, d. h. daß im großen und ganzen unsere
Wege bereits vorgezeichnet sind.

Wer seine eigenen Hände seit Jahren aufmerksam betrachtet,
wird selbst erfahren haben, daß sich neue Linien oder Äste, ab-
zweigend von Hauptlinien, sowie neue Zeichen auf den Handbergen ausbilden, und zwar besonders dann, wenn man jahrelang
an sich arbeitete, geistige Ziele mit Beharrlichkeit verfolgte, oder
chronische Krankheiten durch eine vernünftige Lebensweise und

Selbstzucht zum Weichen gebracht hat, kurz, wenn man irgendwie den Pfad der Selbstbeherrschung, Selbsterziehung, der Verinnerlichung betritt, für welchen der Inder das Wort ,,Yoga" besitzt.

Natürlich gilt dies auch besonders für jene, die den mystischen Pfad ernstlich und mit Ausdauer beschritten haben. Näheres darüber entnehme man dem ausgezeichneten Buche von CARL WEINFURTER: ,,Der brennende Busch, der entschleierte Weg der Mystik". Dies ist das bedeutendste Buch über praktische Mystik und Yoga, welches seit den letzten dreißig Jahren in deutscher Sprache erschienen ist. Weinfurter schrieb es aufgrund 30jähriger Erfahrung und hat darin Dinge eröffnet, die bisher wohl kaum so klar und eindeutig beschrieben wurden.

So lehrt also die Handlesekunst, daß es nur ein bedingtes Fatum gibt. Auch ISSBERNER-HALDANE kommt zu dem Schlusse, daß der Weise, bei dem sich das ,,Lebenerkennen mit dem Lebenkönnen paart, die Sterne oder astralen Schicksalskräfte beherrscht. Der Weise kann bis zu einem gewissen Grad den Fesseln der niederen Welt entfliehen, sich ihr entziehen, nicht aber der Alltags-Durchschnittsmensch.

Durch die Kenntnis der Chirosophie können wir unser Schicksal verbessern; denn sie gibt uns Selbsterkenntnis und zeigt jedem einzelnen seine Reisekarte. Kennen wir aber dieselbe durch tiefes, ernstes Studium, so können wir unseren Charakter und damit auch unser Schicksal verbessern, weil wir die verschiedenen Gefahren erkennen, welche aus Mangelhaftigkeit und deshalb oftmals aus Leidenschaften und niederem Verlangen und Wünschen entstehen und uns zu schädigen drohen. Nicht diese sollen uns überwinden, sondern: Wir sie!"

Man sieht also, ISSBERNER-HALDANE kommt als Vorkämpfer der wissenschaftlichen Handlesekunst bezüglich der Frage des Schicksals und freien Willens zu ganz ähnlichen Schlüssen, wie ich solche bereits in: ,,Astrologie und Medizin" im Abschnitte ,,Schlußbetrachtungen und Ausblicke" ausführlich dargelegt habe.

Danach können wir nicht mehr von einer absoluten Willensfreiheit reden, sondern nur noch von einer relativen, bedingt durch den Grad der Erkenntnis, Ethik und Selbstbeherrschung. Vielleicht verhält sich die Sache so, daß der Mensch nur in zwei Abschnitten seiner Entwicklung einen nahezu freien Willen hat. Erstens, wenn er aus Gott als reine, abgesonderte Seele hervortritt und daher noch kein gutes oder schlechtes Karma besitzt; zweitens dann, wenn er durch Weisheit und Selbstzucht, die er sich erst mühselig im Laufe vieler Inkarnationen erringen mußte, sein böses Karma getilgt hat und ein im Geiste und in der Wahrheit wiedergeborener Mensch wurde. Auf solchen haben, wie schon Paracelsus sagt, Planeten und Aszendenten keinen üblen Einfluß mehr. Das wäre aber nur bei Weisen, Heiligen, praktischen Mystikern und Yogis der Fall, deren Willen stets mit dem Willen des Logos in Übereinstimmung sich befindet, nicht aus Zwang oder Furcht, sondern deshalb, weil sie den selbstsüchtigen Eigenwillen als Ursache ihrer bisherigen Leiden erkannt und überwunden haben.

Warum aber der Mensch diesen Kreislauf der ,,Involution und Evolution", des Heraustretens aus GOTT und seiner mühevollen Rückkehr zu GOTT vollenden muß, darüber geben uns am klarsten die Schriften der großen Mystiker Aufschluß, ich nenne hier beispielsweise nur jene des MEISTERS EKKEHART. Aufgrund dieser mystischen Erkenntnis, die bei allen großen Mystikern dieselbe ist, weil sie eben ihre Weisheit aus ihrer Gottverbundenheit schöpfen, habe ich dieses Problem auch in meinen: ,,Modernen Rosenkreuzern" ziemlich eingehend behandelt. Daß der obengenannte Kreislauf keineswegs zwecklos oder vergebens ist, geht aus folgendem hervor: Der Mensch besitzt, wenn er aus GOTT hervortritt, sozusagen nur eine negative und kalte Vollkommenheit, die Reinheit der Unschuld, die er aber ohne eigene Anstrengung erhielt. Durch den Fall in die Materie, durch Sünde, verliert er zwar für einige Zeit diese Reinheit, er lernt aber nunmehr durch eigene Erfahrung das Gute und Böse kennen und wenn er letzteres endlich überwindet, erlangt er die positive Vollkommenheit und steht dann, wie die Mystiker versichern, höher als viele Engel.

Solch eine Übereinstimmung in den Schlußresultaten von Forschern, die unabhängig voneinander ihre eigenen Wege gegangen sind, gibt uns doch eine gewisse Gewähr, daß sie ein und dasselbe Gesetz der geistigen Entwicklung entdeckt oder neu bestätigt fanden.

Wir geben nun auf zwei Zeichnungen die allgemeine Einteilung der Hand nach ISSBERNER-HALDANE, und zwar zeigt Figur 2 die Handberge und Handlinien. Figur 3 die kabbalistische Einteilung der Hand.

Dabei wird es dem Leser, der nur etwas medizinisches Empfinden besitzt, gewiß auffallen, daß von den sieben Hauptlinien als Lebenslinie, Schicksalslinie, Kopflinie, Herzlinie, Sonnenlinie, Magen- oder Leberlinie, Venuslinie, fünf Linien bereits mit dem menschlichen Organismus und dessen Funktionen in Verbindung stehen. Daß der Venusgürtel mit dem Sexualleben und den Sexualnerven in Wechselwirkung steht, sagt bereits sein Name. So ist also die innere Handfläche ein ähnliches Spiegelbild unserer Organe wie die Iris. Dies tritt noch deutlicher hervor, wenn wir Figur 4 betrachten, die sozusagen die Organtafel der medizinischen Chiromantie darstellt. Meines Wissens ist ISSBERNER-HALDANE der erste Chiromant, welcher aufgrund seiner eigenen 15jährigen Spezialstudien eine derartig vollkommene ,,Organtafel" der menschlichen Hand gezeichnet hat, wie die vorliegende.

Sie ist daher für alle, die sich mit Diagnosen aus der Hand befassen wollen, sehr wertvoll; auf den ersten Blick sieht selbst der Laie aus dieser Tafel, daß die Handlinien bei der Diagnose aus der Hand eine große Rolle spielen müssen.

In der Tat wird das Horoskop der Hand hauptsächlich aufgrund der Beschaffenheit der Handlinien, das heißt ihrer Größe (Länge, Breite, Tiefe) sowie ihrer Form und Farbe gestellt. Hier ist gleich zu bemerken, daß zur Messung der Länge der Lebens-, Kopf-, Herz- und Schicksalslinie spezielle Meßkarten hergestellt wurden. Solche Meßkarten finden sich auch in den Werken OTTINGERS und ISSBERNER-HALDANES. Mittels derselben oder mittels des ad hoc konstruierten Handkompasses kann man die Länge der einzelnen Linien im chiromantischen Sinne feststellen und

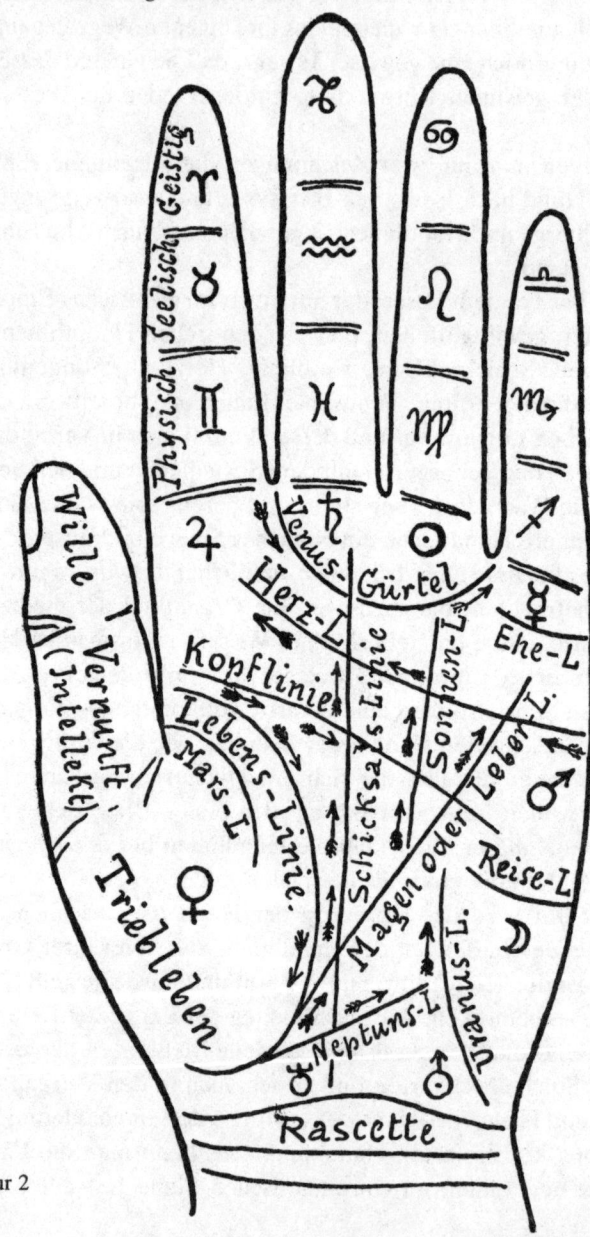

Figur 2

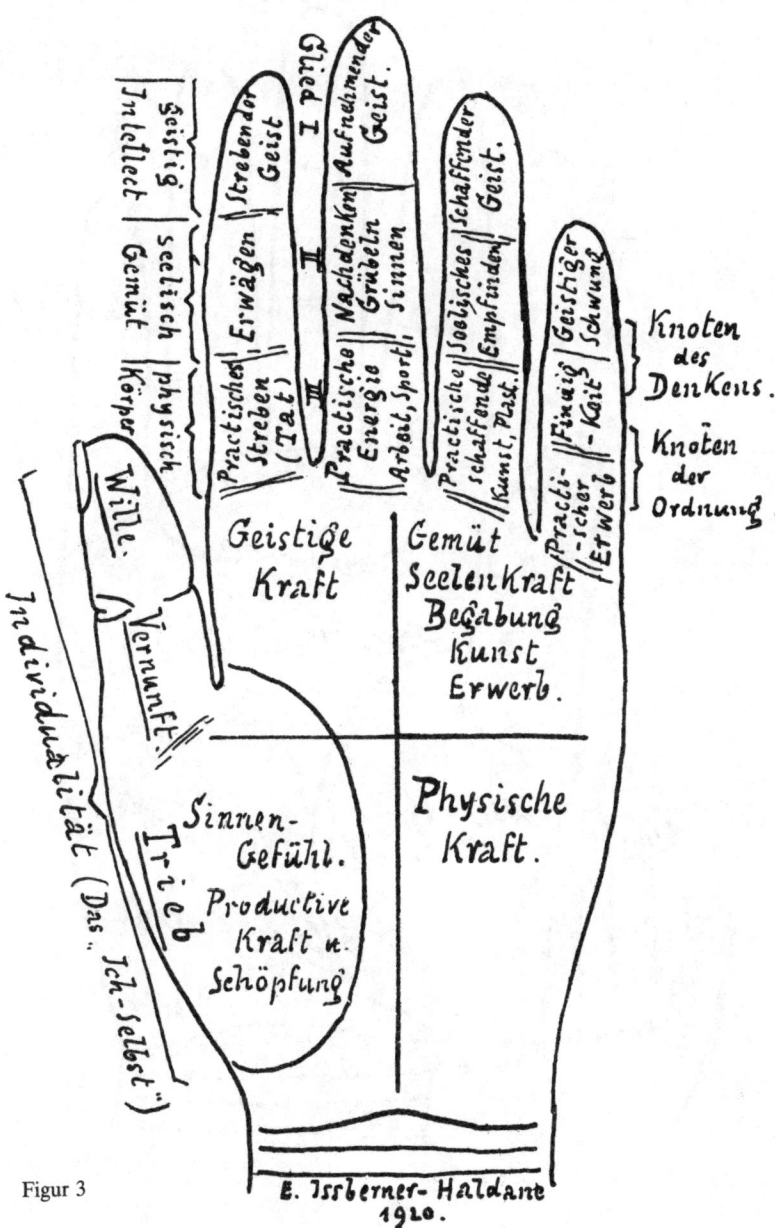

Figur 3

91

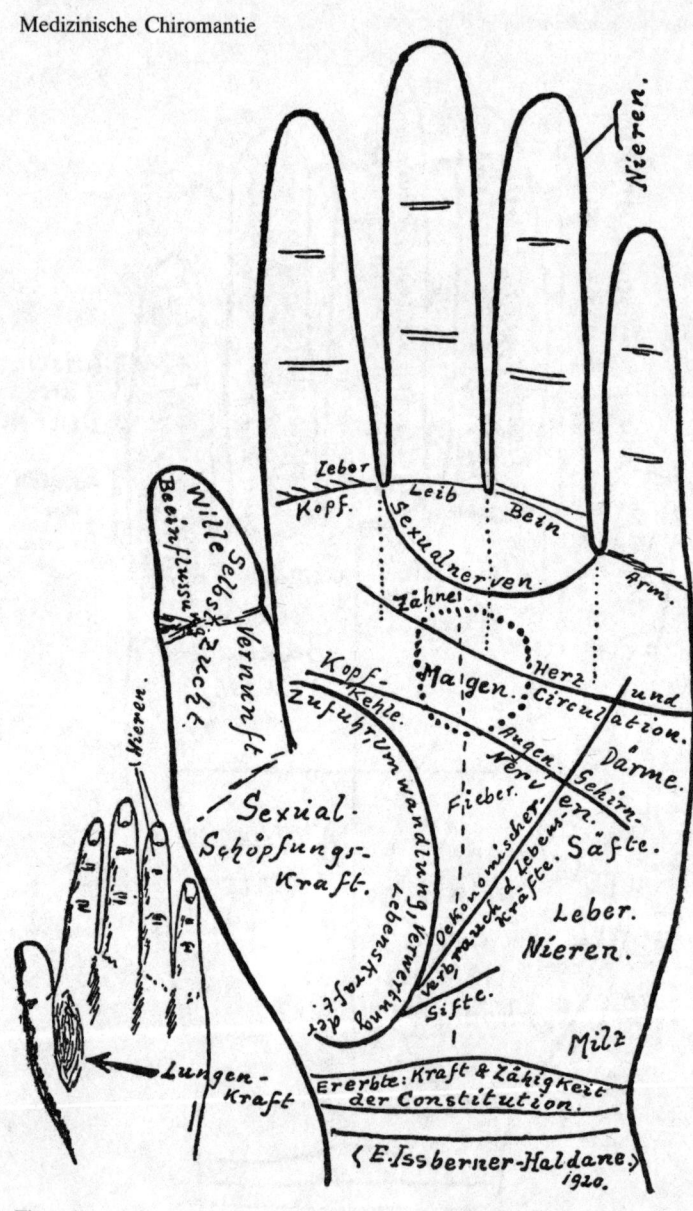

Figur 4

den Zeitpunkt des Eintritts bestimmter Ereignisse voraussagen oder in der Vergangenheit auf ein Jahr genau bestimmen.

Was die Form der Linien anbetrifft, so soll eine gute Linie klar, gut gezeichnet, von gehöriger Länge und guter Farbe sein. Ketten, Knoten, Punkte, Inseln, Ringe, Kreuze und Sterne soll eine gute Linie nicht enthalten. Ferner soll eine gute, d. h. harmonische, Glück und Gesundheit verheißende Linie nicht mißgestaltet und gedreht sein, keine Brüche und Querlinien aufweisen, auch nicht zu sehr an den Enden gegabelt sein.

Allgemein kann man sagen, je mehr Linien in einer Hand vorhanden sind, desto tiefer ist die Empfindungskraft und desto mehr Seele vorhanden. Aber damit ist auch die Gefahr des nervösen und seelischen Zusammenbruches gegeben, denn ein feinfühliger Mensch bricht eher unter Schicksalsschlägen zusammen, als eine robuste Natur. Sehr richtig bemerkt auch ISSBERNER-HALDANE ,,eine zerrissene Seele" bedingt zerissene Linien. Nun können wir auf die Besprechung der Hauptlinien, soweit diese für diagnostische Zwecke in Betracht kommen, übergehen und beginnen dabei mit der

Lebenslinie

Sie entspringt zwischen Daumen und Zeigefinger und wendet sich, im Bogen den Venusberg (Daumenballen) umkreisend, dem Handgelenk zu. Wie ihr Name schon sagt, steht die Lebenslinie zur Lebenskraft und Lebensdauer in enger Beziehung. Daher bedeutet eine ununterbrochene, wohlgefärbte Lebenslinie eine gute Konstitution und einen gesunden Lebenslauf. Eine verdoppelte Lebenslinie verstärkt sogar die Gesundheit. Solch ein Mensch hat sozusagen eine doppelte Lebenskraft.

Ist aber die Lebenslinie blaß und breit, so deutet dies auf Kränklichkeit hin. Eine langsam verschwindende Lebenslinie drückt eine schleichende, zehrende Krankheit aus; also Siechtum vor dem Tode.

Jede Unterbrechung der Lebenslinien kann eine schwere Krankheit mit Lebensgefahr (aber auch sonstige schwere Lebensschicksale!) bedeuten. Unterbrechung in einer Hand: Gefährliche Krankheit, die aber zur Genesung führt. Ist aber die Lebenslinie in beiden Händen (an derselben Stelle) unterbrochen, dann kann dies eine tödlich verlaufende Krankheit bedeuten. Es ist wohl selbstverständlich, daß man solch eine Prognose wenn auch mit hoher Wahrscheinlichkeit erkannt, nicht jedermann ohne weiteres auf den Kopf zusagen darf. Es besteht immerhin die Möglichkeit schlimmer Suggestionswirkungen! Gemildert wird diese Prognose, wenn die Bruchstelle durch feine Linien verbunden, oder ein Viereck als Umrahmung der Bruchstelle vorhanden ist.

Kurze Lebenslinie in beiden Händen, namentlich mit kurzem Querstrich: Plötzlicher Tod. Wann dieser oder sonst ein auf der Lebenslinie angezeigtes Ereignis eintritt, stellt man mittels der Meßkarte fest.

Hier ist gleich einiges über die Bestimmung der Lebensdauer auf chiromantischer Basis zu sagen. Wohl gilt der Satz: Je kürzer die Lebenslinie, desto kürzer die Lebensdauer. Aber dieser Satz gilt nicht absolut! Er besagt also keineswegs, daß eine lange Lebenslinie allein bereits ein langes Leben bedeutet, wie allgemein angenommen wird. Denn eine stark verkürzte Kopf- oder Herzlinie kann ebenso wie eine gebrochene Kopflinie das Leben sehr stark verkürzen! Vorsichtige Chiromanten bestimmen die Lebensdauer aus dem arithmetischen Mittel der Länge der Kopf-, Herz- und Lebenslinie. Die Feststellung der Lebensdauer aus den Handlinien ist also keine so einfache Sache! ISSBERNER-HALDANE sagt auch, ,,daß man gerade hierfür noch mehrere Punkte, respektiv Zeichen in Betracht ziehen muß, welche aber oft sehr schwer sichtbar sind." Man müßte wohl, wenn die Zeichen der Hand nicht genügend eindeutige, klare Auskunft über die Lebensdauer geben, diese noch mit Hilfe der Astrologie und eventuell auch mittels kabbalistischer Methoden zu bestimmen suchen. Näheres darüber in meinem Buche: ,,Astrologie und Medizin".

So kann nach OTTINGER ein tiefer Punkt in der Lebenslinie bereits einen plötzlichen Tod bedeuten!

ISSBERNER-HALDANE gibt noch bezüglich der Lebensdauer –

falls keine anderen Zeichen vorhanden sind und beide Hände gut sind – die Regel: man messe die Länge der Lebenslinie bis zur Einmündung der Magenlinie in die Lebenslinie. Doch müssen, falls Zeichen für den Tod in der Lebenslinie vorhanden sind, diese auch in der Magenlinie korrespondieren und zu finden sein, und zwar, was man nicht vergessen darf, in beiden Händen.

Gewaltsamer Tod (karmisch bedingt) wird durch Verbindung der Lebenslinie mit den Kopf- und Herzlinien angezeigt, falls dieses Zeichen in beiden Händen zu finden ist. (Falls jedoch nur in der linken, nicht aber in der rechten Hand, so hat der Betreffende – nach Issberner-Haldane – bereits einen Teil dieses schlimmen Karmas ausgelöscht und verbessert, die Gefahr bleibt, nicht immer aber die Auswirkung.

Ist die Lebenslinie aufwärts gebogen: Gefahr durch Ersticken. Ende derselben aufwärts gebogen gegen Saturnberg: Gefahr durch Gift und Ansteckung. (Ottinger will gefunden haben, daß die Gelbfärbung der Lebenslinie Neigung zu Geschlechtskrankheiten gibt.)

Inselbildungen in der Lebenslinie, längliche: Lähmungen! runde: Verluste in der Sehkraft oder Augenleiden.

Nach Issberner-Haldane zeigen Inselbildungen in den Hauptlinien immer etwas durch Vererbung Erhaltenes an.

Kettenlinien in der Lebenslinie: Längere oder dauernde Kränklichkeit.

Roter Punkt: Schlechtes Blut, Gefahr für heftigen Tod; dunkel: Fieber (rote Punkte in der Lebenslinie können auch Entzündung innerer Organe bedeuten).

Kreuz: Krankheit gefährlicher oder tödlicher Art (dieses Kreuz in der Lebenslinie kann auch Todesgefahr durch Unfälle bedeuten!).

Kopflinie

Dieselbe entspringt neben der Lebenslinie (zwischen Daumen und Zeigefinger), endet im Mondberg.

Kurze Kopflinie: Eventuell kurzes Leben, dazu kurze Lebenslinie: plötzlicher Tod!

Bruch: Kopfverletzung oder Krankheit (Kopfleiden).

Tiefe Punkte in der Kopflinie: Starke Kopfverletzung (Ottinger).

Endet unter Saturnberg: Warnt vor Überanstrengung des Kopfes, eventuell Tod in jungen Jahren.

Endet mit Stern im Mondberg: Neigung zu Irrsinn, wenn mit Insel: vererbt.

Inseln im Anfang oder Ende der Kopflinie sind Zeichen erblicher Belastung, in der linken Hand: von der Generation der Mutter, rechts der des Vaters. (Nach Ottinger können Inseln in der Kopflinie auch Kopfschmerzen und schlechtes Gedächtnis bedeuten).

Mehrmals gebrochene Kopflinie und Kreuz im Marsfeld warnt vor Epilepsie.

Eine Wölbung nach oben in der Mitte der Kopflinie gibt dem Viereck oder Handtisch eine schmale korsettförmige Gestalt und warnt in solchem Falle vor Asthma und Lungenleiden.

Ist die Kopflinie nach ihrer Berührung im Daumenwinkel röter als die Lebenslinie, so bedeutet dies Neigung zur Lungenschwindsucht.

Roter Punkt in der Kopflinie: Kopfverletzung oder Augenleiden; dunkler Punkt: Nervenleiden.

Ringe in der Kopflinie: Störung des Augenlichts. Kommen dazu noch dunkle Punkte im Venusberg, sowie an der Wurzel des Saturns- und Apollofingers ($\hbar$ und $\odot$-Berg), so warnt dies vor Blindheit.

Inseln in der Mitte der Kopflinie: Neigung zu Irrsinn oder Geisteskrankheiten. (Dasselbe zeigt eine zu tief in den Mondberg nach abwärts geneigte Kopflinie an, namentlich, wenn sie dabei gabelförmig gespalten ist.)

Eine stark nach abwärts geneigte Kopflinie, die dabei auch tief in den Mondberg hineinragt, deutet auf Melancholie. Solche Menschen neigen auch zu Selbstmord!

Kreuz in der Kopflinie: Kopfverletzung; unter Apolloberg: Beinbruch; unter Merkurberg: Armbruch. (Doch kann ein Kreuz in der Kopflinie auch Verletzung des Auges bedeuten.)

Dreifache Gabel am Ende der Kopflinie: Gefahr für Augenlicht durch Entzündung und Bedrohung durch Star.

Quadrat in der Kopflinie: Schutz in oder bei Kopfverletzungen.

Herzlinie

Dieselbe entspringt unter dem Merkurberg (am äußeren Handrand unter dem kleinen Finger) und endet normalerweise im Jupiterberg oder unter dem Saturnberg (d. h. unter dem Mittelfinger).

Daraus folgt, der Anfang der Herzlinie ist am Handrand und nicht im oder am Jupiterberg.

Mitunter findet man in Büchern über Handlesekunst Herz- und Kopflinie miteinander vertauscht. Aufgrund neuerer Forschungen kann man sagen, die hier gegebene Bezeichnung der Linien ist die richtige, weil sie durch Tatsachen bestätigt wurde.

Breite Herzlinie: Leidenschaftlicher Geschlechtstrieb. Sehr blasse, breite Herzlinie: Körperschwäche durch Ausschweifungen.

Dünne, blasse fadenartige Linie: Bei Männern Blasiertheit, Lebemannallüren, bei Frauen: Unfruchtbarkeit.

Kettige Herzlinie: Neigung zu Herzkrankheiten. (Nach OTTINGER Schwäche der Unterleibsorgane.)

Kleine blasse Punkte in der Herzlinie: Gallensteine (eventuell andere Steinleiden).

Sehr breite Herzlinie: Venen- oder Herzmuskelschwellung.

Insel in der Herzlinie und dieselbe kettig: Neigung zu ererbten Herzleiden (namentlich dann, wenn Herzlinie blaß).

Gefiederte Herzlinie: Herznervenschwäche, Neurose.

Brüche in der Herzlinie: Herzleiden, schwere Geburten, evtl. Unfruchtbarkeit.

Der englische Handleser C. DE SAINT GERMAIN sagt: Bruch der Herzlinie unter dem Saturnberg: gefährliche Erkrankung durch defekte Blutzirkulation, Aneurysma oder Arterienerweiterung, kurzes Leben. Bruch unter dem Apolloberg: bedenkliche Herzstörung. Bruch unter dem Merkurberg: Störungen im Ablauf des täglichen Lebens beeinflussen ungünstig die Herztätigkeit.

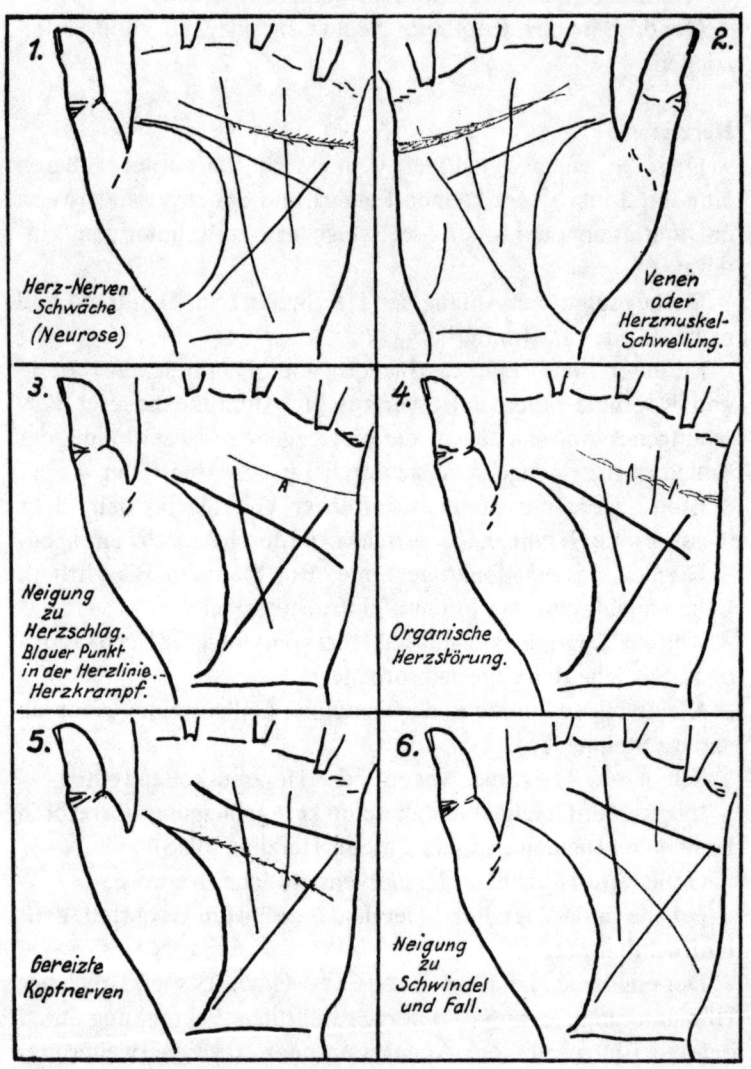

1. Herz-Nerven Schwäche (Neurose)

2. Venen oder Herzmuskel-Schwellung.

3. Neigung zu Herzschlag. Blauer Punkt in der Herzlinie. Herzkrampf.

4. Organische Herzstörung.

5. Gereizte Kopfnerven

6. Neigung zu Schwindel und Fall.

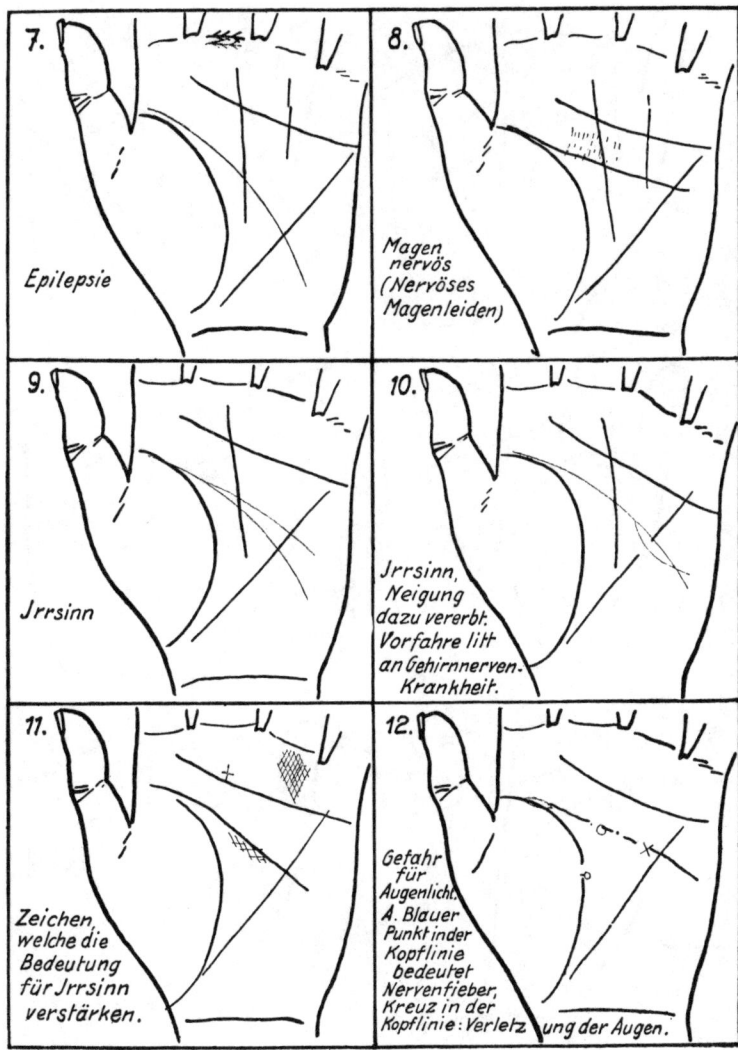

7. Epilepsie

8. Magen nervös (Nervöses Magenleiden)

9. Jrrsinn

10. Jrrsinn, Neigung dazu vererbt. Vorfahre litt an Gehirnnerven-Krankheit.

11. Zeichen, welche die Bedeutung für Jrrsinn verstärken.

12. Gefahr für Augenlicht. A. Blauer Punkt in der Kopflinie bedeutet Nervenfieber, Kreuz in der Kopflinie: Verletzung der Augen.

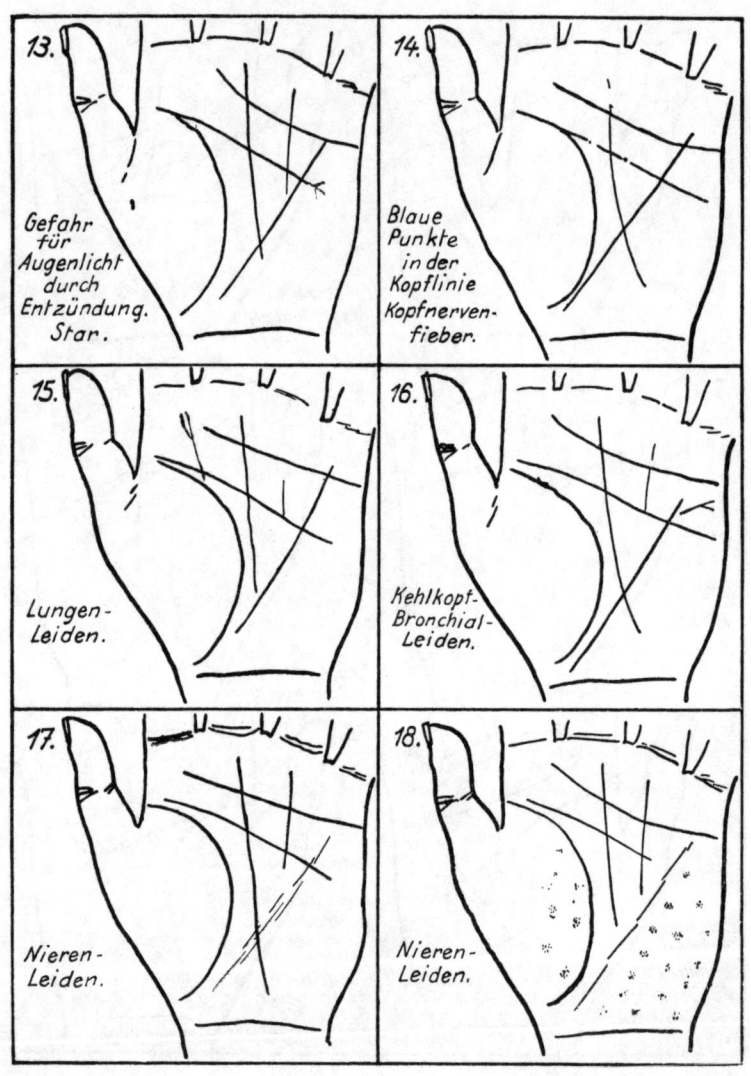

13. Gefahr für Augenlicht durch Entzündung. Star.

14. Blaue Punkte in der Kopflinie Kopfnervenfieber.

15. Lungen-Leiden.

16. Kehlkopf-Bronchial-Leiden.

17. Nieren-Leiden.

18. Nieren-Leiden.

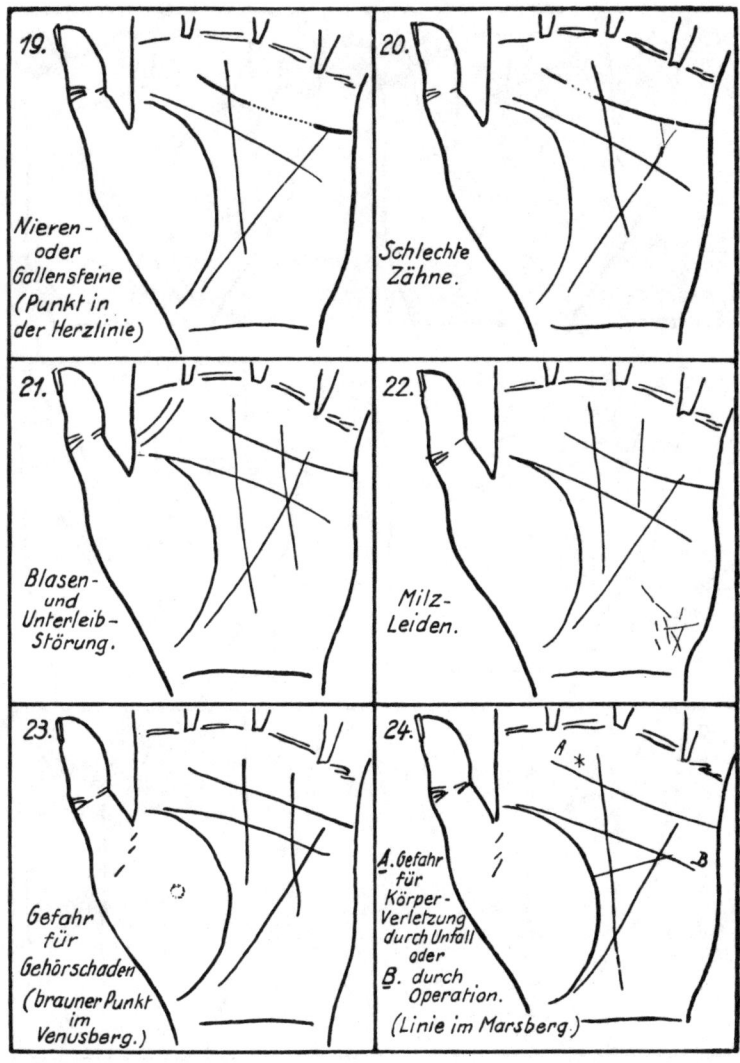

19. Nieren-
oder
Gallensteine
(Punkt in
der Herzlinie)

20. Schlechte
Zähne.

21. Blasen-
und
Unterleib-
Störung.

22. Milz-
Leiden.

23. Gefahr
für
Gehörschaden
(brauner Punkt
im
Venusberg.)

24. A. Gefahr
für
Körper-
Verletzung
durch Unfall
oder
B. durch
Operation.
(Linie im Marsberg.)

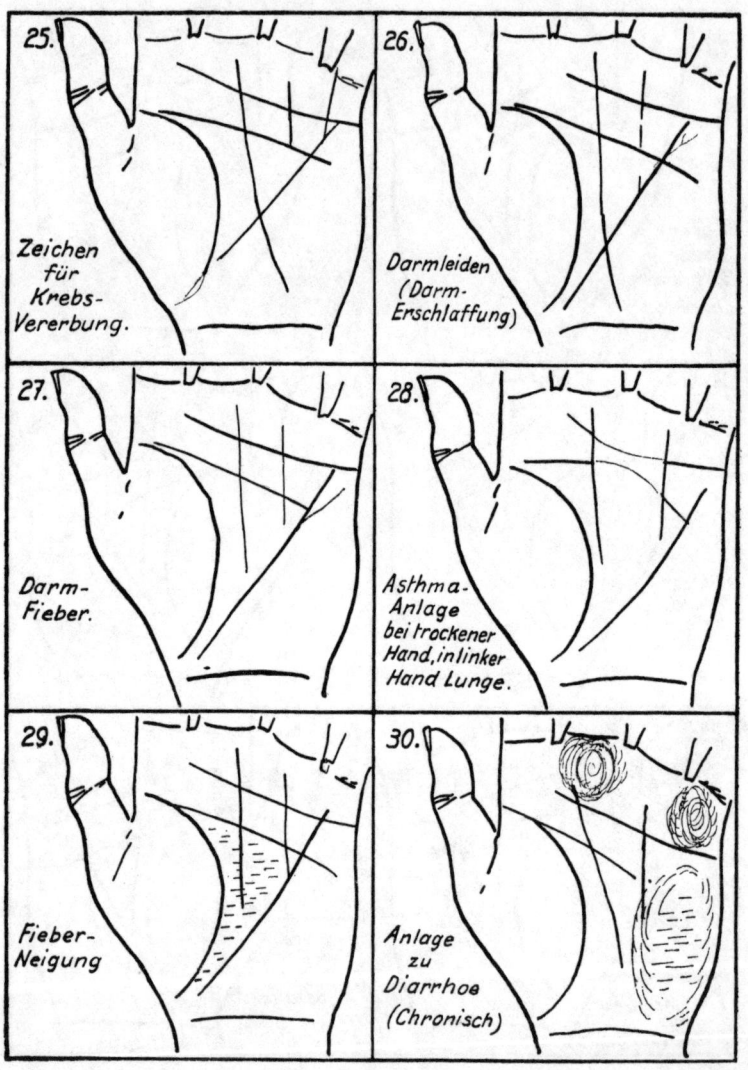

25. Zeichen für Krebs-Vererbung.

26. Darmleiden (Darm-Erschlaffung)

27. Darm-Fieber.

28. Asthma-Anlage bei trockener Hand, in linker Hand Lunge.

29. Fieber-Neigung

30. Anlage zu Diarrhoe (Chronisch)

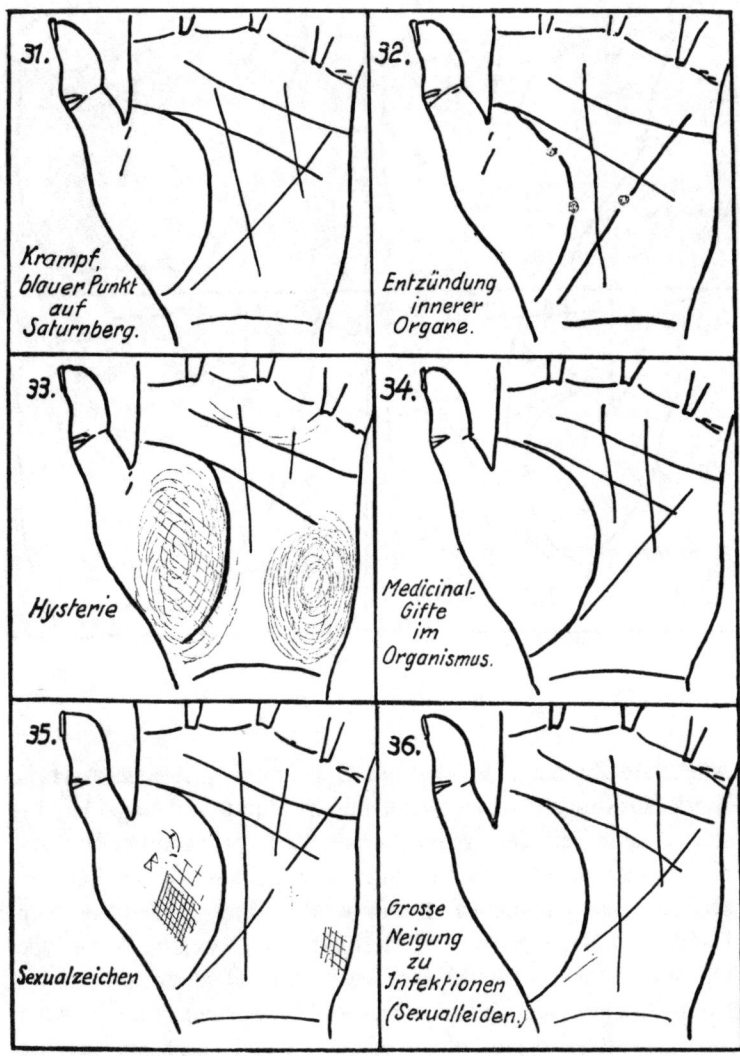

31. Krampf, blauer Punkt auf Saturnberg.

32. Entzündung innerer Organe.

33. Hysterie

34. Medicinal-Gifte im Organismus.

35. Sexualzeichen

36. Grosse Neigung zu Infektionen (Sexualleiden.)

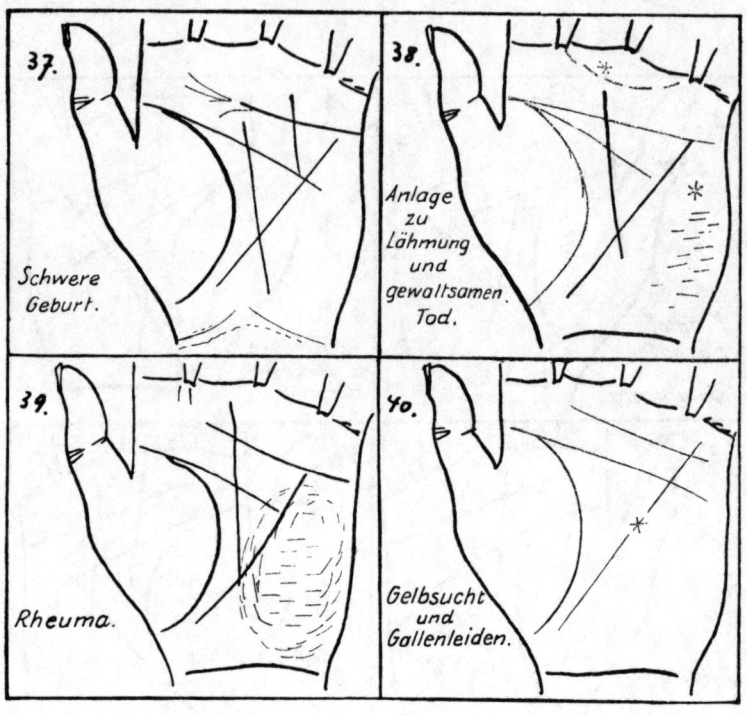

Alle diese Zeichnungen sind mit Genehmigung ISSBERNER-HAL-
DANES aus dessen Werk: ,,Medizinische Hand- und Nageldiagnostik", schon seit der ersten Auflage des vorliegenden Buches,
entnommen worden. Natürlich ist dies nur ein kleiner Teil des
Stoffes, den ISSBERNER-HALDANE in seiner ,,Medizinischen
Hand- und Nageldiagnostik" darbietet, über welche Ärzte, wie
DR. MED. STEINTEL, erstklassige Werturteile abgaben, wonach bis
zu 98 Prozent richtige Diagnosen erzielt werden können. Aber
dazu gehört auch eine entsprechende Übung und eine gewisse
Veranlagung, was schließlich für die meisten Formen, auch die
der rein wissenschaftlichen Diagnostik, gilt. Denn kein Meister
fällt vom Himmel!

Kreuzende kurze Linien senkrecht zur Herzlinie: Herzleiden, bei Frauen schwere Geburten (aber auch Leberleiden!).

Viel senkrechte, kurze Linien: Herzleiden durch Herz- und Leberschwäche.

Ende der Herzlinie unter Jupiter- oder Saturnberg astartig verwirrt. Für Frauen große Geburtsschmerzen. (Auch Halswunden.)

Zerrissene und durchschnittene Herzlinie: Neigung zu langwierigen gefährlichen Fiebern.

Mehrere kurze, senkrechte Linien von der Herzlinie aus abwärtsgehend: Neigung zu bösen, schweren Krankheiten.

Schnitte in einer zerrissenen Herzlinie: Große Geburtsschmerzen oder lebensgefährliche Entbindung.

Ein Punkt auf der Herzlinie: Neigung zu Gemütsleiden.

Blauer Punkt in der Herzlinie: Neigung zu Herzschlag oder Herzkrampf.

Kettige und unterbrochene Herzlinie: Organische Herzstörung, namentlich dann, wenn in den Unterbrechungsstellen kurze senkrechte Linien sich zeigen.

Außerordentlich breite Herzlinie: Gefahr wegen Schlagfluß.

Bleifarbene oder gelbe Herzlinie: Leberstörungen.

Senkrechte, zahlreiche, parallele Linien, von der Herzlinie abwärtsgehend, fast die Kopflinie berührend: Herzerweiterung.

Ring in der Herzlinie: Herzschwäche.

Eine Insel unter dem Apolloberg in der Herzlinie: Gefahr für das Augenlicht.

Magen- oder Leberlinie (Hepatica)

Beginn am Ende der Lebenslinie (oder am Berührungspunkt der Daumenbasis mit dem Handgelenk). Verläuft gegen die Basis des kleinen Fingers (Merkurberg) zu, daher auch Merkurlinie genannt. Diese Linie steht zweifellos mit dem Magen und der Leber in Verbindung, weshalb sie „Gesundheitslinie" heißt.

ISSBERNER-HALDANE sagt: „Während die Lebenslinie die Zufuhr, Umwandlung und Arbeit der Lebenskraft darstellt, läßt die Magenlinie die Ökonomie und den Verbrauch der Lebenskraft erkennen. Somit auch: Die Gesundheit und Störungen der Verdauungsorgane, Magen, Leber, Galle, Nieren." „Die Magenlinie muß entweder sehr gut gezeichnet und gerade verlaufen oder gar nicht vorhanden sein (was kein Fehler ist), dann ist gesunde Verdauung vorhanden, andernfalls ist die Verdauung immer mehr oder weniger gestört."

Die Lebenslinie, Magenlinie und Kopflinie bilden ein Dreieck, das „große" Dreieck (Triangel). Ist dieses Dreieck groß in der Fläche, sind alle drei Hauptlinien gut und klar gezeichnet, so läßt dies auf gute Gesundheit im allgemeinen schließen.

Hingegen gibt das „kleine" Dreieck, gebildet durch Magen-, Kopf-, und Schicksalslinie, nur Aufschluß über die geistige Veranlagung der Handeigner. Ein geistiger Arbeiter, der sich in tiefe Probleme versenken will, sollte ein gutes „kleines Dreieck" haben. Nachstehend die diagnostische Bedeutung der Magenlinie nach ISSBERNER-HALDANE:

Gute Magenlinie, jedoch schwache Lebenslinie: Schwächere Gesundheit, aber Zähigkeit und gute Verdauung.

Fehlende Magenlinie: Robuste Gesundheit, materielles Denken.

Doppelte Magenlinie: Gesunde, starke Natur, mit idealem Denken gepaart.

Doppelte Magenlinie und Venusgürtel: Zähigkeit, große produktive und eventuell krankhafte Sinnlichkeit. (Krankhaft, wenn sich die Finger nach außen biegen.)

Rote Magenlinie und starke Fingernägel: Nervenschwäche, Herzaffektion.

Durchschnitte der Magenlinie: Krankheiten der Nieren, Leber, Galle oder Magen.

Brüche in der Linie: Gestörte Gesundheit; in linker Hand zeigt sich dies zuerst, auch rasche Krankheiten und Unfälle. (Nach OTTINGER: Schwere Verdauungsstörungen.)

Zerrissen: Gestörte Verdauung durch Leberfunktionsstörungen und Stuhlverstopfung.

Dünn und krumm: Verdauungsorgane sind schwächlich und empfindlich.

Gebrochene und dunkle Färbung: Gestörte Gallentätigkeit, schlechtes Blut, daher Neigung zu Heftigkeit.

Entspringt die Magenlinie aus der Lebenslinie: Neigung zu Herzschwäche, daher ungünstig.

Dunkel am Anfang: Schwaches Herz (siehe Nägel).

Dunkel und dünn in der Mitte: Neigung zu Fieber.

Dunkel nur oben: Neigung zu Kopfschmerz (siehe Kopflinie).

Dick und blau: Krankheit im Alter, Arterienverkalkung.

Entspringt die Magenlinie aus dem Mondberg: Milzleiden und Hypochondrie.

Gewunden: Neigung zu Krämpfen und Epilepsie.

Ende reicht bis in den Merkurberg: Hohes Alter.

Ende rückwärts gebogen: Warnt vor plötzlichem Tod.

Blasse Magenlinie: Neigung zu Darm- und Magenleiden.

Endet in der Herzlinie: Herzleiden.

Endet in der Kopflinie: Schlechtes Gedächtnis und Neigung zur Überreizung der Kopfnerven.

Haarlinien in der Magenlinie: Kleine Störungen, Kopf- oder Zahnschmerz.

Schlechter (abwärts gekehrter) Zweig gegen den Mondberg: Neigung zu Wechselfiebern, Nervenleiden, Anämie und Blut- und Lymphkrankheiten, eventuell auch krankhaftem Somnambulismus.

Die Magenlinie steht zu psychischen Fähigkeiten in enger Beziehung. Eine schöne, reine und lange Magenlinie bedeutet nach OTTINGER: Mediale Veranlagung, Träumerei, religiöses und feines Empfinden. Manche Chiromanten nennen daher auch die Magenlinie: Linie der Medialität.

Deformierter Zweig in dem Apolloberg: Kopf- und Gehirnleiden. Neigung zu Fieber.

Guter Zweig nach Apolloberg: Heilmagnetische Veranlagung, sehr günstig zur Ausübung der Heilkunde durch Naturmittel, Magnetismus usw.

Rote Punkte auf diesem Zweig: Neigung zu Blutvergiftung.

Schwarze Punkte auf diesem Aste: Ansteckende Krankheiten, Scharlach usw.

Deformierter Ast im Saturnberg: Neigung zu Lähmungen und Rheumatismus.

Rote Punkte auf diesem Ast: Entzündungen.

Dunkle Punkte auf diesem Ast: Leiden des Gemütes, Schwermut usw.

Ein mißgebildeter Ast im Marsberg: Neigung zu hitzigen, fieberischen Krankheiten. Darmschwäche.

Mißgebildet ist ein Ast dann, wenn er stark gekrümmt oder geschlängelt und unterbrochen ist.

Rote Punkte auf diesem Ast: Wunden, eventuell Operationen.

Schwarze Punkte in dieser Linie: Darmfieber, Dysenterie, Ruhr.

Ein Ast auf den Venusberg: Neigung zu Blut-, Frauen- und Sexualkrankheiten.

Rote Punkte auf diesem Aste: Geschlechtskrankheiten.

Dunkle Punkte auf diesem Aste: Unterleibsentzündung, Kindbettfieber.

Kettenartige Magenlinie: Schwache Konstitution; solche Menschen sind immer kränklicher Natur.

Geschnitten von kleinen Linien aus dem Marsfeld: Gefahr von Körperverletzungen.

Inselbildung am Anfang der Magenlinie: Okkulte Neigungen, aber auch Warnung vor Krankheiten durch Überanstrengung bei spiritistischen Sitzungen und okkulten Experimenten (z. B. zu anstrengende Rutengängerei).

Dreieck in der Magenlinie: Zeigt heilmagnetische Kräfte an.

Beachte (und dies gilt natürlich für alle Linien und Zeichen der Hand): Es ist durchaus nicht der Fall, daß man eine Krankheit, ein Leiden, wie oben angegeben, auch zu gleicher Zeit fühlt oder fühlen muß.

Fast alle Krankheiten zeigen sich vorher durch Zeichen an, solange sie noch geistig im Entstehen sind. Fühlen wir sie, so ist die Krankheit bereits plaziert im Organismus vorhanden. Darin besteht ja gerade der große Wert der richtig betriebenen okkulten Diagnostik, daß sie uns die mentalen und astralen Neigungen und Veranlagungen zu vielerlei Krankheiten verrät, und so Frühdiagnosen ermöglicht, die durch die gewöhnliche ärztliche Diagnostik kaum möglich sind.

Venusgürtel

Derselbe umschließt bogenförmig den Saturn- und Apolloberg. Doppelter und namentlich dreifacher Venusgürtel: Ein Zeichen für Hysterie und sexuelle Laster.

Öfters unterbrochen: Schlimmste sinnliche Veranlagung. (Dies gilt bereits bei einfachem Venusgürtel.)

Durchschnitten von kleinen senkrechten Linien: Hysterie auf erotischer Basis, namentlich dann, wenn der Venus- und Mondberg zu stark entwickelt ist.

Ein Stern im Venusgürtel (namentlich wenn dieser verdoppelt oder verdreifacht ist): Eine venerische Krankheit, von welcher der Handeigner nur schwer zu heilen ist.

Venusgürtel, ununterbrochen: Starker Geschlechtstrieb.

Neptunlinie (Chephalic, Via Lasciva)

Diese entspringt aus der Lebenslinie oder im Venusberg (welch letzteres ungünstiger ist) und strebt dem Mondberg zu.

Ich halte es für ein besonderes Verdienst ISSBERNER-HALDANES, die diagnostische Bedeutung dieser Linie geklärt zu haben. Er sagt:

„Sie gibt Neigung zu Genüssen schädlicher Art, Liebe zu narkotischen und nebelhaften Dingen (Tabak, Haschisch, Opium, Morphium, Kokain, Parfüm usw.). Am Ausdruck der Linie erkennt man, wieviel von solchen Giften schon im Organismus enthalten sind. Auch zeigt sich derselbe Ausdruck, wenn das Impfgift den Organismus schädigte oder sonst Arzneigifte im Körper lagern und denselben schädigen." (Was auch in der Iris erkennbar ist.)

Wir Okkultisten und Außenseiter der Medizin (sowohl Heilpraktiker als auch homöopathische und Reformärzte) stehen nach wie vor auf dem gleichen Standpunkt wie PASTOR FELKE und LILJEQUIST, daß es viele und schwere Impfschädigungen gibt, die sich besonders deutlich durch die Augendiagnose erkennen las-

sen, vielleicht besser als durch die Handlesekunst! Dr. med.
Walther Kröner, Charlottenburg bei Berlin, sagte in seiner
Broschüre: ,,Die Gesundheitsform des deutschen Volkes" (Verlag der ,,Zeitschrift für Spagyrik", Göppingen in Württemberg,
1933), daß 95 Prozent der Produkte der Impf- und Serummedi-
zin nicht nur überflüssig, sondern sogar schädlich seien. Denn
durch diese Art von ,,Heilkunst" werde die gesunde Konstitution
des Menschen mit ihren biologischen und vitalen Reserven un-
tergraben.

Wenn nun aber mancher einwendet, daß sich bei Diphtherie
und Tetanus die Serumtherapie doch sehr heilsam erwiesen habe,
möchte ich darauf nur erklären, daß man Diphtherie mittels Homöopathie und Lehmbehandlung weitaus besser und gefahrloser
heilen kann als durch ein Serum, und selbst Starrkrampf (Tetanus) hat Pastor Felke mittels Erdbädern, Lehmumschlägen und
homöopathischen Mitteln (bei Wundstarrkrampf z. B. mit Hype-
ricum perforatum D. 4) geheilt.

Wenn gedreht und zerrissen, verrät die Neptunlinie eine ge-
quälte und sogenannte ,,zerrissene" unglückliche Seele; innerliche Unzufriedenheit, was natürlich zu schweren Gemütsleiden,
aber auch zu Neurasthenie, Hysterie usw. führen kann.

Von der Lebenslinie bis hoch in den Mondberg aufsteigend:
Frühes Altern durch Vergiftung des Organismus (Genuß- und
Umweltgifte).

Von der Raszette in den Mondberg aufsteigend: Krankheiten
oder Leiden im Alter, hervorgerufen durch jugendlichen Leicht-
sinn.

Aus dem Venusberg kommend: Arznei- oder Impfgift im Organismus vorhanden.

Zerrissen in viele kleine Linien und Parallelen: Nervosität
oder Hysterie infolge gewaltsam unterdrückter oder anormaler
Leidenschaft.

Uranuslinie

Sie entspringt im unteren Mondberg und verläuft bogenartig
zum Merkurberg oder als gerade Linie wie eine Parallele mit der

110

Magenlinie, wobei letzteres jedoch selten ist. Sie darf mit einer doppelten Magenlinie nicht verwechselt werden!

Eine Insel am Anfang der Linie: Anlage zu Hellsehen oder Hellhören.

Eine offene Insel am Anfang der Linie: Neigung zu Launen, übersteigerte Phantasie.

Eine Insel am Ende der Linie: Neigung zu Schlafwandeln und gefährlichem Somnambulismus.

Raszette oder Armband

So nennt man die Linien, die um die Handwurzel liegen und die Grenze zwischen Hand und Arm markieren.

Sehr richtig bemerkt dazu ISSBERNER-HALDANE, daß es unzuverlässig ist, nach der Zahl der Ringe das Lebensalter, d. h. die Lebensdauer bestimmen zu wollen. (Manche Chiromanten nehmen an, daß ein Ring der Raszette dreißig Lebensjahre bedeute. Ein Mensch, der drei solcher Ringe hat, müßte also 90 Jahre alt werden.) Man kann nur Zahl und Güte der Ringe unter Beachtung der physischen Konstitution und deren Zähigkeit bei der Beurteilung der Lebenskraft in Betracht ziehen.

Drei Ringe, nicht zerrissen stärken eine schwache Lebenslinie.

Schlechte, dünne, schwache Raszette oder solche mit Kettenbildung: Kränkliche Körperkonstitution.

Sehr blasse und breite: Schwäche, Kränklichkeit und Neigung zur Melancholie.

Die erste Raszettlinie nach der Handmitte hochgewölbt ist ein Zeichen für sehr schmerzhafte, eventuell schwere Geburten.

Diagnostische Bedeutung der Handberge

Nächst den Linien der Hand sind auch die sogenannten Handberge mit den darauf befindlichen Zeichen zu diagnostischen und prognostischen Zwecken zu beachten.

Die Berge sind nach ISSBERNER-HALDANE die Sammler oder Akkumulatoren von odischen und astralen Energieströmen (die teils von außen durch die Finger angesaugt werden, teils von innen als ,,Gegenstrom" fließen) und geben diese Ströme an die

Handlinien ab, so daß jede Linie, welche einen Berg berührt, auch von demselben beeinflußt wird.

Was die allgemeinen Eigenschaften der Berge betrifft, können wir hier nur auf jene eingehen, die mit der medizinischen Chiromantie in Verbindung stehen. Da wäre zu bemerken, daß der Venus-Berg dem leidenschaftlichen Temperament entspricht; der Jupiterberg die Kräfte des sanguinischen Temperaments verkörpert und der Saturnberg dem melancholischen Temperament zugeordnet wird. Hingegen ist der Apolloberg das Kraftzentrum für ein sonniges Gemüt und der Merkurberg der Vertreter des nervösen Temperaments. Und wie Mars als Kriegsgott dem feurigen Prinzip entspricht, so auch der Marsberg dem cholerischen Temperament. Der Mond gilt als Repräsentant mystisch-melancholischer Stimmungen und der Mondberg ist demnach das Symbol des phlegmatischen (lymphatischen) Temperaments. Diese Kennzeichen des Einflusses der Handberge auf das Temperament mag für die Auswahl gewisser homöopathischer Mittel nicht unwichtig sein, deshalb führten wir sie hier an.

Interessant ist, daß erfahrene Homöopathen bei ein und derselben Krankheit des öfteren Mittel danach verordnen, ob der Kranke blond- oder dunkelhaarig ist! Das ist vielleicht Ansichtssache, hier kann nur die Praxis überzeugen. Der Erfolg gibt dem Homöopathen unter Umständen doch recht.

Wir gehen nun ganz kurz auf die besonderen Zeichen und deren verschiedene diagnostisch-prognostische Bedeutung auf den Handbergen ein.

Venus-Berg

Ein schwarzer Punkt: Venerische Krankheit.

Brauner Punkt: Neigung zu Gehörstörungen, Gefahr für das Gehör; rechte Hand rechtes Ohr, linke Hand linkes Ohr.

Kreuz oder Gitter: Sexualleiden. (Gitter allein bedeutet Ausschweifung und zu starke, eventuell verdorbene Sinnlichkeit.)

Ring mit Durchmesser: Verletzung, Vorsicht bei geschlechtlicher Beziehung (Ansteckung).

Ring allein (selten): chronisch schlechter Gesundheitszustand.

112

Zarte Kreuze: Wunden am Körper.

Viele feine Linien: Sinnlichkeit verfeinerter Art.

Starke tiefe Linien in schlechter Hand: Tierisch-sinnlich.

Großer Venus- und Mondberg: Hysterie.

Jupiter-Berg

Stark entwickelt: Genußsucht im Essen und Trinken, überhöhter Lebensgenuß mit sich danach als Folge einstellenden Krankheiten! Neigung zu Haarverlust.

Kleine Ästchen von der Beugefalte des Jupiterfingers nach aufwärts (zwischen Berg und Fingerbasis): Neigung zu Leberleiden.

Unterbrochene Linie auf dem Jupiterberg: Hang zu Melancholie.

Zwei parallele Linien (über den Berg nach außen laufend) warnen vor Abtreibung des keimenden Lebens, Fehlgeburten und Unterleibsoperationen bei Frauen.

Feine Kreuzlinien: Gefahr einer Kopfverletzung.

Ein Bäumchen: Neigung zu Schlaganfällen! –

Saturn-Berg

Extrem stark entwickelt: Traurigkeit, Schwermut bis zum Lebensüberdruß und Selbstmord.

Dunkler Punkt, sowie rotes und langes erstes Fingerglied: Neigung zu schlechten Zähnen.

Blauer Punkt: Neigung zu Krämpfen.

Stern: Körperverletzungsgefahr durch Unfall. Kann auch Paralyse und andere unheilbare Krankheiten bedeuten. In beiden Händen, mit anderen schlechten Zeichen, gewaltsamer Tod. (COMTE C. DE SAINT GERMAIN.)

Feines Kreuz: Brustwunde.

Stern in Mitte eines doppelten Venusgürtels auf dem Saturnberg: Schwere, venerische Krankheit, die unter Umständen tödliche Folgen haben kann.

Gitter: Starke Melancholie.

Horizontaler Ast mit kleinen Zweigen (zwischen Berg und Finger): Neigung zu Epilepsie.

Apolloberg

Roter Punkt und Ende der Kopflinie zweigartig: Augenkrankheiten.

Enge Gitter: warnen vor Nervenleiden und Gehirnstörungen.

Feines Kreuz: Armwunden.

Schlechtgeformter Ring in der Nähe der Herzlinie und einer schwächlichen, geschlängelten Sonnenlinie, die durch den Ring geht: Gefährdetes Augenlicht.

Merkur-Berg

Dunkler Punkt: Krankheit.

Ring: Nervenleiden, evtl. nervöser Zusammenbruch.

Mehrere kleine Kreuze: Unnatürliche Laster. Plötzlicher Tod durch Gift.

Feine Kreuzlinien: Wunden an den Beinen.

Mars-Berg

Linie von Lebenslinie oder Venusberg bis in den Marsberg: Operation oder andere Verletzung des Körpers durch Metalle.

Linie von Kopflinie bis in Marsberg: Verletzung oder Operation am Kopfe.

Linie mit Stern in Venus- oder Marsberg: Jede Verletzung oder Operation ist mit großen Gefahren verbunden.

Ring (selten) kann Verletzung des Auges bedeuten, ist somit ein schlechtes Omen.

Gitter, welches sich bis in den halben Mondberg erstreckt: Darmleiden oder Magenkatarrh.

Dunkler Punkt warnt vor Krankheit der Därme.

Roter Punkt: Warnung vor Verwundung und Wundfieber.

Mond-Berg

Extrem stark: Neigung zu verdorbenen Körpersäften und Rheumatismen.

Dunkler Punkt warnt vor Krankheiten der Lymphe und Verdauungsorgane.

Viele kleine rote Flecken: Krankhafte, irregeleitete Phantasie,

114

perverse Neigungen usw., die aber nicht immer zu praktischer Betätigung ausarten müssen.

Kreuz: Melancholie.

Kreuz an der Kopflinie oder Zweig derselben im Mondberg: Gefahr wegen Kopf- oder Gehirnnervenkrankheit.

Stern am Ende der Kopflinie im Mondberg: Irrsinn, oft mit Selbstmord (Tod durch Ertrinken) verbunden.

Stern unten am Mondberg: Fallsucht (Epilepsie), wenn auch noch andere Zeichen dafür sprechen.

Gitter: Verdorbene Phantasie, Laune, krankhafte Neigungen; wenn dazu noch Venusgürtel vorhanden: Hysterie; diese verstärkt, wenn Venusgürtel zerrissen oder gebrochen und kettige Kopflinie vorhanden ist.

Viele kleine Linien, die senkrecht zur Längsachse der Hand stehen: Rheumatismus, Anlage zu Lähmungen, Leberleiden, wenn sehr weit unten, nahe zur Handwurzel: auch Milzleiden. Gesellt sich am oberen Teil des Mondberges ein Stern dazu: dann gewaltsamer Tod.

Nächst den Handlinien und Handbergen kann man noch aus Form und Beschaffenheit der Nägel wichtige diagnostische Schlüsse ziehen und dies führt uns zur

Diagnose aus den Nägeln

Dieselbe gewinnt in neuerer Zeit immer mehr an Beachtung und Bedeutung, selbst in Ärztekreisen, ist aber sicher uralt. Schon HIPPOKRATES hat beobachtet, daß die Lungenschwindsucht eine gewisse charakteristische Verkrümmung der Nägel verursacht und man hat diese krankhafte Form der Nägel seither ,,hippokratische Nägel" genannt. Sie besteht, wie die umstehende Figur zeigt, aus einer eigentümlich kugelförmigen Krümmung der Nägel, die hauptsächlich im Längsschnitt des Nagels auftritt.

Diese Krümmung wird öfter bei Frauen als bei Männern beobachtet und soll besonders häufig zwischen dem 10. und 30. Lebensjahr vorkommen. Auch ist sie mehr bei Blonden und Personen mit zarter Hand, besonders an Daumen und Zeigefinger feststellbar, auch bei Zuckerkranken und Gichtleidenden. Je-

115

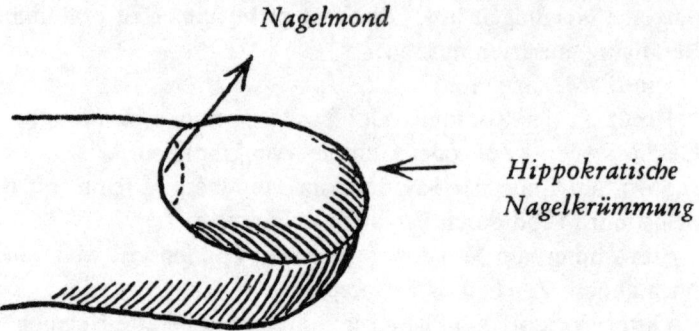

Nagelmond

Hippokratische Nagelkrümmung

doch ist sie in überwiegender Mehrzahl bei Lungenschwindsucht beobachtet worden, und zwar steht die Heftigkeit der Krümmungsbildung im Verhältnis zur Schwere der Krankheit. Lungenkranke mit starker Krümmung der Nägel sind schwerer zu heilen, wie solche, deren Nägel nur schwach gekrümmt sind.

Außer HIPPOKRATES soll 1698 ein „Kurpfuscher" BLUMENSTOCK aus den Nägeln Diagnosen gestellt haben. Auch LEON PARISOT z. B. vergleicht die Nägel mit Spiegeln, in welchen sich die Ernährungsstörungen zeigen, die durch Krankheiten und Fieber verursacht wurden. In neuerer Zeit hat DR. HELLER die Aufmerksamkeit seiner Fachgenossen auf die pathognomischen Nagelveränderungen gelenkt.

Nach DR. HELLER ist der Nagelbefund allein nicht maßgebend für die richtige Diagnose, kann aber diese wesentlich erleichtern und sichern.

Man kann in der Tat ziemlich viel in bezug auf Krankheiten und deren Anzeichen schon aus den Nägeln erkennen. Viele moderne Ärzte wissen dies und benutzen die Nageldiagnose – wie ISSBERNER-HALDANE sagt – zwar unauffällig und scheinbar nebensächlich und wollen dies nicht zugeben, da sie zu lange als „Kurpfuschertum" verteufelt wurde. Erst wenn wissenschaftlich anerkannt ein Buch über Diagnosen aus den Zeichen der Hand und Nägel geschrieben sein wird, dann ist die Sache sozusagen hof- oder richtiger gesagt, universitätsfähig geworden. Das wird

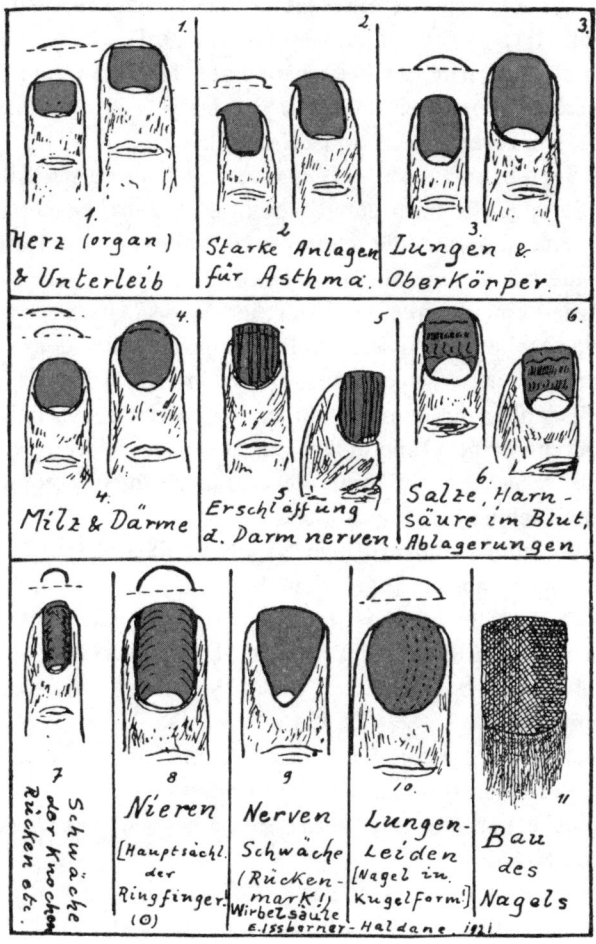

Figur 5

117

dann wohl ein wenig zu spät kommen, denn ISSBERNER-HALDANE hat in seiner „Wissenschaftlichen Handlesekunst" bereits die Nageldiagnose in ihren Grundzügen festgestellt und überdies eine farbige Tafel „Nageldiagnose" herausgegeben.

Es folgt auszugsweise die Nageldiagnose nach den Feststellungen von OTTINGER, ISSBERNER-HALDANE und DR. MED. PRAGER.

Nagelverlust tritt ein bei allgemeinen Hautkrankheiten und Hautverletzungen wie infolge von Syphilis, Scharlach, Schuppenflechte, Zuckerkrankheit und Frostbeulen.

Die Syphilis ruft – wie DR. PRAGER sagt – die verschiedensten Veränderungen je nach dem Stadium der Krankheit hervor. Es ist dies eine Tatsache, die schon vor 200 Jahren bekannt war. Oft fallen die Nägel ganz ab, in anderen Fällen entwickelt sich am Nagelglied ein Schankergeschwür, im Ausschlagsstadium bildet sich eine Stelle von Linsen- bis Bohnengröße unter dem normalen transparenten Nagel, die anfangs intensiv rot gefärbt ist, schließlich aber mit dem Schwinden des rhythmischen Infiltrates gelb durchscheint. Ohne daß es zur normalen Eiterung kommt, wird der Nagel an der Stelle der zirkumskripten Veränderung dünn und schließlich abgestoßen.

Kleine, dünne und brüchige Nägel mit schmutziger Färbung sind das Merkmal für angeborene Syphilis.

Schwarzfärbung der Nägel: Verstopfung der Blutgefäße, Quecksilberbelastung, bei Brand infolge Zuckerkrankheit, bei Thrombose und bei Arbeitern, die mit salpetersaurem Quecksilber hantieren.

Blaue Färbung: Folge von Störungen im kleinen Kreislauf, bei Herzfehlern, Herzkrankheiten und Cholera.

Bläuliche Färbung zeigt sich (vorübergehend) bei Ohnmachten oder Kräfteverfall.

Totale Gelbfärbung: Gelbsucht, Gallenleiden.

Fleckige Gelbfärbung: Gehirnstörung oder -krankheit.

Grüne Färbung: Eiteransammlung im Blute, den Muskeln usw.

Braune Nägel finden wir bei der Bronze-(Addison'sche Krankheit) und Silberkrankheit.

Braunschwarze Nägel nach Quecksilberkuren und Schwefel-
bädern.

Hellblaue Nägel: Blutarmut und Nervosität.

Blutungen unter dem Nagel: Bei Verletzungen, Skorbut, Rük-
kenmarkschwindsucht und Schlaganfällen.

Blaurote Färbung: Bei Gefäßgeschwulst des Nagelbettes.

Blauschwarze Nägel bedeuten Blutungen unter dem Nagel-
bett.

Nächst der Farbe der Nägel spielen auch die sogenannten Nagelmonde eine wichtige Rolle bei der Nageldiagnose.

Große, gute Nagelmonde: Gute Blutzirkulation, starke Lebenskraft.

Zu große Nagelmonde: Neigung zu Herzschlag.

Kleine und verschwundene Nagelmonde: Schwache Blutzirkulation. Sichere Zeichen für nervöse Herzschwäche, Neurose. Findet sich auch bei Personen, die zu viel Lebenskraft verausgabt
haben, sei es durch Exzesse, sei es durch geistige Anstrengungen.
Dazu bemerkt ISSBERNER-HALDANE, daß viele Menschen glauben, die Monde verschwinden, weil man die Nagelhaut nicht zu-
rückgeschoben habe. Sind die Monde fort, so werden die Betreffenden bemerken, daß sich dieselben nicht wieder erholen, selbst
wenn sie die Haut einen Zentimeter zurückschieben. Sie sind
eben verschwunden, während eine nervöse Herzschwäche vorhanden ist.

Wir gehen nun zur Bedeutung der Nagelformen über. Der
normale Nagel ist hart, wohlproportioniert, nicht spröde, von
rosaroter Färbung und mit einem gut ausgebildeten Nagelmond
versehen; solch ein Nagel zeigt Gesundheit, Frische und Lebenskraft an.

Länglich geformte Nägel besagen immer nie so starke Gesundheit wie kurz und breit gewachsene.

Personen mit sehr länglich geformten Nägeln neigen mehr zu
Lungen-, Brust- und Kopfkrankheiten.

Personen mit kurzgewachsenen Nägeln neigen mehr zu Herz-,
Kehlkopf- und Krankheiten des Unterleibes.

Lange, schmale und dünne Nägel: Schwäche des Rückgrates.

Lange und breite Nägel: Empfindlichkeit der Lungen und des Kehlkopfes.

Kurze und breite Nägel: Neigung zu Kopfkrankheiten.

Dünne, sehr schmale Nägel: Mangel an Lebenskraft.

Flache, im Fleisch eingebettete Nägel: Neigung zu Gehirnkrankheiten.

Kurze und gebogene Nägel: Neigung zu Asthma, Kehlkopf-, Bronchial- und Luftröhrenerkrankung.

Nägel in Halbkugelform (Hippokratische Nägel), jedoch mit großer Fläche: Schwindsucht.

Nägel klein, gewölbt: Harnsäure, Milz- und Darmleiden.

Nägel zerbissen: Unterleibsstörungen, ebenso wenn Neigung zum Einreißen der Nägel besteht.

Nägel, kurz, dünn und flach: Herzdefekt.

Nägel ins Fleisch gewachsen: Nervenkrankheit.

Nägel an den Seiten aufwärts gebogen: Anzeichen für Lähmung.

Nägel lang, bläulich, an der Spitze weiß: Schlechte Blutzirkulation durch Krankheit oder schwache Nerven.

Nägel lang, schmal, dünn und hochgewölbt: Schwäche des Rückgrates.

Flecken auf den Nägeln, sogenannte Glückszeichen (weiße Flecken) werden als „Zeichen" zu hoch bewertet und verschieden ausgelegt. ISSBERNER-HALDANE hat gefunden, daß denselben nur eine Bedeutung zukommt: Ausscheidung von Fremdstoffen aus dem Körper.

Englische Ärzte wollen die Beobachtung gemacht haben, daß zahlreiche weiße Flecken auf den Nägeln Blutarmut und schlechte Blutzirkulation anzeigen.

Schwarze Flecken und Punkte sind Anzeichen und Warnung vor zukünftigen Krankheiten; sie begleiten, nach COMTE C. DE SAINT-GERMAIN, Blutvergiftung und Fälle von Cholera, gelbem Fieber, typhösen Fiebern, Diphtheritis und Pocken.

Bekanntlich wächst jeder Nagel von der Wurzel bis zur Spitze in etwa 3 Monaten, ist also dauernden Veränderungen unterworfen. Es ist daher nicht verwunderlich, wenn Stoffwechsel und

Krankheiten des Körpers sich im Nagel spiegeln. So bedeuten weiche und matte Nägel eine schlechte Gesundheit und Willensschwäche.

Querrillen oder sogenannte BEAU'sche Linien: Harnsäure usw. im Blut, Stoffwechselstörung. Treten diese Linien nur vorübergehend auf, so zeigen sich nach OTTINGER Störungen in den Nervenzentren. Sind sie aber dauernd sichtbar, so zeigt dies Entartung gewisser Nervensammelpunkte an. DR. PRAGER schreibt hierüber: ,,Die Querfurchen sind rißartige, mehr oder minder tiefe, stets quer über den Nagel, d. h. also senkrecht auf die Längsachse des Fingers verlaufende Furchen (siehe Abbildung). Sie treten bei Gesunden wie auch bei Kranken auf und sind zuerst von BEAU beschrieben worden. Dieselben sind ein Symptom akuter Krankheiten, welche eine Ernährungsstörung des Körpers mit sich bringen, an allen Nägeln beobachtbar; besonders am Daumen, dann am Mittel-, Zeige-, Ring- und kleinen Finger. An diesen Stellen machen sich die Querfurchen 30–40 Tage nach dem Beginn der Krankheit unter dem hinteren Nagelwall bemerkbar und erreichen, etwa nach einem halben Jahre, den freien Nagelrand, um dann durch das Abschneiden dieses unsichtbar zu werden".

Beausche Linien   *Längsleisten*

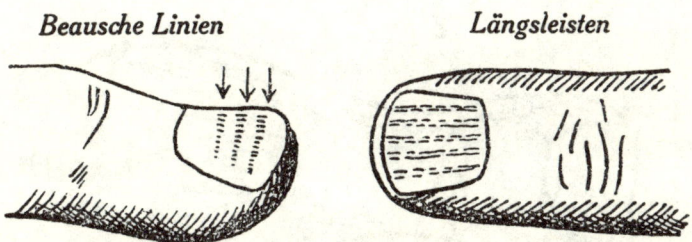

Querfurchen finden wir bei Typhus, gastrischen Störungen, Gelbsucht, Lungen-, Hoden-, Mandelentzündung, Rose, Scharlach, Masern, Influenza (Grippe), Gicht, Verletzungen, Rheumatismus, geistiger Überanstrengung.

Die Längsleisten sind jedoch für das Alter, für starke Kopfarbeit, ferner für Ekzem charakteristisch. Längsleisten zeigen sich

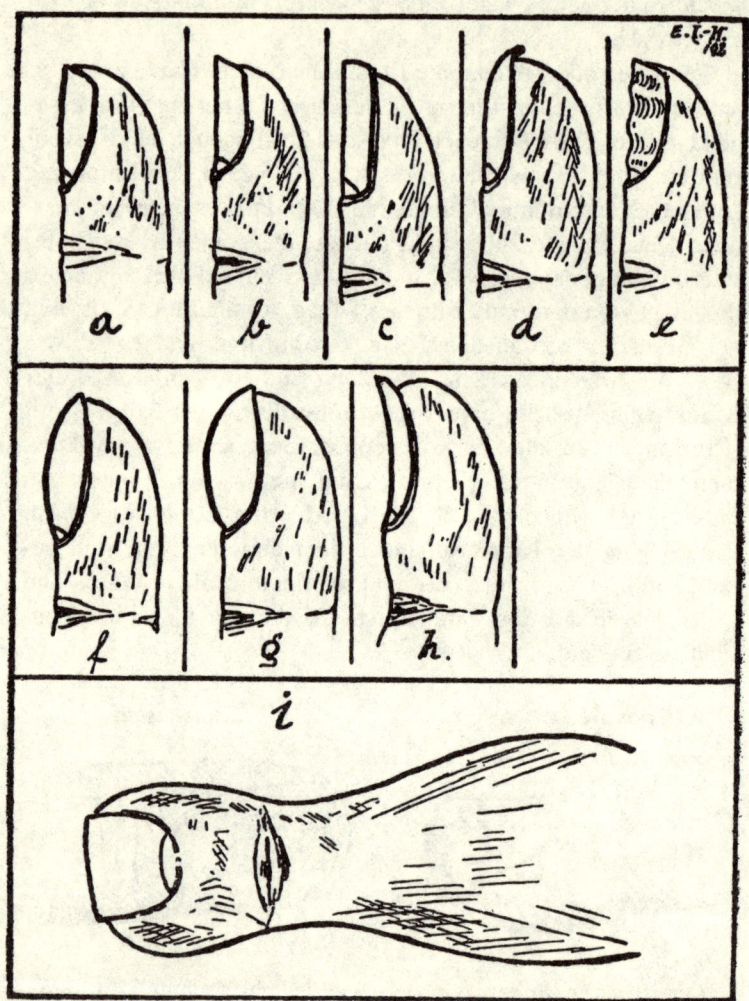

Figur 6

a) normaler gesunder Nagel,
b) der Seitenrand, teilweise sichtbar, noch nicht festgestellt, was es bedeutet
c) schmal, lang, hoch (länger und schmäler als der Nierennagel) Krebsanlage,
d) Asthmaanlagen,

auch bei Stoffwechselkrankheiten wie Gicht und Zuckerharnruhr (Diabetes mellitus).

Nagelschwund, schlechter Ernährungszustand des Nagels, tritt nur bei sehr schweren Ernährungsstörungen des Gesamtorganismus infolge von zehrenden Krankheiten auf.

Wohl zu unterscheiden von diesen Zeichen an den Nägeln sind jedoch die speziellen Nagelerkrankungen: diese sind meist nur ein Symptom von Hautleiden, deren Ursache in Hautpilzen, wie dem Trichophyton, besteht, Nagelekzeme und Nagelgeschwüre (Wurm) usw. Davon wohl zu unterscheiden sind syphilitische Geschwüre des Nagels.

Zum Schluß noch eine kurze Beschreibung der Veränderung der Nägel, wobei alle Nagelsymptome, die mit der betreffenden Krankheit in Verbindung stehen, in ihrer Gesamtheit angegeben werden.

Schuppenflechte; bei dieser zeigt sich eine besondere Punktbildung auf den Nägeln, es treten rote Pünktchen auf, die schließlich stecknadelgroße Grübchen hinterlassen, so daß der Nagel das Aussehen der fazettierten Oberfläche eines Fingerhutes erhält.

Scharlach erzeugt Querfurchen, die sich allmählich erneuern.

Die sogenannte ,,Englische Krankheit" (Rachitis) zeigt sich durch weniger dicke Finger, kürzere Nagellänge im Vergleich zu den anderen Fingergliedern, kleine Nägel besonders in deren Vorderteilen. Von Wichtigkeit ist die Proportion der Nagellänge zur Nagelbreite; je größer die Nagellänge im Verhältnis zur Nagelbreite ist, desto schwerer ist die Krankheit.

e) Harnsäure und deren Salze, Ausscheidungen und Zeichen, daß solche stark im Körper lagern,

f) neigt zu Stoffwechselstörungen, Lungenleiden, eventuell Zucker. Ist der Jupiterfinger allein mit solchem Nagel versehen, so besagt dies väterlicherseits vererbte Asthmaanlage,

g) Tuberkulose, Lungenleiden,

h) besagt, daß ein Vorfahre Säuferwahnsinn hatte und hiervon ein Folgeleiden vererbt wurde,

i) neigt zu Tobsuchtsanfällen, da starke Brutalität vorhanden.

Rückenmarkschwindsucht (Tabes) ist öfters – aber nicht immer – von Nagelabfall, besonders an den Zehen, begleitet. Doch wachsen dann die Nägel wieder nach. Ferner kann man bei dieser Krankheit Verdickung, Härte und Sprödigkeit der Fußnägel, auch Quer- und Längsfurchen derselben beobachten.

Geisteskranke haben gekrümmte, verdickte Nägel von gelblich-brauner Farbe, Querfurchen auf den Daumen. Sind die Daumen im Nagelgliede keulenförmig verdickt, so ist Tobsucht zu befürchten.

Herzfehler zeigen neben Blaufärbung und hippokratischer Krümmung noch eine Form der Finger, welche an Trommelschlegel erinnert.

Zuckerkrankheit bedingt Nagelabfall, im vorgeschrittenen Stadium Brand der Zehennägel, Bleichsucht, d. h. eine Blässe aller Nägel, die totenbleich aussehen.

Vergiftungen zeigen sich auch charakteristisch an den Nägeln. Es wurde bereits die

Quecksilbervergiftung erwähnt, die Abfall der Fingernägel hervorruft, wenn diese dann nachwachsen, sind sie verdickt. Graufärbung ist eine Folge der Sublimatkur, Schwarzfärbung entsteht beim Arbeiten mit salpetersaurem Quecksilber.

Höllenstein läßt die Nägel schiefergrau, bläulich-violett erscheinen. Blei macht brüchige Nägel; Anilin dunkelblaue.

Arsen: Die Nägel sind nur am Nagelbettgrunde normal, weiter oben sind sie weißlich, brüchig, an der Spitze papierdünn und abgeplattet. Oft erfolgt Nagelabfall; Querfurchen und weiße Querlinien werden sichtbar.

Vor einer Irreführung hat sich der Nageldiagnostiker zu hüten: Eine Gelbfärbung der Fingernägel tritt auch bei starken Zigarettenrauchern auf.

Schließlich müssen wir noch die Hand als Ganzes betrachten und diagnostisch werten. DR. MED. SCHRENK-NOTZING schreibt in seiner Broschüre: ,,Handlesekunst und Wissenschaft" darüber wie folgt:

,,Krankhafte Abweichungen von der Norm, Ernährungsstörungen, Mißbildungen – überhaupt die ganze Pathologie der

Hand in anatomischer und funktioneller Beziehung können wichtige Stigmata für die chirognomische Diagnostik bieten. Cyanotische bläuliche Verfärbung der Hand, Gelenkschwellungen, Knochenauftreibungen, Wachstumsstörungen und Deformationen der Nägel etc. lassen Rückschlüsse zu auf bestimmte Erkrankungen, wie Gicht, Gelenkrheumatismus, Rachitis, Anämie. Auch die Funktionsstörungen der Muskeln gehören hierher, wie z. B. Zittern, Lähmungen, Krampfzustände (Akinese) und Hyperkinese, Ataxie, Kontrakturen, Schreibkrampf etc.). Pathogene Symptome dieser Art sind klinisch-diagnostisch wertvoll und können zu weitgehenden Rückschlüssen über den gesamten psychischen Habitus der betreffenden Person Veranlassung geben, ganz abgesehen von speziellen Erkrankungsformen (wie z. B. bei Hysterie und sonstigen Neurosen, Erschöpfungszuständen, Ernährungsstörungen, Geisteskrankheiten etc.)."

Besonders wertvoll ist die obengenannte Arbeit SCHRENK-NOTZINGS deshalb, weil sie auch eine Statistik der Sicherheit von Diagnosen aus der Hand gibt. Nachfolgend werden zwei Tabellen daraus zum Abdruck gebracht, wobei es sich durchweg um Leistungen weiblicher Handleserinnen (Wahrsagerinnen) handelt, von welchen wohl nicht alle die Handlesekunst im wissenschaftlichen Sinne betrieben haben mögen. Auch gibt sein Gewährsmann N. VASCHIDE* (der das Material sammelte) zu, daß bei diesen Handleserinnen die Intuition eine große Rolle spielt, mit anderen Worten: eine gewisse Hellsichtigkeit, welche Bezeichnung von ihm jedoch peinlich vermieden wird.

Das folgende Schema stellt also eine Statistik von schweren in der Vergangenheit überstandenen Krankheiten dar, doch handelt es sich durchweg um im Augenblick der Konsultation gesunde Klienten, die sich wegen anderer Sorgen an die Handleserinnen wandten und sich zu dieser Zeit nicht mit ihrer Vergangenheit beschäftigten. Es wurden hier die Leistungen dreier Handleserinnen statistisch verwertet, die mit A, B und C in der Tabelle bezeichnet sind.

---

* N. VASCHIDE, Essai sur la Psychologie de la main; Paris 1909.

Bezeichnung der überstandenen Krankheiten	Verhältnisziffer der richtigen u. falschen Antworten durch A, B, C			
	A	B	C	Summe
Hautkrankheiten	3/7	3/9	1/5	7/21
Geistige Erkrankungen	3/21	3/9	4/16	10/46
Störungen in den Verdauungsorganen	6/11	8/21	5/10	20/42
Infektionskrankheiten, (Diphtherie, Typhus usw.)	2/20	1/5	2/9	5/34
Gelenkrheumatismus (Gelenkerkrankungen)	19/21	7/15	5/7	31/43
Kehlkopfleiden	2/17	1/15	3/16	6/48
Lebererkrankungen	2/20	2/10	7/16	11/46
Lungenerkrankungen (Tuberkulose usw.)	9/11	9/13	8/9	26/33

Am besten wurden diagnostiziert: Rheumatische und Gelenkerkrankungen, an zweiter Stelle Lungenleiden und an dritter Stelle die Störungen des Ernährungstraktus. Maßgebend für die Diagnose der Handleserinnen waren hauptsächlich bei den Gelenkerkrankungen der Zustand der Hand- und Fingergelenke, sowie Natur und Form der Falten und Furchen auf der Haut. Beschaffenheit der Nägel- und Fingerformen dienten als Anhaltspunkte zur Bestimmung von überstandenen Lungenleiden, die Färbung der Handlinien zur Konstatierung ehemaliger Verdauungsstörungen. Mitunter, aber seltener, gelang es, den Ort der Leidenszustände anzugeben und ebenso die ungefähre Zeit der Erkrankung.

Bei Leiden, die im Augenblick der Konsultation vorhanden waren, erhöhte sich allerdings die Erfolgsziffer beträchtlich. Am leichtesten wurden erkannt: Erkrankungen der Lungen, des Kehlkopfes, sowie die seelischen Rückwirkungen krankhafter Zustände. Die Beobachtungen dieser Art sind in der folgenden Tabelle veranschaulicht.

Gegenwärtig bestehende Krankheitszustände der Versuchspersonen	Verhältnisziffern der richtigen zu den falschen Antworten bei den Handleserinnen A, B, C			
	A	B	C	Summe
Hysterische Symptome	8/10	2/5	–	10/15
Psychische Zustände nach schweren Anfällen	3/4	3/5	2/2	8/11
Epilepsie	5/10	5/6	3/5	13/21
Postepileptische Zustände	3/5	2/5	1/2	6/10
Gichtanfälle	6/9	5/22	4/7	15/28
Tuberkulose der Lunge	12/14	15/15	9/11	36/40
Angstzustände	2/6	3/10	1/5	6/21
Delirien	1/5	4/9	0/2	5/16
Zwangsvorstellungen	0/3	12/15	3/7	15/25
Tuberkulose des Kehlkopfes	1/3	0/2	1/5	2/10
Gallensteine und Koliken	1/9	1/7	0/4	2/20

Bezüglich dieser Tabelle und der Sicherheit von Diagnosen aus der Hand ist ISSBERNER-HALDANE der Ansicht, daß ein erfahrener Handleser weitaus bessere Verhältnisziffern erreichen kann, wenn er die Zeichen der Hand rein wissenschaftlich (ohne Beihilfe von Intuition oder Hellsichtigkeit) abliest.

Nach den Erfahrungen ISSBERNER-HALDANES entstehen die meisten Krankheiten durch mangelhafte Drüsentätigkeit (Leber, Niere), und die aus dieser Basis ermittelten Diagnosen aus der Hand erweisen sich immer als richtig. ISSBERNER-HALDANE will dabei 100 % Treffsicherheit erzielt haben.

ISSBERNER-HALDANE hat nach seinen Angaben nachstehende Krankheiten mit Sicherheit aus der Hand diagnostiziert und dabei (mit Ausnahme von Krebsleiden, Krebsanlage, Krampf und Lähmungen, die er mit 90 % Sicherheit angibt), eine Treffsicherheitsquote von 100 % nach seinen Beobachtungen erreicht. ISSBERNER-HALDANE stellt also aus der Hand fest:

Nervöse Herzleiden (Neurose: sehr leicht, mittel, stark).

Nerven: stark, fein, reizbar.

Verdauungsstörung durch: Leber, Nieren, Darmschwäche, Neigung zu Darmfieber, Milzleiden, Ablagerung von Salzen, Harnsäure, Stoffwechselgiften im Organismus.

Magen-Stoffwechselstörungen.
Organisches Leiden.
Blasenleiden.
Lungenleiden.
Lungenschwäche.
Bronchial- und Kehlkopfleiden.
Krebsleiden.

Fieber.
Rheumatismus.
Zahnfäule (Karies).
Steinleiden.
Schwindel und Fallgefahr.
Epilepsie.
Schwere Geburt.
Gehirnnervenleiden.

Krebsanlage vererbt (aus der Generation des Vaters oder der Mutter).

Gehirnnervenleiden (aus der Generation des Vaters oder der Mutter).

Asthmaanlage, vererbt.

Gefahr für Augenlicht (rechts, links) durch Verletzung, Entzündung.

Gefahr von Körperverletzung durch Unfall, Gift, Operation.

DR. MED. A. FREIHERR VON SCHRENK-NOTZING schreibt in Bezug auf die Diagnose aus der Hand in seiner bereits mehrfach zitierten Schrift „Handlesekunst und Wissenschaft":

„Wie wir gesehen haben, entbehrt die Handlesekunst, besonders wenn man die Chirognomie dazu rechnet, ähnlich wie die Graphologie, nicht einer reellen Unterlage, ja einer wissenschaftlichen Begründung. Auch die Hand kann uns nach Analogie der Psychoanalyse intime Seiten unseres Seelenlebens entschleiern, nicht nur durch die am lebendigen Muskelspiel zum Ausdruck gelangenden psychischen Elemente, sondern auch durch den bleibenden, anatomisch fixierten Niederschlag bestimmter geistiger Qualitäten und gewisser Erlebnisse des Organismus (z. B. von Krankheiten, beruflichen Tätigkeiten etc.). Auch die Hand ist im Laufe der individuellen Entwicklung einer Metamorphose unterworfen. Die Hand des Kindes von sechs Jahren ist eine andere als diejenige einer erwachsenen Person. Die Hand eines Mädchens ist eine andere als dieselbe während des Zustandes der Gravidität. Das veränderliche Netz der Handlinien hat aber eine

128

psychobiologische Bedeutung. Der ganze Mechanismus des Muskelspiels, der Unterschied in der Beweglichkeit der Gelenke, der Ernährungszustand der Haut mit dem darunter liegenden Zellgewebe bestimmen den Charakter und Verlauf der Linien, Furchungen und Falten auf der Hand, welche im Laufe des Lebens konstanten Änderungen unterworfen sind, aber dennoch mit ihren bleibenden Merkzeichen eine Art Gedächtnis für vergangene Erlebnisse darstellen.

Dagegen stellt das Erkennen der Zukunft in irgendeiner Form nach den bisherigen Feststellungen eine offene Frage dar, und es bedürfte neuer umfassender Versuchsreihen, um über dieses schwierige Problem Klarheit zu bekommen. In der Literatur des Okkultismus finden sich, was auch VASCHIDE bemerkt, eine große Zahl zuverläßlicher und genauer Beobachtungen über eingetroffene chiromantische Prophezeiungen, die sich nach den in dieser Arbeit (von Schrenk-Notzing nämlich, d. Verf.) erörterten Prinzipien nicht erklären lassen.

Und trotz aller berechtigten Versuche, die Handlesekunst auf rein psychologische Vorgänge zurückzuführen, muß selbst ein so gediegener Forscher wie VASCHIDE die Mitwirkung einer intuitiven Fähigkeit, wenigstens bei den hervorragenden Vertreterinnen dieser Kunst einräumen, deren Bedeutung über all die erörterten positiven Unterlagen hinausreicht in das Gebiet der Parapsychologie oder des Transzendenten.

Das tragische Schicksal dieses Forschers selbst liefert einen merkwürdigen Beitrag zur Tatsache der Unzulänglichkeit wissenschaftlicher Erklärungsmöglichkeiten (auf materialistischer Basis nämlich, d. Verf.) für chiromantische Prophetie. MADAME FRAYA, die treue und hochgeschätzte Mitarbeiterin VASCHIDES, eine Meisterin der Kunst, mit Hilfe ihrer mantischen Kenntnisse und durch intuitiven Scharfblick den menschlichen Lebenslauf zu entschleiern, eröffnete dem Verfasser der ,Psychologie de la main' schon im Jahre 1904, daß er im Alter von 33 Jahren, also 1907, an einer Lungenentzündung sterben werde. Unglücklicherweise ging diese Prophezeiung wörtlich in Erfüllung. Vaschide erlag am 13. Oktober 1907 in der Blüte seiner Jahre einer Lungenentzündung. Die Marquise von Noailles war bei dieser Voraussagung, auf welche der damals noch völlig gesunde Gelehrte (er war stellvertretender Direktor des Laboratoriums für pathologische Psychologie an der Hochschule in Paris) mehrfach in Gesprächen mit seiner Gattin Bezug nahm, zugegen. MADAME VASCHIDE, die Herausgeberin des nicht ganz abgeschlossenen nachgelassenen Werkes ihres Gatten, sieht sich im Interesse wahrheitsgetreuer Forschung veranlaßt, diesen sie selbst tief ergreifenden Vorfall in einer Anerkennung auf Seite 472 des Werkes bescheidenerweise als eine einfache ‚Coincidenz' zu erwähnen. Außerdem wurde VASCHIDE noch einmal nach dem Berichte seiner Frau durch eine rumänische Zigeunerin sein Tod im Jahre 1906 vorausgesagt."

Und welche Erlebnisse hatte SCHRENK-NOTZING mit dieser MADAME FRAYA? Hier seine eigenen Worte:

,,Aber auch Verfasser dieser Schrift wurde durch seinen Freund VASCHIDE – es mag im Jahre 1904 oder 1905 gewesen sein – durch Einladung Gelegenheit geboten, sich selbst von der hellsehenden Gabe der MADAME FRAYA schon bei der ersten Begegnung mit ihr zu überzeugen. Nach einem kurzen Blick auf meine linke Hand schilderte dieselbe völlig zutreffend meinen Charakter, dann begann sie ebenfalls richtige Angaben über meine Frau zu machen, sprach von meinen beiden Söhnen, und fügte schließlich hinzu, ich würde nach meinem 50. Lebensjahre ein größeres Werk auf dem Gebiete des Okkultismus veröffentlichen, was großes Aufsehen erregen werde. Damals hielt ich diese Voraussagung nur für ein Produkt lebhafter Einbildungskraft und legte ihr keinen Wert bei. Heute aber hat sich auch diese Ankündigung – trotzdem sie keineswegs zu den üblichen Ereignissen des täglichen Lebens gehört (wie Reisen, Krankheit, Unfälle etc.) bewahrheitet."

Im Jahre 1930 wurde MADAME FRAYA durch PROFESSOR BINET an der Sorbonne in Paris einer wissenschaftlichen Untersuchung unterzogen und dabei die Tatsache ihrer medialen Begabung bestätigt (d. Verf.).

,,1907 starb VASCHIDE, im Frühjahr 1909 begannen die in keiner Weise vorauszusehenden Untersuchungen an dem Medium

Eva C. in Paris. 1904, also im 52. Lebensjahr des Verfassers, erschien dessen Werk ‚Materialisationsphänomene' (523 Seiten stark) und wirbelte mehr Staub auf, als es dem Verfasser angenehm war. Somit erwies sich die ganze Voraussagung der Prophetin in allen Punkten als richtig; sie war besonders dadurch interessant, daß ein acht oder neun Jahre später eintreffendes und in keiner Weise vorauszusehendes Ereignis mit einigen wichtigen Nebenumständen: Zeitpunkt des Erscheinens, größeres Werk okkultistischen Inhaltes, aufsehenerregend, völlig zutreffend angegeben wurde."

Und sehr richtig bemerkt dann SCHRENK-NOTZING dazu: ,,Fälle wie die vorstehend geschilderten, lassen sich weder durch einfachen Zufall, noch durch physiognomische Kenntnisse, noch auch durch das Studium der Handlinien erklären, sondern hier tritt die hellseherische Intuition an Stelle der chiromantischen, psychologisch begründeten Beobachtungen, welche vielleicht zur Herstellung des notwendigen, psychischen Rapports zwischen den Klienten und der Prophetin dienen."

Somit bleibt für uns als Quintessenz die Erkenntnis: Es gibt eine Form der Handlesekunst, die rein wissenschaftlicher Natur ist, und diese ist – falls man einen tüchtigen Lehrer hat oder gute Literatur studiert – erlernbar. Aber es gibt noch eine zweite Form der Handliniendeutung, die kombiniert ist mit hellseherischen Fähigkeiten, und diese ist wohl kaum erlernbar, es sei denn, daß man durch okkulte Übungen oder durch ein entsprechendes Leben diese psychischen Fähigkeiten erweckt. Daß dazu aber außerdem eine gewisse Veranlagung nötig ist, leuchtet wohl ebenso ein, wie daß man, um Sänger zu werden, eine angeborene stimmliche Veranlagung dazu haben muß.

Beide Formen der Handlesekunst haben ihre Daseinsberechtigung, werden praktisch vielfach ausgeübt und es gibt darin, wie in allen Künsten, Meister und Stümper. Mögen nun die deutschen Okkultisten mit Interesse und Gründlichkeit auch die Handlesekunst wieder zu Ehren bringen; dies gilt namentlich von der reinwissenschaftlichen Form derselben, wo durch systematische Forschung noch vieles zu klären ist. Dem Arzt und Heilkundigen

jedoch kann sie als Ergänzung der Augendiagnose und Gesichtsausdruckskunde bestens empfohlen werden. Erprobt er sie praktisch, so wird er bald deren Nutzen kennenlernen.

Literaturnachweis

Ich beschränke mich absichtlich auf wenige gute Werke. Für
uns kommen hauptsächlich in Betracht:

ERNST ISSBERNER-HALDANE, Medizinische Hand- und Nageldiagnostik. Wohl das beste Werk in deutscher Sprache über dieses
Thema. Man kann Issberner-Haldane ruhig den Wiedererwek-
ker und Begründer der wissenschaftlichen Handlesekunst nennen. Gerade seine Diagnosen aus der Hand sind sehr wertvoll,
was auch von deutschen Ärzten anerkannt wurde.

ERNST ISSBERNER-HALDANE (Privatgelehrter und Chirosoph),
Wissenschaftliche Handlesekunst, Lehr- und Handbuch der
wissenschaftlichen Handlesekunst aufgrund alter und neuer
Quellen, langjähriger eigener Studien und Erfahrungen im In-
und Auslande. 3. erw. Aufl., 74 Abb., Berlin 1925.

MARIANNE RASCHIG, Hand und Persönlichkeit. Einführung in das
System der Handlehre. Enoch-Verl., Hamburg 1931.
(Ein nach wissenschaftlichen Grundsätzen bearbeitetes Werk.
Besonders interessant sind die Beobachtungen, die in Krankenhäusern über die stark verändernden Einwirkungen der
Krankheiten auf Fingerlinien und Nägel gemacht wurden. In
dieser systematischen Arbeit hat Marianne Raschig nicht nur
die Lehren der Chiromantie gewissenhaft nachgeprüft, sondern auch ihr eigenes System entwickelt, das sich durch klare
Gruppierung der Tatsachen auszeichnet. So kann ihr zweibän-
diges Werk, mit 272 interessanten Handbildern, als grundlegend für den heutigen Stand dieser uralten Wissenschaft angesehen werden.)

H. OTTINGER, Originalsystem der Handlesekunst.

PROF. JULIUS NESTLER, Lehrbuch der Chiromantie. Wer tiefer
und wissenschaftlich in die Chiromantie eindringen will, dem

sei dieses Lehrbuch bestens empfohlen. (Prof. Nestler geht hier auch auf die Geschichte und das Wesen der Chiromantie ein.)

DR. A. FREIHERR V. SCHRENK-NOTZING, Handlesekunst und Wissenschaft. (Eine sehr beachtenswerte Studie aus der Feder dieses bekannten okkultistischen Forschers.)

A. KETTY, Prof. Lehrbuch der Chiromantie. Prof. Ketty hat die Chiromantie durch über 40 Jahre an vielen Tausenden von Händen erprobt.

Cheiro's „Language of the Hand." Complete practical Work on the sciences of cheirognomy and cheiromancy, containing the system, Rules and experience of Cheiro. Nichols & Co., London, W. C. Cheiro's Buch ist sehr wertvoll; es enthält die Handabdrücke von Gladstone, Sarah Bernhard, Chamberlain, Norica, Ingersoll, Melba, Mark Twain und anderen, ferner 55 ganzseitige Illustrationen und über 200 Holzschnitte von Handlinien, Bergen und Zeichen.

COMTE C. DE SAINT-GERMAIN A. B., L. L. M. (of the university of France), The Study of Palmistry for Professional Purposes. Over 1250 Original Illustrations and a Complete Palmistic Dictionary. London, T. Werner Laurie Clifford's Inn.

Diagnose aus der Handschrift

Die Schrift drückt fast stets in einer oder der anderen Weise unsere Natur aus, vorausgesetzt, daß die erstere nicht das Werk eines Kalligraphen ist.

LEIBNIZ

Der berühmte englische Physiologe CHARLES BELL sagte schon Mitte des vorigen Jahrhunderts, daß vom Gehirn nach der Hand mehr Bewegungs- und Empfindungsnerven führen als nach jedem anderen Teile unseres Körpers, und daß jeder Gedanke vom Gehirn aus die Hand beeinflussen müsse. Dies gilt ebenso bezüglich ihrer Form und ihres Charakters, als auch ihrer Bewegungen. Und da die Handschrift nur eine fixierte Ausdrucksform der Handbewegungen ist, so wäre damit bereits die wissenschaftliche Grundlage für die Graphologie im allgemeinen gewonnen. In der Tat hat PROFESSOR PREYER in Jena durch seinen Palmographen den Nachweis geführt, daß das von Gedanken angeregte Gehirn die motorischen Nerven der Finger in Bewegung setzt, die dann unbewußt in leise Vibrationen geraten. Deshalb müßten auch Gehirn- und Geisteskrankheiten sich sehr deutlich in der Schrift widerspiegeln, was in der Tat der Fall ist.

Heute zweifelt wohl niemand mehr daran, daß man aus der Handschrift eines Menschen bedeutsame Schlüsse auf dessen Charakter, Intellekt und Gefühlsleben ziehen kann. Auch ist es heute bereits allgemein bekannt, daß die Handschrift eines Menschen sehr veränderlich ist und zwar nicht nur infolge von Erkrankungen.

Kürzlich erst las ich in einer Tageszeitung eine kleine Geschichte, welche dies besser illustriert als langatmige Abhandlungen. Ein Herr, der plötzlich erkrankt war, unterschrieb einen Scheck und ließ ihn auf die Bank tragen, um dort für sich Geld abzuheben. Der Scheck wurde wegen „gefälschter Unterschrift" nicht ausbezahlt, da dem Bankbeamten die Unterschrift derartig fremd vorkam, daß er nicht glauben konnte, daß sie vom Kontoinhaber stamme. An diese Notiz knüpfte die Tageszeitung die Mahnung, wichtige Unterschriften nur in gesunden Tagen zu leisten, oder falls man erkrankt sei, dies in Gegenwart eines Arztes oder Notars zu tun, der die Echtheit der Unterschrift ausdrücklich bestätigen konnte.

Damit sind die Beziehungen zwischen Handschrift und Krankheit im allgemeinen festgestellt, und wir können auf Grund von zahlreichen Beobachtungen den Satz aufstellen: Die Handschrift wird durch Krankheit verändert.

Es handelt sich jetzt nur um die naheliegende Frage, ob diese Veränderungen verschiedener Natur sind, je nach der Art der Erkrankung, und wir wären, falls sich diese Frage im bejahenden Sinne beantworten ließe, damit zu einer wissenschaftlichen Basis für die diagnostische Anwendung der Graphologie gelangt.

Der Nachweis der verschiedenen Veränderungen der Handschrift durch verschiedene Krankheitsformen ist nun wissenschaftlich einwandfrei bereits geliefert worden durch das Werk: ,,Die Schrift bei Geisteskranken", ein Atlas mit 81 Handschriftproben von DR. RUDOLF KÖSTER, Arzt an der Psychiatrischen Klinik der Universität in Gießen. Darin wurden die Schriftproben von Geisteskranken einer analytischen Betrachtungsweise nach streng wissenschaftlichen Grundsätzen unterzogen. Jede Analyse wurde allgemein diagnostisch durchgeführt, andererseits wurden die Fälle in speziell klinischer Beziehung, und zwar nach der in der ,,Diagnostik für Geisteskrankheiten" (von PROFESSOR SOMMER) gemachten Einteilung gruppiert.

DR. KÖSTER war ein ungemein vorsichtiger und gewissenhafter Forscher, das geht schon daraus hervor, daß er in nur 2 Fällen aus der Schrift allein die Diagnose zu stellen wagte. Grundsätzlich wurden den Ergebnissen der Schriftuntersuchung nur die Beweiskraft eines Symptoms zugestanden, das aber in manchen Fällen, ähnlich wie z. B. die reflektorische Pupillenstarre, ausschlaggebend für die Diagnose sein kann.

Immerhin lassen sich nach DR. KÖSTER aus der Vergleichung vieler Schriftproben von Geisteskranken einige brauchbare diagnostische Schlüsse ziehen. DR. KÖSTER hat in seinem Werk: ,,Die Schrift der Geisteskrankheiten" nachstehende Fälle anhand von Schriftproben analysiert:

135

„Progressive Paralyse, Tumor cerebri, Apoplexia cerebri, Gehirnabszeß, Multiple Sklerose, Tremor bei einem Geistesgesunden. Dementia senilis, Delirium tremens. Verwirrtheit nach Infektionskrankheiten, Epilepsie, Hysterie Chorea, Paralysis agitans, Periodische Manie, Melancholie, Halluzinatorische akute Paranoia, Katatonie, Idiotie infolge organischer Hirnkrankheit, Angeborener Schwachsinn, Primärer Schwachsinn, Dementia paranoides, Paranoia."

Diese Fälle sind hier deshalb angeführt, damit auch der Laie sieht, wie vielerlei Arten von Geisteskrankheiten durch die Schriftproben der Kranken analysiert wurden. DR. KÖSTER kommt bei vielen dieser Krankheitsformen zu dem Schluß, daß zu einer erschöpfenden klinischen Untersuchung (die ja die Basis für die Diagnose bildet), auch die Berücksichtigung der Handschrift des Kranken gehört, da durch sie wertvolle Fingerzeige für Frühdiagnose – wie z. B. bei Paralyse – gewonnen werden können, womit wohl der Wert graphologischer Untersuchungen erwiesen ist, neue Richtungen der Graphologie aufgetaucht sind, welche beweisen, daß unter Umständen alle Krankheiten aus der Handschrift zu erkennen sind.

Da ist z. B. die physiologische Graphologie, die von der Graphologin Frau M. BACHMANN in Hamburg in ein System gebracht wurde. Man läßt am besten FRAU BACHMANN selbst zu Worte kommen:

„Nach jahrelangen Studien gelangte ich zu der Überzeugung, daß die Eigenart einer Handschrift physiologisch zu deuten ist, da sie durch den eigenartigen Kreislauf des Blutes bedingt wird. Somit müssen die graphischen Zeichen nicht nur über Charakter, Anlagen und Fähigkeiten, sondern auch über Krankheiten sicheren und untrüglichen Aufschluß geben. Es ist mir nun gelungen, zahlreiche pathologische Kennzeichen, die in den Schriftzügen ausgeprägt sind, wissenschaftlich festzustellen. Daher kann ich wohl mit Fug und Recht behaupten, daß die Handschrift eines Menschen als Barometer seiner steigenden und fallenden Lebensenergie anzusehen ist.

Ein in seinem Fache tüchtiger Graphologe soll und muß ein

guter Anatom und ein guter Physiologe sein, er muß aber auch ein guter Psychologe sein und soll das Innerste der menschlichen Seele, des menschlichen Gemütes kennen, um ein richtiges Urteil über den Schreibenden zu fällen.

Die wissenschaftlich erhärtete Tatsache, daß sich der menschliche Organismus aus zwölf Elementen zusammensetzt: Kohlen-, Wasser-, Sauer- und Stickstoff, Calcium, Chlor, Eisen, Kali, Magnesia, Natron, Phosphor und Schwefel, dient zur Selbsterkenntnis, wie folgendes beweist: Fehlt einer dieser Stoffe oder auch nur eines der aus ihm gebildeten Salze, oder ist ein solches Salz nur minimal im menschlichen Organismus vorhanden, so stellen sich naturgemäß die Symptome der Blutarmut ein. In den meisten Fällen von Blutarmut fehlt es keineswegs an Eisen, sondern es mangelt vielmehr an irgendeinem anderen oder mehreren der erwähnten Blutsalze."

Für den Bestand einer aus zwölferlei Ursachen stammenden Blutarmut – wie man sie nennen könnte – hat es bis jetzt an bestimmten Kennzeichen gefehlt, da man alle Formen der Blutarmut stets auf Konto des Eisenmangels zu setzen gewöhnt war. Der modernen Wissenschaft ist es noch nicht gelungen, die Skala des Kohlensäuredruckes im Menschen festzustellen. Daher kennt sie auch keine bestimmten Unterscheidungsmerkmale, aus denen geschlossen werden könnte, welches Salz minimal oder im Überschuß vorhanden ist. Es sei denn, daß man sich zu Blutanalysen entschließt. Wie ich erfahren habe, sollen einige deutsche Ärzte in letzter Zeit darangegangen sein, Diagnosen auf Grund von chemischen Blutanalysen zu machen. Sodann wurde eine ganz neue Methode der Diagnose aus wenigen Blutstropfen, welche man auf weißes Fließpapier fallen läßt und nun die ganz eigenartigen Formen und Farben der dadurch entstehenden Blutbilder systematisch studiert und wertet, entdeckt. Übrigens haben neuere, sehr feine chemische Analysen des Blutes, der Leber, Milz usw. erwiesen, daß im menschlichen Körper auch geringe Mengen von Gold, Kupfer, Nickel usw. enthalten sind. Aber gerade diese geringen Mengen können hochbedeutsam für Gesundheit und Krankheit sein, indem diese Stoffe als Katalysatoren recht wirksam sein mögen, so gering auch deren Quantität ist. Der Gehalt von Gold und Kupfer kann z. B., wenn zu gering, sehr wohl Blutarmut verursachen. Des weiteren hat es sich auch gezeigt, daß Kupfer zur Behebung der Blutarmut oft viel wirksamer ist als Eisen, wie es ja auch bekannt ist, daß gewisse Mineralwasser, man denke nur an jenes von Levico, welche Kupfer und Arsen enthalten, die Blutarmut meist besser beheben als eisenhaltige Heilwasser. Die Homöopathen haben dies aber längst gewußt und daher gern gegen Blutarmut (und andere Krankheiten) Cuprum arsenic verordnet. All diese feinen Zusammenhänge wird die Wissenschaft erst nach und nach entdecken und dann wohl einsehen, wie unrecht sie den Homöopathen und anderen Außenseitern getan hat!

Vorausgreifend sei hier nur gesagt, daß man höchstwahrscheinlich durch Abpendeln eines Bluttropfens noch bessere diagnostische Aufschlüsse erhalten dürfte, als durch die feinste chemische Analyse oder durch die beste mikroskopische Untersuchung, weil man ja mit Hilfe des siderischen Pendels auch die Wirksamkeit und den Grad der homöopathischen Hochpotenzen nachweisen konnte, wo jede andere Analyse oder Untersuchung rein wissenschaftlicher Art glatt versagt hat. Es sei denn, man gebraucht dazu die Neuralanalyse nach PROF. DR. GUSTAV JÄGER (Wolljäger) oder die biologischen Versuche von FRAU DR. KOLISKO. Aber die offizielle Wissenschaft wird wohl kaum derlei Untersuchungen, wie die beiden eben genannten, anerkennen. Zumal JÄGER sehr zu Gunsten der Homöopathie eingetreten ist und KOLISKO Okkultistin ist.

In der Handschrift aber offenbart sich das Fehlen oder Vorherrschen des einen oder anderen Blutsalzes mit unfehlbarer Sicherheit. Die wissenschaftliche Handschriftendeutung ergibt darum – so sagt FRAU M. BACHMANN – die genaueste Grundkrankheits-Diagnose.

Der Duktus der Handschrift kann im übertragenen Sinne mit einem Barometer verglichen werden, der die Skala der fallenden sowie auch der steigenden Lebensenergie im Menscheninneren äußerlich anzeigt. Mit großer Genauigkeit registriert dieser

Barometer auch die Wechselwirkung zwischen Körper, Geist und Seele. Ferner zeigt er an, wohin und mit welcher Stärke der durch diese Wechselwirkung erzeugte Kohlensäuredruck im Blut sich lenkt. –

Ein auf Grund einer physiologischen Schriftdeutung zustande gekommenes Ergebnis kann darum als Warnung gelten in solchen Fällen, wo bei einem gedankenlos „In-den-Tag-hinein-Leben" gesundheitliche Störungen ausgelöst werden. Viele Jahre vor Ausbruch der zur Zeit noch teilweise als unheilbar geltenden Krankheiten wie: Krebs, vereinzelte Arten von Lähmung, Rükkenmarksschwindsucht (Tabes dorsalis), Lungenschwindsucht (Tuberkulose), Wassersucht, Arterienverkalkung (Arteriosklerose), Wahnsinn u. a. zeigen sich deren Anfänge in der Handschrift. Daher können auch mit Fug und Recht die sichtbaren Schriftzeichen als das Alphabet der unsichtbaren Vorgänge im Blut und Nervenleben bezeichnet werden.

„Es ist natürlich nicht möglich" – so sagt FRAU M. BACHMANN – „an dieser Stelle genau Anleitung dazu zu geben. Zum Erfassen des Systems gehören unbedingt graphologische Vorkenntnisse und ein längeres Studium. In der Schrift: „Die physiologische Diät" habe ich meine Erfahrungen niedergelegt zu Nutz und Frommen all derer, die bestrebt sind, die Grundursachen der Krankheiten zu ergründen und die physiologische Graphologie mit in den Kreis ihrer Untersuchungsmethoden zu ziehen."

Im Jahre 1920 gab ein Pariser Arzt DUPARCHY-JEANNEZ ein Buch heraus, worin er behauptete, daß man jede Krankheit aus der Handschrift sicher und untrüglich herausfinden könne.

Ansätze dazu haben wir auch in unserer bisherigen Graphologie. So erklären mehrere Graphologen, ein in der Mitte unterbrochenes „h" deute bei öfterem Vorkommen auf anormal heftiges Herzklopfen. Trete diese Unterbrechung an diesem Buchstaben mehrmals auf, so deute sie auf ein Herzleiden.

Bei Krankenschriften haben wir also zu unterscheiden zwischen Schriftveränderungen, die sich zeigen, wenn die Muskeln der schreibenden Hand irgendwie erkrankt, übermüdet, geschwächt sind. (Krämpfe, Lähmungen usw.) Von diesen rein örtlichen Erkrankungen des Nervensystems (Schüttellähmung, Rückenmarksleiden usw.), endlich bis zu den mit seelischen Störungen verbundenen wie Gehirnerweichung, Altersirresein, Neurasthenie und Hysterie, die sich ebenfalls aus den Schriftzügen erkennen lassen. Für den Neurastheniker ist besonders bezeichnend die rasche Ermüdung und der Stimmungswechsel.

Die seelischen Leiden lassen sich in zwei große Gruppen teilen: Entweder ist das, was man mit dem Worte „Ich" zusammenfassend bezeichnet, übermäßig bedrückt (Depression, Melancholie, Minderwertigkeitskomplex), oder aber, die normalen Grenzen des Ichbewußtseins überschreitender Größenwahn.

Bei Irrsinnigen, Wahnbefangenen, bei Menschen, die an einer „Verrückung" ihres Bewußtseins leiden und daher auch kurzweg „Verrückte" genannt werden, zeigen sich nun die Anzeichen jener Eigenschaften, die bei geistig und seelisch Gesunden als Charakterzüge, Charakterfehler u. dergl. vorhanden sind, in erhöhten, sonderbar überhöhten und verzerrten Maßen und in Verbindung mit Zeichen, auf die wir hier nicht näher eingehen können.

So finden wir in solchen Krankenschriften in seltsamer Verzerrung und Verwirrung u. a.: Wertlegen auf Äußerlichkeit, Eigensinn, Eigendünkel, Eitelkeit, Überempfindlichkeit, Anmaßung, Aufgeregtheit, Rohheit, Selbstsucht, Herrschsucht, kindliches Wesen, Kleinlichkeit, Leidenschaftlichkeit, Mißtrauen, Mutlosigkeit, Prunksucht, Redseligkeit, Rücksichtslosigkeit, Reizbarkeit, Schroffheit, Selbstgefälligkeit, Sinnlichkeit, Starrsinn, Stolz, Trägheit, Mangel an jeder Übersicht, Neigung zu Übertreibung, Umständlichkeit, Unaufrichtigkeit, Unentschlossenheit, Unklarheit, Unordnung, Unruhe, Vergeßlichkeit, Verschlossenheit, Verschwendungssucht, Verworrenheit, Weitschweifigkeit, Zerstreutheit usw. Diese und andere Eigenschaften sind nun vielfach mit anderen Krankheitszeichen verbunden, und zwar bald zu diesem, bald zu jenem Krankheitsbilde, so daß der geschulte Arzt daraus sehr wohl seine Schlüsse ziehen kann.

Einen Weisen, Erleuchteten oder Heiligen kann man sich mit solchen Seelen- und Charakterschwächen kaum vorstellen. Ist die Seele gesund und in Harmonie mit dem Unendlichen, dem Allwillen oder mit Gott, so kann es derlei Zerrbilder an ihr nicht geben. Schon der alte, berühmte Arzt HEINROTH behauptete, daß der Ursprung und das Wesen aller Seelenstörung in der freiwilligen Unterordnung unter das Sinnliche und Nichtige und in leichtsinniger Verachtung des Sittlichen und Ewigen, also in der freiwilligen Hingabe an die Sünde und den Abfall von Gott beruhe. IDELER, ein berühmter Irrenarzt, unterschied einen Irrsinn aus körperlichen Krankheitsursachen und einen echten Wahnsinn als Folge absichtlich gepflegter Leidenschaft, und wollte in jedem Wahnsinnigen die Spuren jener Leidenschaften erkennen. Er behauptete, daß beim echten Wahnsinn körperliche Krankheitsursachen vollständig fehlen, auch das Gehirn vieler Irren sich bei der Obduktion als ganz normal erwies. Die modernen Irrenärzte wenden gewisse Schablonen der üblichen Medizin unbedenklich auch auf Diagnose und Therapie des Wahnsinnigen an. Sie sehen, wie DR. HEWSER sagt, keinen wesentlichen Unterschied zwischen dem Irrereden eines Fieberkranken und dem eines Wahnsinnigen. Der Irrsinn ist ihrer Ansicht nach nichts anderes als die Folge einer besonderen Erkrankung der Zentren des Nervensystems. Demgegenüber behauptet der bekannte Mystiker und Okkultist DR. FRANZ HARTMANN, daß 60–70 v. H. der Insassen von Irrenanstalten besessen sind, wobei die Besessenheit nicht immer von Dämonen herrühren mag, es genügen dazu eigene dämonische Gedankenschöpfungen, die schließlich stärker als ihr Schöpfer werden und ihn beherrschen. Ja, man kann sogar durch eine „fixe Idee" verrückt werden. Gerade in der Behandlung von echten Geisteskranken versagt die auf materialistischer Basis stehende Medizin am häufigsten. Jeder gewissenhafte Irrenarzt sollte sich mit Okkultismus und Parapsychologie vertraut machen.

In vielen Fällen wird der Arzt aber eine Reihe von Schriftproben eines solchen Kranken zu Rate ziehen müssen, da dessen Leiden meist auch ein wechselndes Bild zeigen. In allen Fällen wird er jedoch seine Aufmerksamkeit auch auf den Inhalt der Schriftstücke richten müssen, um das Maß der geistigen Fähigkeiten des Kranken bzw. deren Schädigung zu erkennen. (Gedächtnisschwäche, Auslassen von Wörtern und Silben, Buchstaben, Versetzung von Buchstaben, stehengebliebene Fehler, falsch verbesserte Fehler, mangelnde Logik der Gedankenfolge, Satzstellung usw.)

Der graphologisch gebildete Arzt wird nach gewissen Anzeichen auch urteilen können, wo sogenannte „Herderkrankungen" des Gehirns vorhanden sind und welche. Im I. Weltkrieg hat man sich vielfach mit dem Schriftbild solcher Soldaten beschäftigt, die durch Schüsse Gehirnverletzungen erlitten hatten. Auch in diesem Falle ist für den Graphologen ein weites Feld offen.

Wie weit es aber möglich sein wird, allein aus der Schrift (ohne Hellsehen) auf eine plötzlich auftretende fiebrige Krankheit zu schließen, möchte der Autor nicht auch nur andeutungsweise beurteilen. Es erschiene aber nicht so übel, aus rein graphologischen Zeichen zum Beispiel auf eine Blinddarmentzündung schließen zu können.

Der Autor dieser Schrift würde jedoch jede wirkliche Erweiterung des Forschungsgebietes der ärztlichen Kunst in Verbindung mit der Handschriftendeutung auf das wärmste begrüßen. Im Augenblick bieten auch die deutschen Forscher, die sich mit der Handschriftendeutung befaßt haben und ihr eine breite, wissenschaftliche Grundlage lieferten, so viel, daß nach allen Seiten weitergebaut werden kann.

Damit wollen wir die streng wissenschaftliche Graphologie verlassen und uns einer neuen Form, und zwar der Psychographologie zuwenden, deren hervorragendste Repräsentanten RAFAEL SCHERMANN (Wien) und LUDWIG AUB (München) waren, die ich beide gut kannte und von deren erstaunlichen Leistungen ich mich des öfteren überzeugte.

So z. B. sah ich, wie SCHERMANN buchstäblich im Vorübergehen, nur aus der Adresse einer auf dem Tische liegenden Postkarte, folgende Diagnose stellte: „Die Absenderin dieser Karte ist schwer krank, leidet an Krebs, und wird in den nächsten Tagen schon operiert." – Die Richtigkeit dieser Aussage erwies sich fast sofort, denn schon in drei Tagen wurde die Schreiberin dieser Karte wegen eines Krebsleidens in ein Sanatorium überführt.

Ich kann hier nicht näher auf SCHERMANN eingehen; wer sich eingehend über ihn orientieren will, dem empfehle ich ein Büchlein von MAX HAYEK, das bei E. P. Tal in Wien erschienen ist, worin sich der Autor mit großer Begeisterung über den Schriftdeuter SCHERMANN äußert. HAYEK erzählt darin beispielsweise, daß SCHERMANN sich einmal mit der Schrift einer ihm bis dahin unbekannten Burgschauspielerin befaßte und ihr erklärte, sie hätte mit dem Herzen zu tun, das sich etwas „gesenkt" hätte. Dann habe er auf einem Blatt Papier sogar die Lage ihres Herzens im Brustraum aufgezeichnet. Dies habe die Schauspielerin aufs höchste überrascht, denn ihr Arzt habe ihr kurz vorher dasselbe erklärt.

Daß von einer „reinen Graphologie" hier keine Rede mehr sein kann, ist wohl einleuchtend. SCHERMANN, der auch in die Zukunft sah, d. h. aus Schriftproben die zukünftigen Schicksale der Schreiber mitunter genau voraussagte, besaß bis zu einem gewissen Grad die Gabe der Hellsichtigkeit, jedenfalls war er ein ausgezeichneter Psychometer und reagierte auch sehr fein auf telepathische Schwingungen.

Ähnlich verhielt es sich mit LUDWIG AUB, dessen Fähigkeiten von einer Reihe von Ärzten und Professoren festgestellt wurden, die über AUB auch Schriften verfaßten. Am besten gefiel mir darunter die Abhandlung von DR. MED. JOHANNES DINGFELDER in München: „Ludwig Aub als Hellseher und Hellfühler."

Dieser sehr lesenswerten Broschüre entnehme ich – mit Erlaubnis des Verfassers – folgendes:

„Es gibt", wie DR. DINGFELDER sagt, „zwei Hauptgruppen von Graphologen. Die eine Gruppe schließt auf Grund von gewissen äußerlichen Merkmalen einer Handschrift nach erprobten Regeln auf den Charakter des Schreibers, die andere Gruppe arbeitet jedoch nicht nach einem bestimmten System, sondern vielmehr instinktmäßig und intuitiv."

Und als der hervorragendste Vertreter dieser zweiten Gruppe der Graphologen erschien mir bis jetzt LUDWIG AUB. Abgesehen von der Eigenschaft, von der Fähigkeit der Intuition auf vielen anderen Gebieten, muß besonders auch der Graphologie eine wissenschaftliche Deutungsmöglichkeit gegeben sein. Dazu gehört jedoch eine genaue Kenntnis der Geheimwissenschaft. Man erschrecke nicht über das Wort. Denn es heißt nicht mehr, als daß die Gesetze, die hierbei in Betracht kommen, nur für den „geheim" sind, der sie nicht kennt.

Ich will versuchen, im folgenden in großen Zügen eine kleine Erläuterung zu geben von der uralten Lehre vom Wesen des Seins und der daraus entspringenden Gesetze.

Die als „Lebenskraft" vorhandene Energie im Weltall, die wir als schöpferische Kraft anzunehmen gezwungen sind, äußert sich, darüber ist auch in der offiziellen Wissenschaft kein Zweifel mehr, als positive und negative, als aufbauende und zerstörende Kraft. Das harmonische Verhältnis zwischen beiden bedingt die verschiedenen Erscheinungsformen des Lebens.

Diese Urkraft hat fünf Emanationen, die fünf „Elemente" der Alten, zum Unterschied von den „Elementen" der modernen Chemie, über die durch das Radium ganz andere Anschauungen sich bilden mußten.

Diese fünf Urelemente, als Wasser, Feuer, Luft, Erde und Äther bezeichnet, sind aber nicht als diese Erscheinungsformen selbst zu betrachten, sondern sind bloß Emanationen der ihnen zugrunde liegenden „Prinzipien" des Feuers, Wassers usw. Diese fünf Prinzipien – „Tattwas" der indischen Geheimlehre – haben entsprechende Schwingungsformen: „Vivartha" des Sanskrit, „vertex" im Lateinischen, „Wirbel" im Deutschen. Diese Wirbel stellen sich, von der geistigen Seite aus betrachtet, als Schwingungsformen des universellen, göttlichen Geistes, des Logos, oder des WORTES dar, aus dem alle Dinge gemacht sind (d. Verf.).

Wenn die indische Geheimlehre sagt, daß alles in der Welt durch „Vivartha" entstanden sei, so ist dies das nämliche, als wenn die moderne Wissenschaft von einem „Atomwirbel" (im Äther) spricht, und der alte Heraklit lehrte: „alles fließt", das heißt, alles ist in ständiger (wirbelnder) Bewegung.

Auf die Experimente, durch welche die einzelnen Schwingungsformen dieser fünf Elemente wissenschaftlich nachgewiesen werden können, kann hier nicht näher eingegangen werden.

144

Es mag genügen, beispielsweise zu erwähnen, daß die ätherische Schwingungsform des „Feuers" dreieckig-spitzig ist, gleich den Flammen eines Feuers, die des Wassers halbmondförmig, wie Wasserwellen usw. Die Schwingungsform der sichtbaren Emanation eines Prinzips entspricht stets der unsichtbaren, ätherischen Form. In positiver und negativer Phase strömt im normalen gesunden Körper die Lebenskraft, und zwar in zweistündigem Wechsel, wobei jedes Prinzip selbst eine besonders hervortretende stärkere Schwingungsdauer von 24 Minuten hat.

Die klinische (ärztliche) Beobachtung bestätigt in überraschender Weise diese Verhältnisse. Die einzelnen Organe unterstehen für sich, entsprechend ihrer Funktion, einem besonderen Prinzip in stärkerem Maße, so z. B. der Magen dem Feuerprinzip (er „kocht" die Speisen!) und man ist überrascht, unter dem Mikroskop wahrzunehmen, daß die Schleimhaut des Magens genau das Abbild einer Reihe von Flammen ist, wie in ähnlicher Weise und in anderer Hinsicht z. B. der hebräische Buchstabe „Schin" (sch) als Feuerzeichen eine Zusammensetzung von Feuerflammen bildet.

Ist, um ein letztes zu erwähnen, ein Organ im Körper erkrankt, so muß eine Pflanze usw. als Heilmittel gewählt werden, die unter demselben Prinzip steht wie das erkrankte Organ, und dies ist eigentlich „Affinität", welche die moderne Wissenschaft ganz richtig gefunden hat; bei der praktischen Anwendung mit Giften aber hat sie sich vollkommen verirrt und zwar so, daß ein Oberstabsarzt sie die „ungeheuerlichste Verirrung des menschlichen Geistes, die es je gegeben hat" nannte, und zwar deshalb, weil die gelehrten Herrn die Energetiker ROSENBACH und ROBERT MAYER nicht beachten. In den Grundsätzen der Homöopathie und verwandter Heilmethoden sind indessen diese Gesetze richtig verwertet.

Wenn ein Mensch in seinem Wesen – denn auch auf geistigem Gebiete gelten dieselben Gesetze – mehr oder minder unter dem Einfluß eines solchen Prinzips steht, so drückt sich die innere Schwingungsform auch unter normalen Verhältnissen in seiner Schrift aus, z. B. wird jemand, der ein Tatmensch, eine Kampfnatur, ein Feuerkopf ist, eine spitzige, scharfkantige Schrift haben. Man betrachte die typische Schrift Bismarcks. Je nachdem ein Mensch mehr oder weniger unter der Einwirkung dieses oder jenes Prinzipes steht, oder unter mehreren zugleich, wird seine Schrift sich unbewußt umformen.

Dies ist experimentell schon längst bewiesen, und zwar durch die hypnotische Suggestion. Der Versuchsperson, einem jungen Manne, wurde suggeriert, er sei ein Verschwender. Sofort wurde seine Schrift weit, groß, oberflächlich in der Art, wie eben ein Verschwender schreibt. Auf die Suggestion: ,,Sie sind ein betrübter, alter Mann, haben Ihre Gattin verloren, die Sie in langem Leiden dahinsiechen sahen usw.", sieht er geknickt aus, weint und seine Schrift nimmt die Züge an, wie die eines zitternden Greises, mit schiefen, abwärtslaufenden Linien.

Auf die Suggestion: ,,Napoleon, mächtiger Feldherr, kämpfende Truppen usw." richtet sich das Medium auf, schreibt mit großen, energischen Buchstaben – französisch – und darunter ein kräftiges, charakteristisches ,,Napoleon!" VON KRAFT-EBING und LOMBROSO haben ähnliche Experimente gemacht.

Daraus geht also ebenfalls hervor, was längst als Wahrheit erwiesen ist, daß die Hand nur das Werkzeug abgibt, das im Notfalle durch den Mund (Zähne, Zunge) und Fuß ersetzt werden kann. Die Erfahrung hat ferner gezeigt, daß Menschen, denen durch eine erste graphologische Deutung verschiedene Fehler und Schwächen klargemacht wurden, sich größte Mühe gaben, sich davon zu befreien, und eine spätere Schriftprobe zeigte tatsächlich die Besserung des Charakters in der erstrebten Richtung bis zum schließlichen Verschwinden der Fehler. Ein Beweis zugleich für den erzieherischen Wert einer richtig angewendeten Graphologie.

Unser Wesen aber, unsere Individualität formt die Buchstaben. Das Werkzeug, dessen es sich bedient, ist von untergeordneter Bedeutung. Nur muß es geübt, durch Übung schreibfähig gemacht sein.

Die einfache (gewöhnliche) Graphologie findet auf Grund eines bestimmten und erprobten Systems, durch langjährige

Übung, die charakteristischen Eigenschaften des Schreibers heraus.

Ganz anderen, viel höheren Wert haben die Deutungen des intuitiven Graphologen. Auf Grund der oben geschilderten Schwingungsgesetze „fühlt" der intuitive Graphologe, indem durch die Schriftform in ihm verwandte Schwingungen nach dem Gesetze der Affinität hervorgerufen werden, den Charakter der zu beurteilenden Person, und je feiner er das Einschwingungsvermögen hat, desto sicherer und eingehender, ja bis ins kleinste gehend, wird seine Auskunft.

Zu diesen selten befähigten Menschen gehört LUDWIG AUB. Hinzukommt, daß nicht bloß die Schriftform im psychischen Empfinden des intuitiven Graphologen verwandte Schwingungsformen hervorruft, sondern daß auch z. B. in einem Briefe das Papier als materielle Grundlage gewissermaßen imprägniert ist mit den Schwingungseigentümlichkeiten des Schreibers, so daß, wenn er versuchen sollte, seine Schrift künstlich und absichtlich anders als normal zu gestalten, der intuitive Schriftdeuter dennoch sich nicht täuschen läßt, sondern ein richtiges Bild gibt. (In der Tat imprägniert oder durchtränkt jeder Mensch alles, womit er in Berührung kommt, mit seinen seelischen und geistigen Ausstrahlungen oder Emanationen. Darauf beruht die Psychometrie; das ist die Fähigkeit gewisser Menschen, aus Gegenständen, die andere Menschen benützt haben, deren Charakter und Schicksal zu erkennen. Darauf beruht auch, daß die Kleidungsstücke eines Heiligen und seine Reliquien glaubhafterweise noch viele Jahre nach seinem Tode heilmagnetische und andere segensvolle Kräfte ausstrahlen. – Umgekehrt würde sich sicher jeder Mensch dagegen sträuben, die Kleider eines Mörders zu tragen (d. Verf.).

So sehen wir unter anderen Verhältnissen, daß der „Hellfühler" aus einem einzigen homöopathischen Arzneikörnchen Zusammensetzung und Wirkungskreis des betreffenden Mittels unfehlbar erkennen und beschreiben kann. Jede Möglichkeit einer Suggestion oder Gedankenübertragung ist dadurch unmöglich gemacht, daß zunächst niemand weiß, aus welchem Glase das fragliche Korn entnommen ist, da die zu prüfenden Gegenstände nur mit Nummern versehen sind, deren Bedeutung nach Beendigung des Experimentes erst auf einer Liste festgestellt wird, genau so wie bei einem weiteren Experiment mit einem Stückchen vulkanischen Tuffs, aus Pompeji stammend, bei dessen Befühlung der „Hellfühler" (und Hellseher!) eine grandiose Schilderung des Unterganges dieser Stadt gibt.

Ähnliche Experimente machte bekanntlich auch PROFESSOR SCHOTTELIUS. Man konnte die Tatsachen nicht leugnen, mußte aber schließlich erklären, daß man sich einem Rätsel gegenübersehe, „dessen Lösung der wissenschaftlichen Forschung vorbehalten bleibt", dessen Lösung ihr aber niemals gelingen wird, wenn sie sich nicht bequemt, mit ihrem Materialismus zu brechen und geistige Gesetze anzunehmen und zu erkennen.

Soviel also aus DR. DINGFELDERS Schrift über AUB. Ich selbst habe meine Erfahrungen mit LUDWIG AUB in einer kleinen Schrift: „Der Traumdenker, eine Studie von LUDWIG AUB" (Verlag: Die Wende, München, 1920) veröffentlicht und stimme darin vollkommen mit den Erklärungen von DR. DINGFELDER überein.

Ganz unabhängig davon habe ich jedoch einige Jahre vorher im „Zentralblatt für Okkultismus", angeregt durch die verblüffenden Leistungen SCHERMANNS, zwei größere Artikel „RAPHAEL SCHERMANN, ein okkultistisches Phänomen" und „Telepathie, Hellsehen und Psychometrie im Lichte der Yogaphilosophie" veröffentlicht und darin darauf hingewiesen, daß es zu allen Zeiten und bei allen Völkern Menschen wie AUB und SCHERMANN gegeben hat, und die indische Philosophie meines Erachtens bereits die beste Erklärung für diese Phänomene lieferte; es sind dies eben Menschen, deren innere Sinne geweckt, deren Seele mehr oder minder erwacht ist. Steigern sich die Fähigkeiten eines AUB oder SCHERMANN zu hoher Vollendung und Sicherheit, dann haben wir eben einen Yogi vor uns. Das ist einfach ein Mensch, dem mit Hilfe seiner inneren Sinne, seiner erwachten und erleuchteten Seele weitaus tiefere und richtigere Einblicke in das Wesen aller Dinge sowie in deren gegenseitige Beziehungen, gegeben wurden, als wir mit unseren körperlichen Sinnen, mit dem vielgepriesenen Verstande oder mit physikalischen Hilfsmitteln je erreichen. Die Seele ist eben das feinste aller Instrumente, und Seelisches kann nur durch die Seele richtig erkannt und empfunden werden. Deshalb geht das Streben des Yogis dahin, vor allem seine psychischen Fähigkeiten zu entwickeln. Das höchste Ziel des Yogi ist aber die Erlangung des kosmischen oder göttlichen Bewußtseins.

Doch waren die Leistungen sowohl bei AUB als auch bei SCHERMANN schwankende, je nach ihrer momentanen Disposition, was gerade für die Echtheit der Phänomene sprach. Später hat der Hellseher MÖCKE in Berlin Tausende davon überzeugt, daß es ein wirklich echtes räumliches und zeitliches Hellsehen gibt. Natürlich versuchen sogenannte nüchterne Menschen immer wieder die Tatsachen des Hellsehens zu leugnen.

Will unsere Wissenschaft eine stichhaltige Erklärung der phänomenalen Leistungen des Hellsehens, Hellfühlens usw. geben, so bleibt ihr nichts anderes übrig, als zur Philosophie der Veden und des Yoga zurückzukehren. Dann kann sie wohl der großen Welt der Nichtwissenden eine neue brauchbare Erklärung geben. Alle übrigen Erklärungsversuche werden sich jedoch als Scheinlösungen oder Sackgassen erweisen.

Literaturnachweis

Für die deutsche Graphologie ist PROFESSOR DR. WILHELM THIERRY PREYER's Buch ,,Zur Psychologie des Schreibens'' grundlegend (234 Seiten, über 200 Schriftproben, 9 Tafeln, 8 Diagramme). Auch er bespricht in einem Kapitel von 13 Seiten die Pathologie der Schrift.
(Ein Lehrbuch der Graphologie, das die Beeinflussung der Handschrift durch Krankheiten berücksichtigt, ist die ,,Schule der Graphologie, praktische, leicht faßliche Selbstunterrichtsbriefe der Kunst, den Charakter des Menschen aus seiner Handschrift zu erkennen.'' Herausgegeben von Prof. WERNER,

bearbeitet von Dr. A. Rudow und K. Grossmann. Es ist eines unserer besten Lehrwerke.)

Lombroso's Handbuch der Graphologie ist nur ein Auszug aus den bahnbrechenden Büchern von I. Crépieux-Jamin, der in seinem Buche ,,Handschrift und Charakter", der Handschrift der Kranken ein besonderes Kapitel von 40 Seiten widmet. (Herausgegeben von Hans H. Busse, 558 Seiten.)

(Busse gab auch eine sehr umfangreiche ,,Bibliographie der Graphologie" heraus. Vereint mit Dr. Klages gibt Busse [der ob seiner hohen Verdienste zum Vorsitzenden der Deutschen graphologischen Gesellschaft gewählt wurde] die ,,Graphologischen Monatshefte" heraus.)

Dr. Ludwig Klages schrieb ein vielgelesenes Buch: ,,Handschrift und Charakter". Gemeinverständlicher Abriß der psychologischen Technik, 260 Seiten, Barth-Verl., Leipzig 1936.

R. Barth, Was sagt die Handschrift. Wesen und Wert der Handschriftendeutung mit 108 Schriftproben verschiedener Charakteure, für den Anschauungsunterricht.

Dr. med. Johannes Dingfelder, Ludwig Aub als Hellseher und Hellfühler. München 1914.

G. W. Surya, Der Traumdenker, eine Studie von Ludwig Aub. Verlag: Die Wende, München 1920.

–, Moderne Rosenkreuzer.

Ludwig Aub, Das psychische Echo. München 1914.

Diagnose mittels Wünschelrute und siderischem Pendel

Man hat heute wohl kaum im engsten Kreise eine Ahnung von der Größe und Bedeutung der Wünschelrutentatsachen in hygienischer, volkswirtschaftlicher und biologischer Hinsicht, und am allerwenigsten im Verein mit den sonstigen Tatsachen der latenten (Reichenbachschen) Emanationen. Es wird nicht mehr lange dauern, daß diese Emanationslehre auf zahlreichen Laboratorien betrieben werden wird.

PROF. DR. MED. MORITZ BENEDIKT (Wien)

Obiges Zitat von PROF. DR. MED. BENEDIKT stammt aus dem Jahre 1918. Bedauerlicherweise starb PROFESSOR BENEDIKT bereits 1920. Er hätte sonst die große Genugtuung, die ungeheure Ausbreitung der auch von ihm bereicherten Ruten- und Pendellehre und deren praktische Anwendungen zu verschiedenen Zwecken, besonders auch zu diagnostischen, zu sehen. Und dies alles, obwohl sich die offizielle Schulweisheit, mit ganz geringen Ausnahmen, auch heute noch ablehnend dagegen verhält, ja gewisse praktische Anwendungsformen von Ruten und Pendel, man denke nur an die Erdstrahlenforschung, insoweit sie auf medizinisches Gebiet übergreifen, heftig bekämpft. Doch dieser Kampf der einerseits reaktionären, andererseits oft veralteten Schulmeinung gegenüber tausendfach erprobten Tatsachen, wird hoffentlich ebenso aussichtslos sein, wie vor etwa 60 Jahren der Kampf gegen die damals wiedererstandene Wünschelrute, als man sich anschickte, diese als erfolgreiches Instrument zur Erschließung unterirdischer Wasseradern, von Kohle- und Erzlagern und Erdöl zu benützen.

Heute gibt es erfreulicherweise in allen Kulturstaaten angesehene Vereinigungen für Ruten- und Pendelforschung, deren Gründer und Leiter Ärzte sind, und unter deren Mitgliedern sich immer genügend lehrende Akademiker neben ausübenden Praktikern befinden. Das gleiche Bild zeigen die alljährlich stattfindenden internationalen Kongresse der Rutengänger und Pendler.

151

Man macht sich eigentlich heutzutage nur lächerlich, wenn man die praktischen Erfolge der überall so erfolgreichen Rutengänger und Pendler noch leugnen wollte. Zudem haben wir heute, besonders in Deutschland, schon eine Reihe von Ärzten, welche auf Grund ihrer eigenen Versuche zugunsten der Ruten- und Pendeldiagnose eintreten und diese auch in ihrer Praxis, ganz unbekümmert um das Gezeter der offziellen Lehrmeinung anwenden. Selbst Physiker und Gelehrte ersten Ranges, wie GEHEIMRAT PLANCK in Berlin, GEHEIMRAT PROF. DR. MED. AUGUST K. G. BIER (1861–1949), (der noch 1925 für die Homöopathie Stellung nahm), PROF. DR. NIPPOLT, PROF. DR. JOHANNES WALTHER usw., verhalten sich dem Wünschelrutenproblem nicht mehr so ablehnend, wie vor etwa 50 Jahren, sondern fordern vielmehr dessen gründliche, wissenschaftliche Untersuchung. Man sieht also, die Zeiten haben sich gewaltig zugunsten der Ruten- und Pendelforschung verändert, wozu wohl auch der Weltkrieg viel beitrug, denn in diesem haben deutsche und österreichische Rutengänger, sowohl im Karst als auch in Kleinasien und in den deutschen Kolonien, mit etwa 80% Erfolgssicherheit auch dort Brunnen gefunden, wo nach Ansicht der meisten Fachgeologen kein Wasser zu finden war. Heute verwenden städtische Wasserwerke zur raschen Auffindung von Rohrbrüchen Rutengänger, und auch im Bergbau wird die Rute oder das Pendel vielfach und erfolgreich verwendet. So wird es nur mehr eine Frage der Zeit sein und der Sieg der Ruten- und Pendellehre wird ein vollkommener und allgemeiner. Wieder ein Beweis dafür, daß auch die Schulwissenschaft vor okkulten Tatsachen, wenn diese von Laien und Außenseitern unbekümmert und zähe weiter erforscht werden, schließlich anerkennende Kenntnis nehmen muß.

So können wir ohne Überhebung sagen: Die Wünschelruten- und Pendelforschung hat sich ehrlich durchgerungen, wenngleich sie natürlich noch keine abgeschlossene oder absolut unfehlbare Wissenschaft darstellt, aber dies ist ja auch bei der medizinischen Wissenschaft nicht absolut der Fall. Es fällt aber keinem vernünftigen Menschen deshalb ein, die Medizin als Wissenschaft in Bausch und Bogen zu verwerfen. Und so paradox es für den

Fernstehenden auch klingen mag, gerade die wahre Heilkunst ist bereits durch die Ruten- und Pendelforschung mächtig gefördert worden und eine Reihe von Ärzten, die sich selbst praktisch mit der Ruten- und Pendelforschung abgegeben haben, bestätigen dies ausdrücklich und haben darüber höchst bedeutsame, ja epochemachende Werke geschrieben. Ich nenne hier nur den bereits zitierten PROF. DR. MED. MORITZ BENEDIKT (1835–1920), DR. MED. KARL ERHARD WEISS und SANITÄTSRAT DR. MED. E. CLASSEN. Gerade deren Forschungen und Entdeckungen auf dem Gebiete der Verwertung der Wünschelrute und des Pendels zu diagnostischen Zwecken muß jeder Einsichtige für ungemein wichtig, ja bahnbrechend halten, wenngleich deren Erkenntnisse alle auf Vorarbeiten von Laienforschern basieren. Hier zeigt sich, wie vielfach auch auf anderen Gebieten, daß die Forschungsarbeit von Laien und Fachleuten sich sehr gut ergänzen kann, wie wir dies ja hundertfach bei naturwissenschaftlichen und technischen Erfindungen und Entdeckungen nachweisen können. In diesem Sinne wolle man die nachstehenden Ausführungen über Ruten- und Pendellehre und deren Beziehungen zur wahren Heilkunst auffassen. Es ist hochbedeutsames Neuland, welches wir hier betreten, und der wahre Arzt und Heiler wird eine fast unübersehbare Fülle praktischer Anwendungen aus der Ruten- und Pendelforschung ziehen können.

Nach diesen einführenden Bemerkungen wollen wir nun die Materie selbst angehen.

Die Wünschelrute besteht gewöhnlich aus einem gegabelten Zweig, dessen beide Sprossen etwa 30–40 Zentimeter lang sind und eine Dicke von etwa 8–10 Millimeter haben. Man faßt die Wünschelrute an den gegabelten Teilen – entweder mit Ober- oder Untergriff – und das freie Stammesende, welches nicht dicker als 12–14 Millimeter sein soll, bildet nun den ausschlaggebenden Teil der sogenannten Wünschelrute. Dazu können verschiedene Holzarten verwendet werden. Jedoch je biegsamer das Holz, desto besser eignet es sich dazu, weshalb man auch seit alten Zeiten elastische Holzarten wie Haselnuß, Esche und Weidenruten den übrigen Hölzern vorzieht. Eine Wünschelrute muß nicht unbedingt frisch geschnitten sein – wie vielfach behauptet wird – doch wollen manche Rutengänger mit frischen Ruten bessere Resultate erzielt haben. Auch mag es vielleicht sein, daß selbst die Zeit und Art des Abschneidens einer Wünschelrute – beispielsweise Beachtung bestimmter Mondphasen usw. – von gewissem Einfluß auf die Güte der Rute sein kann, aber darüber liegen noch zuwenige Nachprüfungen vor und man kann sich auch ohne Beachtung dieser „okkulten Regeln" ganz gute Ruten verschaffen.

In neuerer Zeit werden sogar vielfach Metallruten mit sehr gutem Erfolge verwendet und dabei gibt es mindestens ein Dutzend Formen, die sich mehr oder minder der ursprünglichen, hölzernen, gabelförmigen Form der Rute nähern. Jedoch durch verschiedene Drahtstärken, verschiedene Formen und Windungen der Ruten, endlich auch durch Verwendung verschiedener Metalle oder Legierungen von solchen, wächst die Zahl der möglichen Metallruten fast ins Endlose. Manche Rutengänger benützen einfach nur ein kleines Glasfläschchen, welches mit etwas Quecksilber gefüllt ist und an einer etwa 50 bis 60 Zentimeter langen Schnur gehalten wird. Diese Form der Wünschelrute stellt aber bereits ein siderisches Pendel dar.

Das Beiwort „siderisch" wird vielen etwas fremd klingen. Es ist dies ein mittelalterlich-astrologisch-alchimistischer Fachausdruck, sich daraus ableitend, daß die Alchimisten die einzelnen Gestirne „sidera", worunter nur die Planeten zu verstehen sind, mit bestimmten Metallen in Beziehung brachten, ja direkt die Metalle damit bezeichneten. Also etwa Gold oftmals nur Sol (Sonne) nannten, Mars für Eisen setzten und unter Mercurius Quecksilber verstanden. Da nun solch ein Pendel meistens aus Metallen bestand und stark und in bestimmter Weise auf Metalle reagierte, so nannte man es ein siderisches Pendel, heute einfach Pendel.

Damit haben wir den Übergang von der Wünschelrute zum siderischen Pendel gefunden. Letzteres kann auch aus Metallkügelchen (z. B. Stahlkugeln, wie solche zu Kugellagern für Fahrräder oder Autos benützt werden) bestehen, welche man im Gesamtgewicht von 5–20 Gramm in ein seidenes Säckchen gibt und dieses an einer Schnur befestigt. Am häufigsten findet man aber Pendel aus Kupfer oder Messing im Gewicht von 15 bis 20 Gramm in Kegelform (oder Doppelkegelform) gedreht, mit der Spitze nach abwärts an Schnur, Faden oder Haar befestigt. Im Notfalle tut es auch ein Ehering, eine Taschenuhr, ja sogar eine Schreibfeder aus Stahl oder ein Stückchen Steinkohle.

Es tauchen jetzt verschiedene „siderische Pendel" in abenteuerlichsten Formen und aus allerlei geheimnisvollen Metallegierungen auf. Ob diese wirklich mehr leisten als einfache Pendel aus homogenen Metallen, bleibe dahingestellt. Nach meinen Beobachtungen kommt es wohl mehr auf die Person an, die das Pendel schwingen läßt, wie auf die Art des Pendels selbst.

Wünschelrute und siderische Pendel sind sicher sehr alt, denn das siderische Pendel war als Ringorakel bereits den Völkern des Altertums bekannt. Römische Soldaten versuchten mit dessen Hilfe den Ausgang von Schlachten und andere wichtige politische Ereignisse vorauszusagen. Ein an einem Faden oder Haar hängender Ring wurde mit Zeigefinger und Daumen in die Mitte eines Bechers gehalten. Nun stellte man Fragen. Der Ring begann alsdann zu schwingen und aus den Anschlägen am Rande des Bechers entzifferte man die Antwort. Man mag dabei, ähnlich wie es heute die Spiritisten tun, auch das Alphabet hergesagt und die Buchstaben notiert haben, bei welchen der Ring anschlug.

PARACELSUS kannte jedenfalls die Wünschelrute und das siderische Pendel sehr gut. Und sicherlich war er auch tiefer in die letzten, treibenden und okkulten Kräfte dieser Instrumente oder „Indikatoren" eingedrungen, als viele moderne Physiker und Parapsychologen, die das ganze Ruten- und Pendelproblem bloß mit Hilfe von Strahlungen, Emanationen und wenn es schon anders nicht geht, mit Hilfe des allmächtigen und allwissenden Unterbewußtseins zu lösen vermeinen.

Gewiß, in diesen Lösungsversuchen steckt bereits manches Wahre, doch bringen sie keine restlose Lösung, es sei denn, daß wir dem Unterbewußtsein Allwissenheit zuschreiben, indem wir durch dasselbe sozusagen Telephonanschluß mit dem Absoluten oder mit Gott haben. Damit aber begibt man sich schon sehr in das Reich der Mystik. Denn das Streben der praktischen Mystik geht ja dahin, zur Gottverbundenheit zu gelangen. Und selbst da kann man sich noch täuschen, denn immer noch liegt die Möglichkeit offen, daß unser Unterbewußtsein auch durch andere fremde Intelligenzen beeinflußt wird, natürlich ohne daß wir es wissen! Und diese fremden Intelligenzen lenken dann letzten Endes beliebig die Bewegungen der Ruten und des Pendels. Unser sympathisches Nervengeflecht, hauptsächlich das Sonnengeflecht, der Sympathikus, ist, wie SCHLEICH so treffend sagt, eine MARCONI-Platte (Empfänger, Antenne), welche uns mit dem ganzen Kosmos verbindet. Gott aber allein mag wissen, wie vielerlei Schwingungen und Strahlungsarten es im ganzen Kosmos gibt und wie viele grundverschiedene, uns aber vollkommen unbekannte und unsichtbare Intelligenzen als ,,Sender" in Betracht kommen können. Es genügt daher nicht, wie DR. GEORG ROTHE es tat, die Wünschelrute nur als ein physikalisch-physiologisch-psychologisches Problem aufzufassen, sondern man muß darüber hinausgehend sie auch als okkultes und mystisches Problem erkennen.

Dafür spricht auch das nachstehende Experiment, welches der mir befreundete Bürgerschuldirektor DR. PHIL. WELISCH (Graz) in öffentlichen Vorträgen gemacht hat. Er forderte ihm bisher unbekannte Pendler aus dem Zuhörerkreis auf, zu ihm aufs Podium zu kommen, stellte sich auf etwa 5–6 Schritte Entfernung hinter diese, hielt eine Tafel in der Hand, auf welcher acht verschiedene Pendelschwingungsbahnen aufgezeichnet waren und ersuchte eine Kontrollperson, eine dieser Figuren schweigend mit dem Finger zu berühren. Ohne ein Wort zu sprechen oder irgend eine Bewegung zu machen, nur durch einen Willensakt veranlaßte DR. WELISCH den sich passiv verhaltenden Pendler, respektive dessen Pendel, die von der Kontrollperson erwählte Figur schwingen zu lassen. Dies ist für die ganze Ruten- und Pendelforschung ein sehr bedeutsames Experiment im positiven oder auch negativen Sinn. Es beweist die Möglichkeit, Rute und

156

Pendel telepathisch zu beeinflussen. Mithin kann es sehr wohl sein, daß ein Rutengänger oder Pendler, wenn er in einem Kreise von ihm feindlich gesinnten Personen experimentieren muß, versagt. So kann zum Beispiel eine ,,wissenschaftliche Kommission", deren innigster und geheimster Wunsch es ist, der Pendler möge versagen, es tatsächlich durch diese negativen Gedankenströme dahin bringen, daß er nicht das Erwartete leistet und vor ihren Augen dann blamiert ist.

Wenn aber lebende Menschen Rute und Pendel derartig telepathisch beeinflussen können, warum sollte dies nicht auch ein entkörperter Mensch, also der Geist oder die Seele eines Abgeschiedenen oder Toten, bewirken können? Denn wir müssen DU PREL zustimmen, daß unser wahres unsterbliches Ich, ,unser transzendentales Subjekt', um mit DU PREL zu reden, befreit von körperlichen Banden und Fesseln, wie dies nach dem Tode unzweifelhaft der Fall ist, noch weitaus intensiver mittels Gedanken, Wunsch und Willen, also rein magisch wirken kann, als dies während seiner irdischen, fleischlichen Existenz möglich ist. Nun aber lehren mit einer ganz auffallenden Übereinstimmung die Weisen, ebenso wie die Okkultisten und Mystiker aller Zeiten und Völker, daß es bereits im ätherischen Reiche des Kosmos (ganz abgesehen von höheren Ebenen), welches unermeßliche Reich auch jeden Planeten durchdringt, eine ungeheure Anzahl von uns normalerweise unsichtbaren, halb- bis höchstintelligenten Wesenheiten gibt, welche man als Elementargeister, Geister, Dämonen, Djinns, Engel, Devas oder Götter bezeichnet hat. All den Sagen von Göttern, Halbgöttern, von guten und bösen Feen, von Gnomen, Sylphiden, Undinen, Nymphen, Nixen und Salamandern, die wir bei allen Völkern immer wieder finden, liegt eben ein und dieselbe große und tiefe, ewige Wahrheit zu Grunde: Es gibt ein Geisterreich, ja sogar vielfache geistige Welten!

Hellsichtige und Hellhörende können auch mit diesen Wesen in Verbindung treten. Und es ist klar, daß diese für den gewöhnlichen Menschen meist unsichtbaren, ätherischen Wesenheiten sicher auch, wenn sie wollen, die meisten Menschen telepathisch beeinflussen können. Schon PARACELSUS lehrte alles dies ausdrücklich. Besonders betonte er aber, daß solche Wesen auch sehr leicht die Wünschelrute, den Erbschlüssel, das Ringorakel usw. in Bewegung setzen können. Das trifft allerdings auch in vielen spiritistischen Sitzungen zu, obwohl sich dort auch die Seelen Verstorbener kundgeben können. Das alles klingt für unsere deutschen Wissenschaftler, sofern sie nicht Okkultisten oder echte Parapsychologen sind, unannehmbar und obskur. Ich möchte solche Zweifler und Gegner des Geisterglaubens nur an den Ausspruch des berühmten englischen Physikers und Spiritualisten Sir Oliver Lodge erinnern, der da sagte: ,,Das Problem der Annahme und Existenz eines Geisterreiches und der Unsterblichkeit der menschlichen Seele gewinnt sofort eine wissenschaftliche Grundlage, wenn wir zugeben müssen, daß es sehr wohl andere höhere, ätherische Zustandsformen der Materie gibt, die sich sozusagen nur durch andere höhere Schwingungszahlen von unserer grobstofflichen Materie unterscheiden. Diese höheren, geistigen Welten würden uns sofort sichtbar, wenn wir durch irgendein Mittel deren höhere Schwingungen herabtransformieren könnten. Daß wir sie bis jetzt normalerweise nicht wahrnehmen, spricht jedoch nicht gegen deren Existenz. Durchfluten doch heute unzählige Radiowellen unseren Raum, die uns auch, ohne entsprechende Empfangsapparate, vollkommen unwahrnehmbar sind.''

Dies alles vorausgesetzt, können wir, um eine möglichst allgemein gültige Arbeitshypothese für Rute und Pendel aufzustellen, etwa sagen:

Jeder Mensch ist sowohl Sender als auch Empfänger aller möglichen Energien, Wellen und Strahlengattungen, die uns aber bisher nur zum geringsten Teile bekannt sind. Diese Energieformen, um ganz allgemein zu sprechen, können bei den meisten Menschen nur mittels des Unterbewußtseins aufgenommen werden, wodurch dann unwillkürliche Muskelbewegungen ausgelöst werden, die dann wieder Rute und Pendel bewegen. Natürlich gehen auch von materiellen Gegenständen aller Art, von Gestirnen, Gesteinen, Erzen, bewegten Wassermassen, Erdöl usw., aber auch von Pflanzen und Tieren Wellen und Strahlen aus, die

158

gleichfalls wieder entweder von gewissen hochsensitiven Menschen direkt gesehen und gefühlt werden können, oder Rute und Pendel bewegen.

Für etwa 90 Prozent der Ruten- und Pendelbewegungen mag diese rein physikalische Arbeitshypothese genügen. Aber wohlgemerkt, sie genügt nicht für alle Ruten- und Pendelphänomene. Man muß daher sehr vorsichtig sein, wenn man den letzten Ursachen und Möglichkeiten von Ruten- und Pendelbewegungen nachspürt. Alle wahren Kenner der Sache werden dem beipflichten. Nur ein Forscher, der zugleich Physiker und Metaphysiker ist, darf sich erlauben, diese Probleme möglichst allumfassend zu erklären versuchen. Der rein materialistische Forscher hingegen wird und muß dabei zu oft versagen. Daß auch der Mensch eine mehr oder minder empfindliche Antenne besitzt, dafür kann man heute wohl den rein physikalischen Nachweis schon erbringen, aber es ist fast unmöglich, genau zu sagen, welche verschiedenen Schwingungen bestimmte Menschen noch aufnehmen können (die für andere mindersensitive Menschen gar nicht existieren, das heißt, nicht wahrgenommen werden) noch wie viele verschiedene „Sendestationen" es im Himmel und auf Erden gibt. Da öffnen sich so ungeheuer viele Möglichkeiten, daß selbst die kühnste Phantasie sie nicht ausschöpfen kann. Spricht doch die indische Geheimphilosophie von Millionen von Klassen von geistigen Wesenheiten niedrigster bis höchster Ordnung. Wer dies einsieht, wird bescheiden.

Was nun die innere Verwandtschaft von Rute und Pendel anbetrifft, so geht diese schon daraus hervor, daß sie in geeigneter Hand fast dasselbe leistet. Rute und Pendel sind eben nur Hilfsinstrumente, Zeiger, Indikatoren, um die durch unser Unterbewußtsein aufgefangenen Schwingungen äußerlich sichtbar zu machen. Es gibt aber heute schon genügend Menschen, die auch ohne Rute und Pendel, bloß mit vorgestreckten Armen, dasselbe leisten, wie gute Rutengänger. Derlei Hochsensitive oder Hellfühler können ebenso, wie Rutengänger oder Pendler, Wasser, Kohle, Erze, Petroleum usw. im Gelände finden.

Die rein materialistisch eingestellte Wissenschaft sträubte sich bisher wohl hauptsächlich deshalb, dem Rutenproblem näher zu treten, weil man stets annahm, daß der Rutenausschlag nur eine durch rein subjektive Kräfte ausgelöste Bewegung sei, die nur relativ wenige Personen demonstrieren können. Die Wissenschaft, besonders aber die Physik, kann sich nur mit objektiv nachweisbaren Kräften befassen.

Nun hatte aber ein deutscher Gelehrter, DR. ING. G. LEHMANN, von der technischen Hochschule in Dresden, sehr erfolgreich Versuche unternommen, die Ausstrahlungen unterirdischer Wasseradern auch objektiv mittels physikalischer Instrumente und Apparate festzustellen. Man wußte nämlich schon lange, daß Blitze besonders dort häufig einschlagen, wo unterirdische Wasseradern sich befinden, deren Kreuzungsstellen am gefährlichsten sind. Diese höchstgefährdeten Stellen nennt man ,,Gewitternester". DR. ING. LEHMANN untersuchte mittels geeigneter Apparate das elektrische Potential (Gefälle, Spannung) und die Leitungsfähigkeit der Luft an solchen von Rutengängern gefundenen ,,Gewitternestern". Und seltsam: Überall dort, wo die Wünschelrute den typischen Ausschlag gab, zeigte auch das physikalische Meßgerät eine erhebliche Störung im elektrischen Potentialgefälle und in der elektrischen Leitungsfähigkeit der Luft. Also, nicht nur die Kontrolle durch Tiefbohrungen (auf wasserführende Schichten), sondern auch exakte, elektrische Messungen mit einem physikalischen Instrument, haben die Angaben der Wünschelrute bestätigt. Damit ist mit einem Schlage die Frage, ob es überhaupt Erdstrahlen gibt, welche bisher nur durch die Wünschelrute angezeigt werden konnten, wissenschaftlich experimentell gelöst worden! Man weiß jetzt, daß die Luft durch solche Erdstrahlen für Elektrizität besonders leitungsfähig wird, wodurch leicht erklärlich wird, daß solche Stellen durch Blitze besonders gefährdet sind.

Nun hat aber die ganze Erdstrahlenforschung, besonders jener Strahlen, die oberhalb unterirdischer Wasseradern auftreten, in den letzten Jahrzehnten seit den epochalen Veröffentlichungen des FREIHERRN VON POHL, die ganze Öffentlichkeit, namentlich, die Ärztewelt, in Aufregung versetzt, weil POHL mit fast hundert-

160

prozentiger Sicherheit den Nachweis erbringen konnte, daß diese Erdstrahlen immer an solchen Stellen nachzuweisen waren, wo sich Schlafstellen von an Krebs Verstorbenen befanden. Damit war wohl eine der Krebshauptursachen gefunden.

Diese Erkenntnis ist natürlich für die Frage der Krebsentstehung, Krebsverhütung und Krebsheilung von allergrößter Tragweite. Denn, daß die Medizin mittels Operation und Bestrahlung dem unheimlichen Anschwellen der Krebstodesfälle nicht Einhalt gebieten konnte, hat DR. MED. LIEK in seinem im Juli 1932 erschienenen, mit seltener Offenherzigkeit geschriebenen Buche: „Krebsverbreitung, Krebsverhütung, Krebsbekämpfung" schlagend nachgewiesen. Er spricht darin sogar von der Ohnmacht der bisherigen offziellen Krebsbehandlungsmethoden. Während z. B. im Jahre 1929 nur jeder zehnte Mensch an Krebs verstarb, starb 1934 schon jeder fünfte, jenseits des 50. Lebensjahres sogar jeder zweite Mensch an Krebs. Es sterben heute auf der ganzen Erde pro Jahr bereits viele Millionen Menschen an Krebs. Geht es in dieser verhängnisvollen Progression weiter, so meinte LIEK, daß selbst bei sehr vorsichtigen Schätzungen im Jahre 1940 schon auf vier Todesfälle ein Krebstoter, im Jahre 1960 aber schon auf zwei Todesfälle ein Krebstodesfall kommen wird. Es ist daher nicht verwunderlich, wenn LIEK schließlich ausruft: „Geht das so weiter, so eröffnet sich der Menschheit eine unheimliche, grausige Zukunft. Wo soll das hin? Steht am Ausgang der europäischen Kultur, ja vielleicht am Ausgang der Menschheit überhaupt der Würger Krebs? Wird er in fast berechenbarer Zeit die letzten Glieder unserer zähen und verschlagenen Art vom Erdboden vertilgen? Eine furchtbare, leider aber begründete Frage."

Angesichts dieser nicht wegzuleugnenden Tatsachen und dieser katastrophalen Aussicht wäre es doch Pflicht der Wissenschaft, die Forschungen und Entdeckungen des FREIHERRN VON POHL (und auch jene anderer Außenseiter, die sich in derselben Richtung bewegen) tatkräftig zu unterstützen, überhaupt jedes Mittel, welches den Krebs wirksam bekämpfen kann, ganz gleich von welcher Seite es komme, immer dankbarst aufzugreifen. Aber statt dessen werden derlei Mittel von Seiten der Medizin vielfach ignoriert. Näheres darüber in meinem Buche: „Rationelle Krebs- und Lupuskuren." Wenn man auch nur die Hälfte der heute in Deutschland an Krebs sterbenden Menschen retten könnte, und sich dazu die Pohl'schen Erfindungen und Entdeckungen wirksamer Krebsheilmittel der Außenseiter zunutze machte, wäre dies eine große Tat. Zudem bedenke man, welche Kosten die Behandlung der vielen Krebskranken verursachen. Es ist höchste Zeit, daß mit dem bisherigen System der medizinischen Krebsbehandlung, das doch größtenteils leider versagt hat, gebrochen wird, wie dies auch LIEK ausdrücklich in seinem obengenannten Buche fordert. Andere, rationellere und wirksamere Methoden der Krebsverhütung und Krebsheilung müssen herangezogen werden. Und solche sind vorhanden, gerade in Deutschland, aber auch in Österreich, nur wird das Neue oft mißtrauisch angesehen. Ich hoffe aber, daß Schulmedizin und Umwelt sich umstellen, zum Heile der ärztlichen Versorgung der Patienten und zum Heile der ganzen Menschheit.

In seinem Buche „Erdstrahlen als Krankheitserreger, Forschungen auf Neuland", sagt POHL, daß man des weiteren auch den kausalen Zusammenhang zwischen Erdstrahlen und einer ganzen Reihe von anderen Erkrankungen nachgewiesen hat. So zum Beispiel: Nervöse Störungen, Schlaflosigkeit, Nervenzuckungen, Mattigkeit, Kopfschmerzen, Schwermut, Selbstmorde, Lähmungen, Epilepsie, Schwindelanfälle usw. Aber auch Rheuma, Gicht, Ischias, Herzleiden, Krampfadern, Basedow, Augen- und Ohrenleiden, Asthma, Magenkrämpfe, Gallen- und Leberleiden, Magen- und Darmstörungen, erhöhter Blutdruck, Wassersucht, Tuberkulose und Zuckerkrankheit oder Diabetes.

Alle diese so überaus häufigen Krankheiten wurden rasch gebessert oder geheilt, wenn man die Kranken der Einwirkung der schädlichen Erdstrahlen entzog, sei es durch bloße Umstellung der Betten auf unbestrahlte Stellen, sei es durch Abschirmung der Erdstrahlen. Dasselbe gilt natürlich auch bei Krebs, wie dies DR. MED. BLOS in seinem Buche: „Die Medizin am Scheideweg" ausdrücklich erwähnt. Er sagt darin sogar, daß die Erfolge glänzende waren, schon durch einfache Umstellung der Betten.

Wenn man nun bedenkt, daß nach Berichten von deutschen Krankenkassen allein durch Rheuma ein hoher Prozentsatz der Kranken früh und dauernd erwerbsunfähig wird, so ist es absolut keine Übertreibung, daß durch Verwertung dieser Erfahrungen in ganz Deutschland alljährlich hunderttausende Kranke gesund gemacht, weitere hunderttausende vor Erkrankungen geschützt und außerdem etliche Milliarden Mark erspart werden könnten! Ist das deutsche Volk so reich und ist dessen jährlicher Bevölkerungsüberschuß so groß, daß es auf all dies verzichten kann?

Man kann sich also wohl denken, daß sowohl POHL als auch andere Forscher, darunter auch Ärzte, Ingenieure und Physiker, sobald man sich von der krankheitserregenden Wirkung der Erdstrahlen überzeugt hatte, emsig bemüht waren, Abschirmungsapparate zu ersinnen, um diese enorm schädlichen Erdstrahlen aufzufangen und unschädlich zu machen.

Nun erlebte man das traurige Schauspiel, daß nur ein kleiner Teil der Ärzte, meistens Reformärzte, sich auf Seite POHL's in Deutschland stellten, das Gros der Ärzte aber, und namentlich die Universitäten, bekämpften die ganze Erdstrahlenforschung auf das heftigste. Hauptsächlich die Medizin, die gerade in der Krebsheilung und -verhütung bisher, wie LIEK schlagend erwiesen, versagt hatte, konnte nicht scharf genug das Publikum vor dem ,,Schwindel der krankheitserregenden Erdstrahlen" und noch mehr vor dem ,,Betrug" der Abschirmungsapparate warnen.

Wenn auch zugegeben werden muß, daß es unter den vielen Abschirmungsapparaten auch sehr minderwertige, ja vollkommen nutzlose gab, so tauchten doch bald Konstruktionen von solchen auf, die auf durchaus wissenschaftlicher Grundlage beruhten. Was die Beziehungen der Erdstrahlen zum Krebs anbetrifft, so bin ich in meinem Buch ,,Rationelle Krebs- und Lupuskuren" darauf näher eingegangen. Natürlich können Erdstrahlen ebensogut mit dem Pendel festgestellt werden. Dadurch gewinnen Rute und Pendel, meiner Ansicht nach, eine enorme medizinische Bedeutung! Wohl sträubt sich die Schulmedizin noch gegen diese epochalen Entdeckungen, doch ist die Erdstrahlenforschung bereits zu sehr ins Verständnis und Bewußtsein des Volkes gedrungen, um nicht als der Volksgesundheit dienend und förderungswürdig erkannt zu werden.

Soweit wäre also die Wünschelrute ein auch wissenschaftlich erklärbares Instrument und hätte mit „Mystik" oder „Okkultismus" nichts mehr gemein.

Ich entsinne mich des Gutsbesitzers Fritscher in Wildon bei Graz in der Steiermark, den ich im Jahre 1910 besuchte. Er war ein wohlhabender Mann, der die ganze Rutenforschung und -praxis nur als Amateur, also keineswegs berufsmäßig oder aus Erwerbsgründen betrieb, damals ein würdiger alter Herr von über 70 Jahren. Er hatte es schließlich – so unglaublich es klingen mag – soweit gebracht, daß er nur auf Grund einer guten Landkarte (Spezialkarte im Maßstabe von 1 : 25000, oder mit Hilfe von Karten in noch größerem Maßstabe) ruhig an seinem Schreibtische sitzend, nicht nur genau die Stelle auf der Karte ankreuzen konnte, wo Wasser zu finden war, sondern auch die Tiefe der Quellen angab sowie deren Sekundenliterzahl. Letzteres schien mir am unglaublichsten, aber er erbot sich, auf seinem schloßartigen Besitz sofort mit mir Wassermessungsproben zu machen. In seinem großen Keller befand sich auch ein Auslaufhahn einer Wasserleitung. Ich ging in den Keller hinab, Fritscher blieb oben. Und nun machte ich verschiedene Versuche, indem ich den Wasserhahn abwechselnd schwach oder stark aufdrehte und mittels eines Gefäßes und einer Stoppuhr die Wassermenge, die in einer Minute auslief, maß. FRITSCHER, der wie gesagt oben blieb, sich aber dabei oberhalb der Rohrleitung befand, bestimmte nur mit seiner Wünschelrute genau die Wassermengen, die pro Sekunde aus dem Hahn flossen.

Auf dieselbe Weise fand er auch die Ursachen von Eisenbahndammrutschungen, sowohl an Ort und Stelle selbst, als auch zu Hause mittels der Karte. Endlich kam er darauf, daß er allein anhand der Wünschelrute alles finden konnte, worauf er sich konzentrierte. Derartig fand er innerhalb seines Besitzes auch fossile Knochen, oder sogar Diebe unter seiner Dienerschaft usw. Das erinnert mich daran, daß schon vor etwa 200 Jahren AJMAR, ein französischer Rutengänger, mittels der Rute einen flüchtigen Mörder meilenweit verfolgte und auch schließlich ausfindig machte.

Sein Gegenstück war der einst vielgenannte ABBÉ MERMET aus Jussy bei Genf in der Schweiz. Dieser Wundermann arbeitete vorwiegend in die Ferne. Er vermochte von seinem Studierzimmer aus Vermißte, Verunglückte, Selbstmörder oder Ermordete mit erstaunlicher Sicherheit ausfindig zu machen und bediente sich dazu der Abbildung der Verunglückten, des siderischen Pendels und der Landkarte der in Frage kommenden Gegend. Mit gleicher Sicherheit fand er auf jede Entfernung hin, z. B. bis nach Indien, Neuguinea usw., nur mit Hilfe der Landkarte und seines Ausstrahlungspendels, wie er das siderische Pendel nannte, Wasser, Petroleum, Kohle und Erze aller Art. Ebenso groß war aber auch sein Ruf als Diagnostiker und Heiler von Kranken. Ärzte schickten ihm vertrauensvoll Kranke, wie ihn auch die Polizei in schwierigen Fällen um Rat und Mithilfe ersuchte.

Darin erblickte ich auch einen Beweis, daß die Philologen sich täuschen oder zumindestens einseitig urteilen, wenn sie das Wort „Wünschelrute" von einem heute wohl kaum mehr bekannten Zeitwort „wünscheln" (gleichbedeutend mit „zaubern") ableiten. Ich denke, sinngemäß und näherliegend wäre wohl die Ableitung vom Verbum wünschen. Doch mag vielen die Wünschelrute auch als „Zauberrute" gegolten haben. Natürlich bleibt das Ruten- und Pendelproblem an sich davon ziemlich unberührt, welche Ableitungsform nun die bessere oder richtigere ist.

Im verflossenen Jahrhundert, welches sich so stolz das „Jahrhundert der Aufklärung" nannte, hörte man natürlich sowohl von der Wünschelrute als auch vom siderischen Pendel sehr wenig. Die Aufklärungsapostel hatten ja dem Volke, soweit als möglich, den Sinn für alles Okkulte und Mystische genommen, die offizielle Wissenschaft begrüßte dies und erklärte Wünschelrute und Pendel als Aberglauben, Betrug usw. Man sah ja, wie die offzielle Naturwissenschaft die Odforschungen des genialen FREIHERRN DR. KARL VON REICHENBACH (1788–1869), der die Wünschelrute vom odischen Standpunkte zu erklären suchte, mit

Hohn und Spott übergoß. Nicht viel besser erging es PROF. JO-
HANNES KARL BÄHR (Dresden), welcher ein großes Werk: „Der
dynamische Kreis" herausgab, das man als Vorläufer der heutigen Pendelforschung bezeichnen kann. BÄHR untersuchte mittels
des Pendels hauptsächlich die Schwingungen über Mineralien,
Metallen und Chemikalien. BÄHRS sehr umfangreiches Werk
steht heute kaum noch zur Verfügung.

Da aber trat der deutsche Schriftsteller und Forscher FRIED-
RICH KALLENBERG im Jahre 1913 mit seinem einzig dastehenden
und epochemachenden Buche: „Offenbarungen des siderischen
Pendels. Die Leben ausströmende Photographie und Handschrift" an die Öffentlichkeit. Damit wurde KALLENBERG unzweifelhaft zum Begründer der ganzen, neueren Pendelforschung.
Unstreitig kann man KALLENBERG den Nestor der ganzen heutigen Pendelforschung nennen. Ohne ihn gäbe es wohl auch heute
kaum die geniale Anwendung des Pendels zu diagnostischen
Heilzwecken! Denn KALLENBERG hat nicht nur die ganze Pendel-
frage ins Rollen gebracht, sondern gleich mit der ersten Auflage
seines obengenannten Buches die ungemein wichtige Entdek-
kung gemacht, daß sowohl die Photographie eines Menschen, als
auch dessen Handschrift, in engster odischer Verbindung mit
demselben stehen. Handschrift und Lichtbild strömen sozusagen
fort und fort Leben aus, d. h. sie sind mit den Ausstrahlungen
und Emanationen des betreffenden Menschen, von dem sie stammen, so gesättigt, daß es fast gleichgültig ist, ob man den betreffenden Menschen selbst oder nur dessen Lichtbild oder Handschrift abpendelt. Nicht nur die Handschrift, sondern auch Hand-
zeichnungen und Bilder etc. verhalten sich ebenso, was sich als
ein ganz neuer Weg zur Feststellung alter Meister erweisen könnte. PROF. LEOPOLD ÖLENHEINZ schrieb darüber ein sehr interessantes Buch: „Der Wünschelring und die Feststellung von Bilderfälschungen." Hier tritt bereits im Titel die Verwandtschaft des
siderischen Pendels mit Wünschelrute oder Wünschelring klar
zutage.

Diese Odausstrahlung ist nun bei gesunden und kranken Menschen, bei geistig hochstehenden und geistig minderwertigen, bei

166

ethisch wertvollen und bei moralisch tiefstehenden Menschen eine grundverschiedene, was sich durch das Pendel nachweisen läßt. Ja, sogar ob eine Person noch lebt oder bereits gestorben ist, läßt sich in den meisten Fällen aus deren Lichtbild und Handschrift mittels des Pendels feststellen. Alle diese hochwichtigen Entdeckungen hat KALLENBERG als erster Pendelforscher gemacht und veröffentlicht. Ohne ihn, das ist sicher, hätte wohl kaum jemand gewagt, Pendeldiagnosen zu stellen. Der Wahrheit zuliebe und zur Ehre KALLENBERGS muß ich dies hier ausdrücklich feststellen.

Wenn einmal eine Geschichte der Pendelforschung, objektiv betrachtet, geschrieben wird, so wird und muß darin der Name FRIEDRICH KALLENBERG in goldenen Buchstaben aufgezeichnet werden. Indessen wurden KALLENBERG zahlreiche Ehrungen zuteil. Die erste war seine Ernennung zum Ehrenmitglied der REICHENBACH-Gesellschaft für psychische Forschung in Wien, der auch der Arzt PROF. DR. MED. MORITZ BENEDIKT (1835–1920) angehörte, der, fußend auf REICHENBACH und KALLENBERG, einer der ersten Ärzte war, der Rute und Pendel zu diagnostischen Zwecken angewandt hat und darüber auch wissenschaftliche Veröffentlichungen hinterließ. Vorher, noch 1917, gab BENEDIKT ein kleines aber sehr wertvolles Buch, ,,Ruten- und Pendellehre" heraus, welches so klar, sachlich und wissenschaftlich geschrieben ist, daß es ein Fachphysiker auch nicht besser hätte treffen können.

KALLENBERG hat 1920 als Ergänzung zu seinem obengenannten Werke ein neues bedeutsames Buch ,,P-Strahlen, Das Neuland des siderischen Pendels" erscheinen lassen. Die Bezeichnung P-Strahlen soll eben auf jene Strahlen hinweisen, die der Photographie entströmen, wie auch den Strahlenpendel überhaupt. Der Ausdruck ,,Strahlenpendel" scheint mir übrigens richtiger als ,,siderischer Pendel." Siderisch ist etwas, das mit den Gestirnen irgendwie im Zusammenhang steht: z. B. siderisches Jahr = Sternenjahr, siderischer Monat gleich Sternenmonat usw. Nun strahlen aber nicht bloß die Gestirne, sondern alles, was existiert, strahlt mehr oder minder. Wir kennen, wenigstens was den Strahlenpendel anbetrifft, nur einige wenige Substanzen, die sich indifferent verhalten, nämlich verdünnter Weingeist, Milchzucker und weißes Papier. Wie DR. MED. KARL ERHARD WEI: bemerkt, ist es erstaunlich, daß der Entdecker der Homöopathie DR. MED. SAMUEL HAHNEMANN (1755–1843), rein gefühlsmäßig, oder wenn man will intuitiv, zur Potenzierung seiner homöopathischen Mittel die möglichst indifferenten Stoffe wie Milchzucker und verdünnten Weingeist verwendet hat. Aber es ist sehr wohl möglich, daß hochsensitive Personen auch von diesen möglichst indifferenten Stoffen doch noch gewisse, wenn auch sehr geringe Pendelschwingungen erhalten. Denn auch diese Stoffe bestehen aus Atomen und jedes Atom ist ja nach Anschauung der okkulten Philosophie, aber auch nach HAECKELS ,,Kristallseelen", bereits belebt und beseelt, muß also auch irgendwie strahlen. Sogar der Äther, den EINSTEIN negierte, ist nach HAECKELS ,,Kristallseelen" (sein letztes Buch) belebt und beseelt, und allen diesen Seelen mußte HAECKEL schließlich eine unvernichtbare, also unsterbliche Seele zuschreiben. Damit hatte er selbst dem materialistischen Monismus den Todesstoß versetzt.

Kallenberg schreibt in seinem Buch bezüglich Erkennung von Krankheiten mittels des siderischen Pendels wie folgt:

,,Wenn im tierischen, ebenso aber im ,anorganischen' Zellenbau ein durch schädliche Einflüsse bewirkter Verfall beginnt, so wird jener untauglich zur Aufnahme und Weiterleitung des Lebensstromes, die vom letzteren benützten Leitungsdrähte – Nervenbahnen – erschlaffen oder reißen ganz und gar. In solchem Falle geht jedoch das Zellgewebe, seines magnetischen Zusammenschlusses beraubt, nicht allein aus den Fugen, sondern es verliert auch die Fähigkeit der radioaktiven oder odischen Ausstrahlung, oder wie man sonst diese Kundgebungen der Lebenskraft nennen mag." (Man kann vielleicht richtiger sagen, daß die Wirkung dieser Strahlen dann sehr herabgesetzt wird, nachdem z. B. nachgewiesen wurde, daß sogar die Asche des menschlichen Gehirns genügend strahlte, um damit eine photographische Platte zu beeinflussen (d. Verf.).

,,Diese Zustandsänderungen zeigt der Pendel, geführt von geschulter Hand, untrüglich an. Das für uns zunächst in Betracht kommende Beispiel ist selbstverständlich der Körper des Menschen. Der Pendel schwingt in normalen Bahnen über den gesunden Geweben, in bedenklichen, auf alle Fälle abgeschwächten Ausschlägen über von einer Krankheit ergriffenen Zellen. Sind sie vollkommen abgestorben, so steht der Pendel still.

Das hiermit in knappen Sätzen geschilderte Verhalten des Pendels über dem menschlichen Körper muß den Arzt, sobald er sich mit den Eigenschaften unseres gegenüber dem Röntgenapparat so einfachen und billigen Instrumentes vertraut gemacht hat, unwillkürlich zu dessen Anwendung im Aufsuchen von Krankheitsherden (medizinische Diagnosen) führen.

Nun wurde in der Tat, seitdem ich schon 1913 auf die bestimmte Möglichkeit der Diagnose vermittelst des Pendels hinwies, eine große Zahl solcher Versuche von Ärzten und in der Krankenpflege erfahrenen Personen mit ausgezeichnetem Erfolge unternommen. Um diesen wohl wichtigsten, aber auch verantwortungsreichsten Forschungszweig erwarb sich in erster Linie große Verdienste Pflege- und Diaspora-Schwester JULIE KNIESE. Die Resultate nachprüfend stand ihr zur Seite der Frauenarzt und Gynäkologe DR. ECKSTEIN in Teplitz und – ich darf wohl annehmen – andere Mediziner, welche für den Pendel Interesse zeigten.

Julie Knieses Verfahren besteht darin, den ganzen Körper der Patientin, wenn tunlichst mit Zuhilfenahme von dessen neuester Photographie und Handschrift, zur genauen Erfassung auch der Psyche der Leidenden, abzupendeln und Umrisse mit Jodtinktur sorgfältig um jene Stellen zu ziehen, innerhalb deren der Pendel im Ausmaß seiner Schwingungen nachläßt.

Solcherart erhält der Arzt ein genaues Bild des Sitzes und des Umfanges der Erkrankung, welchen Befund er alsdann in Form eines Diagrammes zu Papier bringt. Die jeweils sich ergebenden Diagramme, versehen mit Randbemerkungen des psychischen Zustandes des Kranken sowie mit der Schilderung der Reflexstrahlungen, welche der Pendelnde je nach dem Grade seiner Sensitivität empfindet, stellen sehr schön und zuverlässig den

Verlauf des Krankheitsprozesses dar. Eines der lehrreichsten Beispiele unterbreitete mir Schwester Kniese in Gestalt des Ausheilungsprozesses einer Gebärmuttergeschwulst, welche sich über den Zeitraum von etwa vier Wochen erstreckte. Der Umfang des Entzündungsherdes, erst stark anwachsend, dann durch das Dazwischenschieben wieder gesundender Gewebe sich teilend, endlich nur einen Komplex bildend, um alsdann vollkommener Ausheilung stattzugeben, war zeichnerisch klar umschrieben in einer Reihe von Diagrammen, welche den täglichen Zustand der Patientin widerspiegelten. Auf die gleiche Weise mit nicht geringerem Erfolge wurde in vielen anderen Fällen die Pendeldiagnose gestellt.

Trotzdem reicht die bisher gewonnene Erfahrung nicht aus zu gründlich abschließenden Urteilen, und es dürften wohl noch Jahre vergehen, bis das geschilderte Verfahren in ärztlichen Kreisen allgemeine Beachtung und Anerkennung findet. Bis hierher glaube ich mich befugt, über den Gegenstand zu reden; das weitere und letzte Wort gebührt dem Arzte."

Soweit also KALLENBERG, dessen sachliche und bescheidene Sprache wohl jedermann Achtung einflößen muß.

Was nun die Anwendung der Wünschelrute und des Wünschelringes (siderischen Pendels) zu diagnostischen Zwecken anbetrifft, so beruht diese, will man die Sache soweit als möglich zurückverfolgen, auf den allgemeinen, bereits von REICHENBACH entdeckten Prinzipien. Ausgehend von dem Satze ,,die Materie strahlt" oder ,,wir sind von einem Strahlenmeere umgeben", kam er zu dem Ergebnis, daß es Menschen gibt, die imstande sind, diese Strahlungen zu sehen, zu fühlen oder eben mit der Wünschelrute wahrzunehmen. Die Strahlung selbst nannte er Od, die Begabung, sie wahrzunehmen, Sensitivität. Bereits REICHENBACH wies nach, daß nicht nur fließendes Wasser und Metalle, sondern auch der Mensch eine starke Strahlung besitzt.

Auch der Satz ,,Überall da, wo ein Zustand in den anderen übergeht, findet eine vermehrte Odentwicklung statt", stammt von REICHENBACH. Ob wir nun diese Strahlen mit REICHENBACH ,,Od-Strahlen" oder nach BLONDLOT ,,N-Strahlen", nach KAL-

LENBERG „P-Strahlen" nennen, tut wenig zur Sache. Diese und andere Strahlen aber sind es, die – wenn wir andere fernliegendere Ursachen ausschalten wollen – Rute oder Pendel bewegen.

Weil jede Krankheit auf Veränderung des körperlichen oder seelischen Zustandes beruht, muß demgemäß die Strahlung bei gesunden und kranken Menschen eine verschiedene und daher auch der Ruten- oder Pendelschlag ein veränderter sein, wenn sich der Gesundheitszustand eines Menschen ändert. So darf es uns also nicht wundern, wenn man mittels der Wünschelrute oder des siderischen Pendels bereits im Ersten Weltkrieg im Körper sitzende Geschoßsplitter, aber auch ausgeheilte Verwundungen und Krankheiten aller Art festgestellt hat. Dies ist von Laien und Ärzten bereits in genügend vielen Fällen geschehen.

Hier einige sehr überzeugende Beispiele: Einen Herrn, der selbst bis dahin Skeptiker war, untersuchte man und stellte nach seiner eigenen Bescheinigung in Gegenwart von mehreren Zeugen – ohne vorherige Kenntnis der Wirklichkeit – starken Rutenausschlag bei der Lunge, am Herzen und linken Fuß fest. Seine ärztlich festgestellten Defekte waren: Lungenschuß, Herzleiden und Fußschuß. Dabei ist zu beachten, daß der betreffende Herr in Uniform war, äußerlich also nicht die geringsten Anhaltspunkte zu Feststellungen dieser Art vorhanden waren.

Ein anderes Beispiel: Die Wünschelrute zeigte genau linksseitiges Herzleiden, das Herz dabei in rechte und linke Hälfte gedeckt. Man bleibt beim Ausschlag nicht im mindesten im Zweifel, wieweit das Herz stark angegriffen ist. Dasselbe wiederholt sich bei Magen- und Unterleibsleiden. Ferner zeigte die Rute beide Lungenspitzen angegriffen und Knieausschlag. In Wirklichkeit waren vom Arzt Herzleiden und Bluterguß im besagten Knie festgestellt worden.

Bei Nierenleiden zeigten nicht nur die Nieren einen Ausschlag, sondern der ganze Weg von der Niere zur Blase. Rheumatismus zeigte sich durch ungewöhnlich heftigen, Nervosität durch leichteren Ausschlag an. Nicht nur Krankheiten, die jetzt bestanden, sondern auch die früher bestanden haben, zeigten sich an. Die Schwere des Leidens war ziemlich deutlich am Druck der

Rute erkenntlich. Interessant ist auch, daß ich, wie einige andere Rutenforscher vor mir, einen ziemlich heftigen Rutenausschlag über Leichen feststellte. Wir können dies nicht anders deuten, als daß die beginnende Verwesung – die ja auch, in ihrer Art, eine Tätigkeitsform des ewig umformenden Lebens ist, – sicherlich als „Zustandsänderung" angesprochen werden muß und diesen Pendelausschlag hervorbringt.

Wissenschaftlich näher untersucht wurden die verschiedenen Ruten- und Pendelausschläge an gesunden und kranken Menschen insbesondere von PROF. DR. MORITZ BENEDIKT in Wien. Er hat darüber einige sehr bemerkenswerte Abhandlungen geschrieben, wie: „Die Rute und die Dunkelkammer in der Physiologie und Pathologie des Menschen", „Die magnetischen Emanationen des menschlichen Körpers" und in Nr. 1/2 der „Wiener Klinischen Rundschau" einen Aufsatz: „Emanationsstudien an Kranken und Röntgenaufnahmen". BENEDIKT hat darin so ziemlich alle diagnostischen Probleme der Ruten- und Pendellehre angeschnitten, so daß seine Nachfolger (er starb 1920) die Ruten- und Pendeldiagnose eigentlich nur mehr auszubauen brauchten. Er sagte im letztgenannten Aufsatz:

„Bevor ich in die speziellen Mitteilungen eingehe, will ich eine kurze Mitteilung über die Verhältnisse bei Ruten- und Pendelversuchen an normalen Menschen machen.

Bei normalen Menschen reagiert die Rute; bei mir und mit mir „Gleichgesinnten" (d. h. Gleichgestimmten) an Gesunden über dem Kopfe und den linken Extremitäten und beiden Seiten des Rumpfes, bei Erwachsenen mit zirka 380° (lies 380° Rutenausschlag, bei Kindern mit 420°, bei Adoleszenten mit 400°, über den rechten Extremitäten mit 0°. (360° ist eine volle Umdrehung der Rute. Als Drehachse dienen hierbei die gabelförmigen Enden der Rute, die derartig abgebogen in der Hand gehalten werden, daß die in der Hand befindlichen abgebogenen Enden senkrecht zum ungegabelten Teil der Rute stehen. Demnach bedeuten 720° zwei volle, 1080° drei volle Rutenrotationen. Ich sah selbst bei PROF. BENEDIKT, wie präzise diese Anschläge oder Rutenrotationen in seiner Hand erfolgten (d. Verf.).

172

„Bei meridianer Rutung – in liegender Stellung der geruteten Person – zwischen den aneinanderliegenden Knöcheln, reagiert die Rute bei Männern mit einem Abschlag (90°), bei Frauen mit einem Aufschlage; dann entweder über dem Nabel – bei Männern mit einem Auf-, bei Frauen mit einem Abschlage; dann erst wieder in der Nähe des Halses – bei Männern mit einem Ab-, bei Frauen mit einem Aufschlage. Dieser Geschlechtstypus in der meridianen Richtung ist nicht ohne Ausnahmen.

Dieser Typus hat seine Analogie, wenn man sich mit der horizontal gestellten Achse der Rute von vorn gegen den Nabel einer stehenden Person nähert. Bei Männern Auf-, bei Frauen Abschlag.

Dieser letzte Versuch rührt von Herrn HAUPTMANN MUSIL her, der dabei in einzelnen Fällen beobachtet zu haben glaubte, bei Schwangeren durch das typische oder atypische Geschlechtsverhalten das Geschlecht der Frucht bestimmen zu können. Dies war die Veranlassung der ganzen Rutenversuche in der Medianebene, die wir zusammen auf der Klinik Schauta anstellten, und zwar in fast 100 Fällen. Die Untersuchung ist aber noch nicht abgeschlossen.

An den Extremitäten, am Rumpfe und bei der medianen (in Mittelachse des Körpers verlaufenden) Rutung in liegender Stellung, wird die Rutenachse in der Querachse des Körpers und der Körperteile gehalten, am Kopfe kann dies in jeder Richtung geschehen.

In zentripedaler Richtung der Achse der Rute bekommt man keinen Ausschlag.

Merkwürdigerweise bekommt man über der nach oben gekehrten Vola manus (Hohlhand) weder Ruten- noch Pendelausschlag, wohl aber, wenn man bei dieser Haltung der Hand sich mit der Rute von unten nähert, wobei ein Ausschlag von 90° erfolgt. Über den Augen erhält man einen Ausschlag von 1080° ↑ + 380° ↓. Diese Ziffer 1080° hat eine große Retendenz (siehe die Abhandlung „Die magnetischen Emanationen des menschlichen Körpers" in: Psychische Studien 1917, Novemberheft).

Beim Pendeln erhalte ich und die mir Gleichgestimmten bei

Verwendung der rechten Hand über dem Kopfe und den linken Extremitäten und über der linken Rumpfhälfte bei Gesunden, bei Männern linksgedrehte Kreise, bei Frauen linksgedrehte Ellipsen, mit der linken Hand jedoch die entgegengesetzte Schwingung.

Es sei hier nur ein Ausschnitt aus meinem großen pathologischen Beobachtungsmaterial gegeben, und zwar zunächst wesentlich das Ergebnis der Ruten- und Pendeluntersuchungen bei äußeren Erkrankungen, die von mir meist auf den Abteilungen der PROFESSOREN EHRMANN und NOBL gemacht wurden, und zwar nicht in kasuistischer Form, sondern als Zusammenfassung aus einer Reihe von je gleichartigen Fällen.

Über Gonorrhoe (Sekret), über luetischer Sklerose, über spezifischer Roseala und von der Außenseite des Halses bei Papeln im Halse, über tuberkulöser Drüseneiterung und über Lupus vulgaris erfolgt der spezifische Ausschlag der Bakterien 1170, über Skleroderma scrophulosa $1180° \uparrow + 380° \downarrow$ (ein einziger Fall beobachtet).

Beim Lupus erythematosus – in einer Reihe von Fällen beobachtet – erhält man den Ausschlag der Bakterien mit 1170° oder auch mit $1080° \uparrow + 380°$ ($380° \downarrow$ ist, wie erwähnt, der Körperrutenausschlag). Dieser bakteriforme Ausschlag bei diesem Leiden ist höchst beachtenswert, weil er definitiv für die bazilläre Natur des Leidens spricht.*

Beim Sarkoid (BECK) beträgt der Ausschlag 770° (in einem Falle).

Bei Karzinom ist der Ausschlag 810°, bei Sarkom 1170°, was wieder für einen bakteroiden Keim spricht.**

* Damit erschließt sich ein ganz neuer Weg zur Ergründung der Krankheitsursachen oder der Ätiologie. Wer hätte wohl vor 50 Jahren daran gedacht, daß ein Professor der Wiener medizinischen Fakultät (nämlich BENEDIKT) zu solch einer Anwendung der Wünschelrute gelangen würde. Man hätte ihn sicher in Fachkreisen für verrückt erklärt.

** Diese Feststellung BENEDIKTS, daß bei Krebs und Sarkom ein bakteroider Keim (also Bazillen) vorliegen ist von ungeheurer Wichtigkeit und deckt sich auch mit den Forschungen des Krebsheilers PROF. DR. MED. ADAMKIEWICZ in Wien, der auch zur Erkenntnis kam, daß Krebs kein lokales Leiden sei, sondern

Über entzündlichen Prozessen – z. B. Gelenkaffektionen – nicht bazillärer Natur, auch arthritischen, auch über pleuritischen Herden usw. ist der Ausschlag 630°, der bei Eiterung bis gegen 720° ansteigen kann. Bei furunkulösem Eitergeschwür, z. B. bei einem Diabetiker 720°.

Über Schußwunden (Steckschüsse) kommen Aneinanderreihungsausschläge vor, 810° (Nickel und Aluminium) + 380° (Blei) + 450° (Zinn, Antimon) + 400° (Kupfer) Messing (400° + 120°) + 90° (Stahl und Eisen), und zwar je nachdem diese Metalle im Geschoßstück (auch Splitterstücke) vorhanden sind. Bei Aneinanderreihung sind die einzelnen Ausschläge bald ↑, bald ↓. Einen sicheren Aufschluß darüber, ob bei entzündlichen oder eitrigen Reaktionen der Umgebung noch eine besondere Anreihung erfolgt, konnte ich leider bis jetzt nicht feststellen.

Ich führe nun eine weitere Reihe von Reaktionen bei Hautaffektionen an. Bei Ekzem – je nach Intensität des Reizzustandes 450°–560°, Sykosis 450°, bei Pemphigus 450°, Erythema induratum 470°, Inguinalabszeß (Tuberkulose) links 1080° ↑ + 380° ↓ rechts (gesunde Seite) Ausschlag 380° ↑, Apex pulmonis, bei diesen Kranken links 720°, rechts 380°.*

Aber sehr zeitgemäß will ich die Rutenbefunde bei den sogenannten „Zitterern" (eine klinische Form des Kriegsschocks) anführen. Im allgemeinen sind die Ausschläge über dem Kopf, über den linken Extremitäten gesteigert bis zu 540°. Bei allen diesen Fällen bekommt man auch über den rechten Extremitäten statt 0° Ausschläge bis 360° und darüber. Bei den schwereren Anfällen handelt es sich offenbar nicht bloß um Erschütterung der Nervensubstanz, sondern auch um Zerreißung zarter Meningal-

durch Bakterien hervorgerufen wird. Daher Adamkiewicz auch jede operative Krebsbehandlung scharf verurteilte. Wir lassen in dieser Anmerkung nun jene Benedikts folgen: „In allen Ausschlagsangaben, bei denen keine Richtung angegeben ist, handelt es sich um aufsteigende (↑) ich rute immer mit Obergriff." (Benedikt.) Diese Feststellung eines Ausschlages von 810° bei Karzinom (Krebs) kann für Frühdiagnosen und überhaupt für Unterscheidung von bösartigen und gutartigen Geschwülsten von großer Bedeutung werden.

* Das tuberkulöse Sputum reagiert bakteriell mit 1170°, durch den Brustkorb hindurch bekommt man bloß einen Ausschlag von zirka 720°.

und Gehirngefäße. Die leichteren Anfälle hat man jetzt rasch heilen gelernt. Es gibt aber gewiß schwerere Fälle. Ein solcher, bei dem Paralyse eingetreten ist, war der Ausschlag 630°. Der Ausschlag 630° ist jener der Entzündung im allgemeinen und ist offenbar durch sekundäre Gehirnhaut- und Gehirnreaktion hervorgerufen.

Außer Prof. Benedikt hat noch Herr Ernst Schradin sehr bemerkenswerte, ja zum Teil außerordentliche Erfahrungen mit dem siderischen Pendel an Kranken gemacht. Ich habe diesen Herrn Schradin gelegentlich einer Vortragsreise in Nürnberg kennengelernt, da er mir von Kallenberg bestens empfohlen wurde, und verdanke Herrn Schradin sehr wichtige Mitteilungen aus seiner Praxis, die ich mit seiner gütigen Erlaubnis nun der Öffentlichkeit übergebe.

Zunächst ist interessant, was mir Schradin über seine Arbeitsmethode mitgeteilt hat. Er sagt darüber folgendes:

,,Um Jemanden zu untersuchen, lege ich die betreffende Person flach auf ein Ruhebett, und entferne von derselben möglichst alle Metallteile. (Uhren, Ringe, Ketten usw.) Den Pendel halte ich in der rechten Hand und schlinge den Faden um das vorderste Glied des Zeigefingers. Nun beginne ich mit dem Pendel vom Kopf auf den ganzen Körper zonenweise zu überschreiten und ersehe aus den Schwingungen die zutage treten, welche Körperteile gesund, welche leicht und welche schwer erkrankt sind.

Die erstgenannten Stellen des Körpers werden sich durch schöne, große Schwingungen zu erkennen geben; die zweiten durch wesentlich herabgeminderte Schwingungen, die letztgenannten verraten sich durch Pendelstillstand. Das gibt mir nun das Bild der erkrankten Stellen gleichsam auf eine Ebene projiziert wieder. Um aber genau sagen zu können, in welcher Tiefe das erkrankte Organ oder der Krankheitsherd liegt, ist es nötig, den Kranken auch von der Seite zu bependeln. Hier werden die gleichen Beobachtungen gemacht werden können. Im Schnittpunkt der beiden Linien des Pendelstillstandes, die wir uns durch den Körper verlängert gezogen denken (und die in einer vertikalen Ebene liegen), ist nun die erkrankte Stelle. So kann in der

Hand des Arztes eine einmalige Pendeluntersuchung eine Röntgenaufnahme ersetzen. Dies ist z. B. von Wichtigkeit bei Kranken, die nicht transportfähig sind, um sie in das nächste Röntgenkabinett zu bringen. Auch fand ich, daß ich durch meine Pendeldiagnosen Frühdiagnosen (namentlich bei Tuberkulose und Krebs) machen konnte, für welche ansonsten keine Symptome zu finden waren. Ja, der Pendel meldet Stellen als bereits erkrankt, die von der Wissenschaft wohl kaum als solche festgestellt werden können. Bemerken möchte ich noch, daß sich derartige Untersuchungen nicht allein am Körper selbst, sondern ebensogut an der Hand von Photographien der betreffenden Person, die sich untersuchen lassen will, vornehmen lassen, nur empfiehlt es sich, zu diesem Zwecke womöglich ganze Aufnahmen machen zu lassen." Um die Tiefe eines Krankheitsherdes nach der Photographie zu bestimmen, müßte man nach der Methode Schradins auch eine photographische Seitenaufnahme des Kranken zur Verfügung haben.

Dies ist in der Tat eine wunderbare Sache und hier setzt das große Verdienst des genialen Kallenberg ein, der uns zeigte, daß jede Photographie mehr ist als ein bloßes Abbild unserer äußerlichen Persönlichkeit, daß die Photographie sozusagen lebt, sicherlich aber strahlt. Lassen wir Kallenberg in dieser für die okkulte Medizin hochwichtigen Sache selbst zu Worte kommen:

„In dem Augenblick, in welchem der Photograph (durch Öffnen des Verschlusses) die Bahn freigibt vom Original, dem Menschen, zur beispielsweise mit Bromgelatine vorbereiteten Negativplatte, zieht letztere blitzschnell die von der verkleinerten Linse gesammelte und konzentrierte Ausstrahlung der Person an, saugt sie auf; ihren geistigen, psychischen und organischen Gehalt als Wesenseinheit.* Dieser Prozeß vollzieht sich mit einer

---

* Es ist bekannt, daß Orientalen und Naturvölker sich nicht gerne photographieren lassen wollen, weil sie behaupten, ein Teil ihrer Seele würde dadurch im Zauberkasten des Photographen festgehalten und man könne dann mit der Photographie schädigende, also schwarze Magie betreiben. Der moderne Okkultismus, man denke nur an die Experimente von Rochas, erbrachte den experimentellen Beweis dafür, daß man wirklich mit einer Photographie allerlei Magie betreiben könne. – (Der Verf.)

Wahrheitsliebe, der nichts gleichzustellen ist. Aber während man in unzureichender Einsicht hier Halt zu machen und versucht ist, den von der Platte genommenen Abzug nur als eine tote Kopie anzusehen, hat in Wirklichkeit das Original einen essentiellen Bruchteil seines gesamten Selbst an die Negativplatte schichtenweise mittels seiner Ausstrahlung übertragen. Ja noch mehr: Es besteht fortan eine unzerstörbare Beziehung zwischen dem Menschen, welcher photographiert wurde, und dem betreffenden Lichtbilde – unzerstörbar, solange die Platte oder das Positiv erhalten bleiben. Nun bin ich nicht etwa der erste, solches zu behaupten. Vielmehr hat schon BALZAC, vor dem Daguerrotyp-Bilde in Betrachtung versunken, vorahnend das Wunder im gleichen Sinne gedeutet, und ALBERT DE ROCHAS, sowie KARL BÜCHNER in Darmstadt haben auf dem Wege des streng-wissenschaftlichen Experimentes das gleiche bewiesen ohne Anwendung des siderischen Pendels, dem lediglich das Verdienst zukommt, jene Ergebnisse noch doppelt und dreifach zu unterstreichen, d. h. aus der Hypothese in die Gewißheit zu überführen."

Wir werden später nochmals auf die Verwendung der Photographie zu diagnostischen Zwecken zurückkommen und dabei sehen, daß sie auch von anderen Forschern in Verbindung mit Rute und Pendel erfolgreich benützt wurde, kehren jetzt wieder zu den Pendeldiagnosen SCHRADINS am lebenden Menschen zurück, wobei zu bemerken ist, daß SCHRADIN von keinem Kranken sich seine Krankheitsgeschichte erzählen ließ, um ja bei seinen Untersuchungen nicht „befangen" zu sein. Er schreibt über nachfolgende Krankheitsfälle:

„Fall 1. Frl. W. Pendelbefund: Schädeldecke zeigt abgeschwächte Schwingungen bis zu den Augenhöhlen. Rechter oberer Lungenflügel verminderte Schwingungen. Unteres Ende der Luftröhren – Hauptverzweigung nach den Lungenflügeln, Pendelstillstand. An beiden Seiten der Luftröhre stark abgeschwächte Schwingungen. Über der Gebärmutter fast Stillstand.

Krankheitsbefund: Die Patientin klagt über starkes Kopfweh, das sich hauptsächlich in den oberen Schädelpartien äußert. Sehr starker Bronchialkatarrh, Anfänge von Tuberkulose in den

Lungenteilen links und rechts der Luftröhre. Starke Gebärmutterverengung.

Eine mir von der Dame einige Tage später übergebene Röntgenaufnahme der Lunge hatte ich noch im ungeöffneten Paket bei mir, als ich Gelegenheit hatte, über diesen Fall mit meinem Arzt zu sprechen. Ich gab ihm die noch nicht eingesehene Photographie und konnte derselbe meine Angaben laut der Röntgenaufnahme genau bestätigen.

Fall 2: Mädchen von 8 Jahren.

Pendelbefund: Kopf und Oberkörper gesund. Linkes Bein gleichfalls gesund. Rechtes Bein: Hüfte Stillstand, Oberschenkel stark herabgeminderte Schwingungen eine Handbreit über dem Knie und das ganze Kniegelenk Stillstand. Unterschenkel mäßige Bewegung, Fuß selbst große Schwingungen.

Angaben: Hüftfehler, Kniegelenk und die umliegenden Gewebe von tuberkulöser Geschwulst durchsetzt. Das ganze Bein schwach.

Fall 3. Frau B., Nürnberg.

Pendelbefund: Schädeldecke herabgeminderte Schwingungen, Leber stark herabgeminderte Schwingungen. Gallenblase Stillstand. Andere Organe zeigen lebhafte Schwingungen.

Ärztlicher Befund und Angaben: Patient leidet an starkem Kopfweh, Leberschwellung, Gallenblase und Gallenwege stark verschwollen.

Fall 4. Herr F., Berlin. (Untersuchung nach Photographie.)

Pendelbefund: Alle Organe gesund mit Ausnahme der rechten Niere, darüber Stillstand, linke Niere sehr schwache Schwingungen.

Ärztlicher Befund: Seit einer langen Reihe von Jahren chronische Nierenentzündung.

Fall 5. Frau D., Nürnberg.

Pendelbefund: Über dem Schädel Schwingungen sehr herabgemindert, über dem linken Auge kleine Schwingungen, Unterkiefer und Zahnreihen schwache Schwingungen, Herz kleine Schwingungen, desgleichen Blase, Niere und Unterleib (Gedärme). Rechter Fuß über den Zehen schwache Schwingungen.

Ärztlicher Befund: Chronisches Kopfweh seit langen Jahren, Sehkraft des linken Auges herabgemindert, sehr viel Zahnweh und falsche Zähne, Herz durch ständige Einnahmen von Kopfwehpulver stark geschwächt, Blasenkatarrh, desgleichen Niere, sehr träge Verdauung, nach längerem Gehen und Stehen Schmerzen im rechten Fuß und Fußgelenk.

Fall 6. Name des Patienten mir unbekannt. Ein Arzt übergibt mir eine kleine Amateuraufnahme und bittet um Diagnose. Patient im Alter von etwa 50 Jahren.

Pendelbefund: Schädeldecke Pendelstillstand. Linke Seite der Mundhöhle Stillstand, rechte Seite derselben sehr schwache Schwingungen. Luftröhre in der oberen Partie stark abgeschwächte Schwingungen, der weitere Teil der Luftröhre weniger angegriffen. Mageneingang Stillstand, desgleichen Magen selbst wenig Pendelbewegungen.

Ärztlicher Befund: Der Arzt bestätigt meinen Befund, soweit er selbst über den Stand der Krankheit orientiert ist. Patient leidet an sehr starkem Kopfweh, Mundhöhlenkrebs, linke Seite stärker als rechte, Krebs zieht sich in die tiefergelegenen Teile der Rachenhöhle bis zum Kehlkopf. Letzteren glaubt der Arzt noch krebsfrei. Magenkrebs. Ob Lunge angegriffen, ist dem Arzt nicht bekannt, da noch nicht untersucht.

Als Letztes, was ich auf diesem Gebiete festgestellt habe, gehört das fast Unglaubliche, daß ich zur Untersuchung weder der Person, noch der Fotografie des Patienten bedarf, sondern es genügt mir, wenn ich mich in Gedanken mit der mir nicht einmal bekannten Person, die untersucht werden soll, in Verbindung setze.

Als Versuchsobjekt nehme ich in diesem Falle eine mir nahestehende Dame, denke für einen Augenblick, dies sei der Patient, und untersuche nun dieselbe, als ob sie die, respektive der Kranke sei, und erhalte auch auf diesem Wege die genauen Feststellungen der erkrankten Organe, die mir dann auch immer nachträglich bestätigt wurden. Das Sonderbare ist nun, daß mein Versuchsobjekt, an dem ich die Pendeldiagnose vornehme, in allen erkrankten Organen des fernen Kranken Schmerzen empfindet, obwohl ich keine diesbezügliche Suggestion erteilen kann, da ich ja selbst nicht weiß, woran der abwesende Kranke leidet.*

Des weiteren machte ich rein zufällig die Entdeckung, daß man den Pendel mit großem Erfolge auch zu Heilzwecken benützen kann, und sind mir, in meist ziemlich kurzer Zeit, mitunter auch Heilungen von alten Leiden gelungen.

Wenn ich zu Heilzwecken den Pendel über dem erkrankten Körperteil oder der Stelle schwingen lasse, so fühlen die meisten Kranken nach kurzer Zeit die heilende Kraft, die von der Pendelspitze ausstrahlt. Dieselbe wird als feiner, kühler Lufthauch empfunden, der sonderbarerweise auch die Kleidungsstücke durchdringt, wodurch die inneren Organe zu einer regeren Tätigkeit angetrieben werden. Mitunter treten krampfähnliche Erscheinungen oder sonstige Gefühle auf, die der Patient manchmal schwer definieren kann.

Eigenartig ist, daß das Empfundene anders ist, als wenn ich den Kranken magnetisiere. Die Erscheinungen sind in diesem Falle ganz anderer Art. Es ist daher anzunehmen, daß auch die Kraft, die da wirkt, eine andere ist, als die beim Magnetisieren. Ich nehme an, daß die Kraft, die durch das Pendel heilend auf die Kranken einstrahlt, DAS OD ist, das der menschliche Körper ausstrahlt, und ein Gemisch von Od und magnetischer Kraft die Heilwirkungen zustandebringt. Ich lasse nun einige Fälle von Krankheitsbehandlungen mit Hilfe des siderischen Pendels folgen.

Fall A.: Herr W. D., Kaufmann in Nürnberg. Ich wurde spät in der Nacht zu dem Herrn gerufen, der an einer sehr schmerzhaften Mittelohrentzündung erkrankt war. Ich fand den Kranken im Bette unter gräßlichen Schmerzen sich windend vor. Die Bepen-

---

* Ich habe die betreffende Dame, von welcher Herr SCHRADIN hier spricht, persönlich kennengelernt, sie bestätigte mir vollinhaltlich die Wahrheit des hier eben Mitgeteilten. Es ist das eine der wunderbarsten okkulten Tatsachen, die ich je vernommen habe. Indessen schrieb mir 1933 KALLENBERG, daß SCHRADIN jetzt sich soweit okkult entwickelt habe, daß er keines Pendels mehr bedarf. Er streicht nur mit seiner Hand in einiger Entfernung über den zu untersuchenden Körper des Kranken. – (Der Verf.)

delung des Kopfes ergab zunächst, daß die Erkrankung im linken Gehörgang saß. Die Schmerzen waren erst am Abend aufgetreten. Ich bependelte nunmehr die erkrankte Stelle durch etwa 7 Minuten und sagte dem Herrn, daß ich hoffe, daß er nach etwa weiteren zwei Stunden Ruhe bekäme. Am nächsten Tag erkundigte ich mich nach dem Befinden des Kranken, worauf mir mitgeteilt wurde, daß er gegen 3 Uhr morgens Ruhe bekam und dann bis 9 Uhr früh tief geschlafen habe. Beim Erwachen waren die Schmerzen vollkommen verschwunden. Das Ohr war ausgelaufen, ohne daß sich das im Ohr befindliche geronnene Blut zu Eiter umgebildet hatte. Der Arzt, der noch eine Untersuchung des Ohres vornahm, konnte konstatieren, daß das Blut das Trommelfell passiert hatte, ohne eine Durchlöcherung desselben zu verursachen! – Der Patient konnte noch am gleichen Tage das Bett verlassen und seinen Geschäften nachgehen. Ich machte noch eine einzige Nachbehandlung.*

Fall B.: Herr H. R., Naturheilkundiger, Nürnberg. Derselbe war während des Weltkrieges schwer an Malaria erkrankt und litt seit langer Zeit an einem Gesichtsausschlag, der die ganzen Mundpartien bis zum Kinn und Hals bedeckte. Ich nahm die Behandlung vor, und zwar während der ersten Tage je dreimal. Nach der ersten Behandlung am zweiten Tage war schon eine bedeutende Besserung eingetreten. Der Hals war schon ganz frei. Nach weiteren 2 Tagen war das Kinn soweit gebessert, daß der Kranke ohne Verband gehen konnte, und am nächsten Tage war der Ausschlag soweit zurückgegangen, daß der Herr sich rasieren konnte. Nach dem neunten Tage war nichts mehr zu sehen.**

---

* Wobei zu bemerken ist, daß Herr SCHRADIN dies nicht berufsmäßig ausübt, er ist von Beruf Kaufmann. – (Der Verf.)

** Hierzu ein ähnliches Erlebnis aus dem Weltkrieg. Ich machte am Bahnhof in Graz Nachtdienst. Mit mir ging ein junger Assistenzarzt im Morgengrauen auf und ab. Da bemerkte ich, daß er fort und fort seine rechte Wange kratzen mußte . „Warum machst Du das immer?" fragte ich ihn. – „Ach, alljährlich im Sommer bekomme ich einen juckenden, kaum sichtbaren Ausschlag im Gesicht, kein Professor an unserer Hautklinik konnte mich davon befreien, aber mit Eintritt der kalten Jahreszeit verschwindet er wieder", war seine Antwort. Da erinnerte ich mich plötzlich, daß mir DR. MED. FRANZ HARTMANN, der bekannte Mystiker,

182

Fall C.: Frau A. B., Kaufmannsgattin, Nürnberg. Die Dame litt seit Jahren an einem sehr hartnäckigen Beinleiden. Die Schenkel waren wund und ein fortwährender Juckreiz ließ die Patientin nicht zur Ruhe kommen. Alles Mögliche wurde versucht, aber alles vergebens. Als ich den Fall übernahm, war das rechte Bein mehr angegriffen als das linke. Das ganze Bein war von einer Art Ekzem bedeckt, die Unterbrechung bestand nur in kleinen erbsengroßen Eiterherden, die sich immer bei geringster Reizung ausbreiteten. Beine und Füße waren stark angeschwollen und versagten damals den Dienst. Schon die erste Behandlung bewirkte sofort eine ganz bedeutende Rückbildung der Geschwulst von etwa 2 Zentimetern. Nach einer weiteren Behandlung merkte man das Abnehmen des Juckreizes und nach weiteren 2 Tagen schlossen sich die Wunden, um allmählich abzuheilen. Es trat

Theosoph und Okkultist, als ich ihn einmal in Meran vor dem Kriege besucht hatte, erzählte, wie er auf ganz einfache Weise, durch Imagination und Einwirkung seiner Hand allerlei, oft auch Schwerkranke rasch geheilt habe. ,,Willst Du dieses lästige Jucken los haben?" fragte ich den jungen Arzt. ,,Natürlich", war seine Antwort. – ,,Nun so gehen wir auf Deine Krankenstation gleich hier im Bahnhofsgebäude, dort will ich etwas mit Dir versuchen." Ich bemerke vorher, daß dieser junge Assistenzarzt weltanschaulich ein vollkommener Materialist war. Als wir in der Krankenstation angekommen waren, gingen wir in das leere ärztliche Zimmer. Dann sagte ich zu dem jungen Arzt: ,,Bitte setz Dich auf diesen Stuhl, schalte all Dein Denken und Wollen möglichst aus. Ich fordere keineswegs irgend einen Glauben an meine Person. Was ich tun werde, hat mit Suggestion absolut nichts zu tun, ich werde auch kein Wort sprechen."

Nun machte ich in der Entfernung von wenigen Zentimetern mit der rechten Hand in der Gegend der juckenden Stelle an der Wange dreimal ein Zeichen der weißen Magie, dann stellte ich mir lebhaft vor, wie meine astrale Hand gleichsam den Ausschlag an der Wurzel erfaßte und herausziehe, wobei ich dreimal eine herausziehende Bewegung mit meiner Hand machte, ohne aber den jungen Arzt zu berühren. ,,Was hast Du bei meinen Manipulationen gespürt?", fragte ich meinen Patienten. Da sagte er: ,,Zuerst, als Du das Zeichen dreimal mit der Hand machtest, eine angenehme Kühle. Dann, als Du mit Deiner Hand gleichsam etwas von mir entfernen wolltest, war es mir, wie wenn hunderte von sehr feinen Kautschukfäden aus der Wange gezogen würden." ,,Gut" sagte ich, ,,nun wollen wir wieder unsere dienstlichen Wege am Bahnsteig fortsetzen." Das taten wir auch und zu meinem Erstaunen bemerkte ich, daß der junge Arzt nur mehr sehr selten eine leichte und kurze kratzende Bewegung machte. Als ich ihn nach wenigen Tagen wieder traf, meldete er mir sofort freudestrahlend, daß der ganze Ausschlag wie weggezaubert verschwunden sei. Er bat nun um Aufklärung, die ich ihm gerne gab.

durch meine Abwesenheit eine längere Pause in der Behandlung ein, während dieser Zeit erfolgte ein leichter Rückfall, der jedoch nicht so schlimm war, da die Dame zur Erholung verreisen konnte. Nach meiner Rückkehr wurde die Behandlung wieder aufgenommen, um noch die kleinen zurückgebliebenen Reste des Leidens zu beseitigen. Nach ganz kurzer Zeit war auch dies erreicht. Diese Behandlung liegt jetzt ein Jahr zurück. Während dieser Zeit sind nur dreimal kleine Ekzeme entstanden, die einer Nachbehandlung bedurften, aber jedesmal in 1 oder 2 Behandlungen zum Ausheilen gebracht wurden.

Fall D.: Frau M. B., Kaufmannsgattin in Nürnberg. Die Dame litt seit etlichen Monaten an einem sehr schmerzhaften Blasenkatarrh, verbunden mit Schmerzen in der Nierengegend und Verdauungsstörungen. Die Untersuchung vermittelst des Pendels ergab Erkrankung der rechten Niere und Blase und sehr schwache Funktion der Verdauungsorgane. Die Erkrankung erforderte fünf Behandlungen, die sich über 14 Tage verteilten. Zuerst wurde die Niere besser, dann die Blase. Die Verdauungsstörungen waren schon nach dem dritten Male behoben. Eine Untersuchung des Urins vonseiten eines Arztes ergab nach vier Behandlungen ein einwandfreies Resultat. Irgendwelche Rückfälle sind nicht eingetreten.

Fall E.: Frau J. B., Kaufmannsgattin in Nürnberg. Die Dame war seit etlichen Tagen an Leberschwellung und Gelbsucht erkrankt. Die Pendeluntersuchung ergab Verstopfung der Gallenwege. Eine einmalige Behandlung führte zum gewünschten Erfolg. Nach zwei Tagen war der Gallenweg frei, und die Besserung trat rasch ein.

Fall F.: Frl. Ch. M. und Frl. E. M., zwei Schwestern, litten seit langer Zeit an Veitstanz. Durch Pendeluntersuchung ergab sich bei einem Fräulein an der linken und bei dem andern an der rechten Schläfengegend eine Stelle in der Größe einer kleinen Kinderhandfläche, welche für das Pendel nicht empfindlich war. Die Krankheitserscheinungen deckten sich bei den zwei Damen genau, nur daß die eine, bei welcher offenbar die linke Gehirnhälfte erkrankt war, rechts stärkere Symptome des Veitstanzes hatte, während es bei der anderen Schwester umgekehrt war. Frl. Ch. M. benötigte zu ihrer Wiederherstellung nur zwei Behandlungen, ihre Schwester deren drei. Das Zittern der Glieder ließ schon nach der ersten Behandlung nach und war bei der zweiten Behandlung vollkommen verschwunden. Die Stellen an den Schläfen, an denen der Pendel bisher nicht reagierte, waren zu gleicher Zeit kleiner geworden und dann ganz verschwunden.

Ich könnte noch weitere Fälle von auffallenden Heilungen anführen, der beschränkte Raum zwingt mich, davon abzustehen. Erwähnen will ich nur noch, daß kleine Übel, wie schnell auftretende Kopfschmerzen, meistens in wenigen Minuten beseitigt werden konnten."

Dies sind also die hauptsächlichsten Erfahrungen, die Herr E. SCHRADIN mit dem siderischen Pendel machte. Er betrieb diese Studien bisher nur zu Privatzwecken, hatte sich aber auf vielseitigen Wunsch bereit erklärt, Spezialpendel – wie er sie für seine Versuche verwendete – an ernste Interessenten abzugeben.

Wir wenden uns nun wieder den Ruten- und Pendelversuchen von PROF. BENEDIKT zu, der sehr bemerkenswerte Beobachtungen bezüglich des Verhaltens von Röntgenaufnahmen bei krankhaften Prozessen unter Zuhilfenahme von Ruten- und Pendelreaktionen gemacht hat. Dieselben sind dem bereits zitierten Aufsatz Benedikts „Emanationsstudien an Kranken und Röntgenaufnahmen" entnommen. BENEDIKT sagt darin:

„Als erste Bemerkung will ich hier hervorheben, daß die Kopien sich in bezug auf Ruten- und Pendelreaktionen genau so verhalten wie die direkten Röntgenaufnahmen. Weiter, daß die Originalaufnahmen auf Glas, sowie auf präpariertem Röntgenpapier, sowie die Kopien von beiden sich gleich verhalten.

Seit den genialen Untersuchungen durch KALLENBERG über die Ausschläge des Pendels über Photographien und Handschriften, weiter von ÖLENHEINZ über Bildern und den fundamentalen Untersuchungen von DR. H. LANGBEIN: „Ergebnisse von Untersuchungen mit dem siderischen Pendel", hat dieses Untersuchungsgebiet eine große Ausdehnung gewonnen, wenn auch noch keine allgemeine Anerkennung gefunden.

Zu dieser Pendelmethode fügte ich die Rutenuntersuchung. Es kam mir die Idee, diese Untersuchung auf Röntgenplatten und Kopien auszudehnen, wobei mir vorzugsweise das reiche Musealmaterial der Wiener Poliklinik zustatten kam. Es zeigte sich nun, daß der Pendel über allen gesunden und allen kranken Stellen folgendermaßen reagiert:

Bei Benützung der rechten Hand ein links gedrehter Kreis, anschließend eine Linie N. S. und dann ein rechts gedrehter Kreis. Bei Frauen erscheint anstatt des Kreises eine Ellipse, selten bei männlichen Individuen (letzteres wohl durch Überwiegen des Silbereinflusses der Platte). Bei Benützung der linken Hand ist auch der erste Kreis, respektive die Ellipse rechtsgedreht. Der Versuch wurde mit den verschiedensten Pendeln (Messing, Nikkel, Gold, Porzellan usw.) gemacht immer mit demselben Erfolge.*

Von außerordentlichem Interesse ist der Rutenausschlag über Röntgenaufnahmen auf Kopien. Über den gesunden Stellen erscheinen die normalen „Rutenkörperausschläge" $380° \uparrow + 90° \downarrow$ (Silberausschlag), an den leeren Stellen bloß der Silberausschlag $90°$. –

Über den kranken Stellen erscheinen dieselben Ausschläge wie über den kranken Stellen in vivo (d. h. beim lebenden Menschen). Die Platten, die ich benützte, datierten bis 1904 zurück. Geprüft wurden zunächst luetische Veränderungen, vorzugsweise an Knochen, tuberkulöse Gelenkaffektionen, besonders bei Kindern, Lungentuberkulose (mit käsigen Herden). Diese infektiös erkrankten Stellen ergaben den Bazillenausschlag $1170°$. (Bei allen diesen und folgenden Ausschlägen reiht sich der Silberausschlag $[90° \downarrow]$ an, was nicht bei jedem besonders angegeben ist.) Sarkom gab denselben Ausschlag, während Karzinom

---

* LANGBEIN nennt solche gegengerichtete Schwingungen mit oder ohne neutralisierte Linien „racemisch" (traubenartig) wegen einer Analogie mit gegenläufiger optischer Drehung, zum Beispiel bei Traubensäurekristall. Statt dieser Definition wähle ich den Ausdruck „doppel oder mehrfach gerichtete" Schwingungen. Solche Schwingungen habe ich vielfach beobachtet, ohne hier darauf eingehen zu können.

den Ausschlag 810° ergab (unter anderen bei vier Fällen von Magenkarzinom).

Knochenkaries 1170°, manchmal 1160°, 1100° und nur einmal bloß 810°.

Bei einem Falle von Osteomyelitis femoris in individuo tuberculose 1170°.

Gelenkentzündungen im Durchschnitt 630°, seltener bis gegen 720° ansteigend, oder bis 450° sinkend, offenbar je nach der Intensität des Prozesses.

Myositis ossificans (3 Fälle) an den verschiedenen Stellen von 630° bis 720°.

Schußverletzungen ergaben in Aneinanderreihung die Ausschläge der Metalle, die in den betreffenden Geschoßteilen enthalten waren (Nickel, Antimon, Aluminium, Zink, Kupfer, Eisen, Stahl, Blei, Zinn), ohne deutlichen physiologischen und pathologischen Ausschlag der betreffenden Stelle. – Hier wie über allen gesunden Stellen sämtlicher Platten der normale Körperruten-Ausschlag.

Über Hydrocephalus chronicus (Wasserkopf), über einem riesigen Angiom an einer Schädelhälfte mit Knochenimpressionen, ferner über einer angeborenen Hyperostose der Schädelknochen (bei einer Queraufnahme) und über einem wenigstens noch reaktionslosen Querbruch der Tibea erschien bloß der normale Ausschlag des Körperrutenstromes (zirka 380°).

Man sieht leicht die besondere Bedeutung der direkten Untersuchung in vivo und der Platten- und Kopienausschläge für die Praxis ein. Man kann noch nach Jahren die gewesene Veränderung erkennen, deren Verlauf durch Neuaufnahmen kennenlernen, rückbleibende Reste von operierten Neubildungen beurteilen, wobei freilich an mehr oder minder nachdauernde Verladung ins umgebende Gewebe gedacht werden muß. Man kann auch in distance, zum Beispiel bei Appendizitis (Blinddarmentzündung) beurteilen, ob bloß ein täuschender Reiz oder ein pathologischer Prozeß vorliegt usw."

Das wären also die Erfahrungen, die PROF. BENEDIKT – der, nebenbei gesagt, ein sehr gesuchter Arzt in Wien war – mit der

Rute und dem Pendel in diagnostischer Beziehung gemacht hat. Daß Rute und Pendel in seiner Hand andere Ausschläge ergaben wie z. B. bei SCHRADIN, soll uns nicht wundern. Nur bei „Gleichgestimmten", d. h. Menschen mit sehr verwandter Konstitution in körperlicher und seelischer Beziehung ergeben sich gleiche Ausschläge oder Pendelschwingungen. Wir müssen also bei Ruten- und Pendeldiagnosen mit persönlichen Konstanten rechnen, d. h. jeder Ruten- und Pendeldiagnostiker muß zuerst herausfinden, wie er auf verschiedene Einflüsse reagiert und welche Ausschläge und Schwingungsformen Rute und Pendel in seiner Hand vollführen. Damit wird die Ruten- und Pendeldiagnose zu einer individuellen Kunst, und es ist klar, daß man wohl die allgemeinen Prinzipien einer solchen lehren kann, daß aber die Technik derselben verschieden sein wird und muß, je nach den Veranlagungen des Einzelnen, der sie ausübt, was ja auch bei jeder anderen Kunst der Fall ist.

Ein Beispiel dafür bietet mir ein Schreiben einer ungewöhnlich veranlagten Pendeldiagnostikerin, Frl. A. J., in St. vom 1. 7. 1921, wo es unter anderem heißt:

„Um festzustellen, was einem Kranken fehlt, lasse ich den Betreffenden sich legen und pendele nun den ganzen Körper ab. Die gesunden Stellen ergeben dann den normalen Ausschlag, wo eine leichte Störung vorhanden ist, ist der Ausschlag geschwächt, und wo tiefere organische Schäden vorliegen, meldet sich bei mir im Arme ein ganz spezifisches Reißen und Ziehen, das von einem ziemlich widerlichen Gefühl begleitet ist. Halte ich über eine solche Stelle das Pendel längere Zeit, so wird der Arm so schwer, daß ich ihn nachher kaum mehr zu rühren vermag. – Habe ich nun festgestellt, was dem Patienten fehlt, so suche ich mir die Mittel heraus, die eventuell für ihn in Betracht kommen können. Dann halte ich den Pendel über die Hand des Betreffenden und lasse ihn erst mal kurz schwingen, bis ich sicheren Kontakt habe, hierauf nehme ich von den betreffenden Mitteln eines nach dem anderen in die Hand. Paßt dieses oder jenes Mittel, so erhalte ich anstatt der geschwächten, wieder einen schönen, vollen Ausschlag, paßt es nicht, dann meldet sich wieder jenes schon beschriebene widerliche Gefühl (ich pflege dann zu sagen: Der Pendel schlägt ab); wirkt ein Mittel so, daß es wohl Linderung, aber nicht dauernde Heilung bringen kann, dann verstärkt sich der Ausschlag nur leicht, und ich muß dabei stets unwillkürlich erleichtert aufatmen. Habe ich nun auf diese Weise 3, 4 oder auch mehr passende Mittel herausgefunden, so halte ich unter diesen wieder Auslese. Denn sehr oft kommt es vor, daß sich von diesen gefundenen Mitteln 2 oder 3 prachtvoll ergänzen, während die übrigen ganz und gar nicht dazu passen wollen. Ich prüfe das so, indem ich nun von den ausgesuchten Mitteln eines in die Hand nehme, dann das nächste dazu, ebenso das 3., 4. usw. Schwächt nun eines beim Hinzukommen den vorher erzielten vollen Ausschlag, dann wird es ausgeschaltet. Kommt nun der Patient das nächste Mal und man probiert nun wieder dieselben Mittel, die er seither eingenommen hat, so wird man oft finden, daß sie ausgewirkt haben. Der Pendel reagiert nur noch schwach oder gar nicht mehr, ja er schlägt sogar energisch ab, wenn schon zu viel eingenommen wurde. Und nun ergibt sich vielfach, daß jetzt die Mittel am Platze sind, die vorher zwar an und für sich, aber nicht zu den übrigen passend, gefunden wurden.

Wenn ich den Patienten selbst nicht zur Verfügung habe, dann pendele ich eine Photographie von ihm (natürlich eine Aufnahme neuesten Datums) ab, um die Krankheit und die ihr ansprechenden Mittel zu finden. Steht mir auch die Photographie nicht zur Verfügung, dann muß ich mich auf die schriftlichen Aussagen über den Krankheitszustand des Betreffenden verlassen und untersuche dann den Brief des Patienten oder ein Tuch,* das er die

---

* Hellfühlende und Hellsehende geraten vermittelst solcher Gegenstände auch in Kontakt mit fernen Personen und können daher auch Diagnosen ohne Pendel stellen. Danach würde man heute nicht mehr über Leute lachen, die, wie z. B. der Schäfer Ast, aus drei Nackenhaaren eines Kranken Diagnosen stellen. Alles dies hat sich in verschiedenen Formen zu allen Zeiten und bei allen Völkern ereignet, nur die materialistische Wissenschaft ging an derlei Tatsachen vorbei oder suchte sie lächerlich zu machen.

Gibt es aber Ferndiagnose auf rein okkultem Wege, so braucht man sich nicht mehr darüber zu verwundern, wenn es auch Fernheilungen ganz okkulter, ja mystischer Art gibt. Der bereits erwähnte DR. MED. FRANZ HARTMANN, der be-

Nacht über auf die Brust aufgelegt hatte, mit dem Pendel, um die passenden Mittel zu finden.

Mit dem Pendel untersuche ich aber nicht nur Heil- sondern auch Nahrungsmittel. Oft fragt ein Patient: darf ich das und das essen, ist mir dies oder jenes zuträglich? In diesem Falle gehe ich dann eben mit dem in Frage kommenden Nahrungsmittel, wenn es gerade zur Hand ist, genau so vor, wie mit den Heilmitteln auch.

Es wird Sie vielleicht noch interessieren zu hören, daß meine Pendelfähigkeit mit der Zeit und durch Übung sich noch in der Weise gesteigert hat, daß der Pendel bei den Untersuchungen nicht nur noch in raschere und stärkere Schwingungen versetzt wird, sondern daß, so wie ich mit dem passenden Mittel in Berührung komme, die odische Strömung so blitzschnell und stark durch meinen Körper zieht, daß der Arm, wie von einem elektri-

---

kannte Theosoph, Okkultist und Mystiker, hat solches am eigenen Leibe erlebt und darüber auch in seiner Lebensbeschreibung: ,,Denkwürdige Erinnerungen" berichtet. FRANZ HARTMANN litt also während seines 18jährigen Aufenthaltes in Nordamerika durch einige Jahre an einer juckenden Flechte, die kein Arzt heilen konnte. Da las er zufällig in den Tageszeitungen, daß etwa tausend Kilometer von seinem Aufenthaltsort ein Wunderheiler lebe, ein gewisser DR. STEPHENSON, der durch geistige Kraft des Willens erstaunliche Fernheilungen machte. Sofort schrieb Franz Hartmann diesem Wundermann. Aber als nach etlichen Wochen weder eine Antwort von ihm kam, noch sich eine Besserung der Flechte zeigte, glaubte Franz Hartmann, daß das ganze nur Humbug sei. Wenige Tage später, als er gerade in der Abenddämmerung still im Garten saß, verspürte er plötzlich wie ein elektrischer Schlag seinen Körper durchzuckte. Er notierte sich Tag und Stunde dieses Ereignisses und fand, daß von da ab die Flechte rasch verschwand. Überdies erhielt er nun von jenem DR. STEPHENSON einen Entschuldigungsbrief mit der Mitteilung, daß er verreist gewesen sei und daher erst heute dazu gekommen sei, ihm um 8 Uhr abends einen ,,Schock" zuzusenden, von dem er annehme, daß er zur Heilung genüge. DR. HARTMANN sah nun in seinen Notizen nach und Tag und Stunde stimmte mit den Angaben des DR. STEPHENSON genau überein. Derlei mentale Fernheilungen wurden aber zu allen Zeiten bei Heiligen, Mystikern und Yogis immer wieder beobachtet. Im Gedanken, im Wunsch, Willen und Gebet eines geistig höher entwickelten Menschen liegen auch die Möglichkeiten der geistigen Fernheilung. Ähnliches war ja auch bei Therese von Konnersreuth zu beobachten. Die materialistische Wissenschaft gibt derlei weder zu, noch kann sie es erklären. Kein Okkultist oder Mystiker bezweifelt aber solche Tatsachen. Näheres darüber in meiner Schrift: ,,Die Kraft der Gedanken, des Wunsches und Gebetes". (Der Verf.)

schen Schlag getroffen, unwillkürlich zuckt, so daß mich die Leute fragen, warum ich denn so schrecke.

Strecke ich dagegen die Hand nach einem Mittel aus, das durchaus ungeeignet ist, so fühle ich das nun schon in einem gewissen Abstand, ehe ich es nur in die Hand genommen habe, und das unangenehme Gefühl, das ich dabei empfinde, veranlaßt mich dann, die Hand so rasch wie möglich wieder aus dem Bereich dieser ungünstigen Strahlung zu bringen. – Obgleich eigentlich noch manches zu sagen wäre, hoffe ich nun doch, Ihnen ein einigermaßen genügendes Bild meiner Versuche mit dem Pendel gegeben zu haben." –

Ich bin sicher, daß mehr als ein Leser dieser Zeilen über die wunderbaren Perspektiven der mannigfaltigen Anwendung des siderischen Pendels in der Heilkunst im stillen begeistert sein wird: „Beruht das hier Vorgebrachte auf Wahrheit, dann stellt dieses einfache Instrument, in der Hand von dazu veranlagten Menschen, das ganze Wissen der medizinischen Fakultät in den Schatten, dann verblaßt bereits vor den Strahlen des siderischen Pendels das Licht der Schulweisheit, wie alle Sterne durch die aufgehende Sonne derartig überstrahlt werden, daß sie für uns unsichtbar werden, dann beginnt bereits durch den siderischen Pendel eine Revolution in der praktischen Heilkunde, wie wir sie seit Paracelsus nicht mehr erlebten."

Ganz dieser Ansicht war auch Medizinalrat DR. MED. A. MANNLICHER aus Mattsee bei Salzburg, welchen persönlich kennen und schätzen zu lernen der Verfasser reichlich Gelegenheit hatte. Medizinalrat Mannlicher war selbst ein sehr geübter, geschickter und durchaus naturwissenschaftlich forschender Rutengänger und Pendler, welcher sich namentlich bemühte, die krankmachende Wirkung der Erdstrahlen systematisch darzulegen und auch darüber in Vorträgen und Zeitungsartikeln mit männlicher Entschlossenheit eintrat. In Salzburg gehörte zu den akademisch-gebildeten Ruten- und Pendelforschern neben ARCHITEKT DAUNER auch STADTBAUDIREKTOR INGENIEUR STRANIAK, der sicherlich epochale Entdeckungen gemacht hat, indem er den experimentellen Beweis zu erbringen sucht, daß bei Bewegungen der Rute und des Pendels nicht nur Eigenstrahlungen der zu untersuchenden Objekte, sondern auch kosmische und tellurische Strahlungen einwirken. Eine Entdeckung von sehr großer Tragweite! MEDIZINALRAT MANNLICHER hingegen suchte in unermüdlicher Arbeit den experimentellen Nachweis des unzweifelhaften Zusammenhanges zwischen Erdstrahlen und Krebs und einer Reihe von anderen schweren Krankheiten zu erbringen, und er hatte bei Krebs in etwa 89 Prozent der Fälle nachweisen können, daß Krebskranke oder an Krebs Verstorbene tatsächlich ihre Betten oberhalb von Reizstreifen und besonders von deren Kreuzungen stehen hatten.

MEDIZINALRAT MANNLICHER hat auch mit Erfolg sich bemüht, die Intensität der Erdstrahlen mittels eines besonderen, aus zehn aufeinandergelegten Eisenscheiben bestehenden Pendels, festzustellen, und damit zehn Stärkegrade von Erdstrahlen unterschieden. Ebenso konnte MANNLICHER die Wirkung von ganz einfachen Abschirmungsanordnungen gegen Erdstrahlen einwandfrei feststellen. Selbst aus der Schriftprobe eines Kranken konnte MANNLICHER feststellen, ob dessen Lagerstätte sich oberhalb von Reizstreifen der Erdstrahlen befand oder nicht. – Diese Proben einer stillen, aber für die wahre Heilkunde höchst wichtigen Forschertätigkeit mögen wohl genügen.

Begreiflich findet man den Wunsch vieler Leser, nun selbst die Handhabung dieses Wunderinstruments, des siderischen Pendels, zu erlernen. Wir wollen nun diesbezüglich einige erprobte Winke geben. Zweifellos sind viele Menschen für das siderische Pendel begabt, nur wissen sie es nicht. Die einfachen Grundexperimente mit dem siderischen Pendel gelingen fast jedermann. Mag auch im Anfang der Ausschlag ein geringer sein, so läßt sich derselbe durch Übung und sonstige Verhaltensmaßregeln – wie jede angeborene Fähigkeit – entwickeln oder steigern.

Es ist sicher, daß jede Unmäßigkeit in der Lebensführung die Pendelfähigkeit herabsetzt oder zerstört. Umgekehrt wird möglichste Enthaltung von Alkohol, Tabak usw. die Empfindungsfähigkeit für Pendelversuche steigern. Alles, was unsere Feinfühligkeit steigert, muß naturgemäß unsere Pendelfähigkeit gleichfalls steigern. Neben Reinheit der Lebensweise wird also ruhiges Tiefatmen in reiner Luft, sowie geistige Konzentration und Meditation uns immer geeigneter für die Erschließung der wunderbaren Möglichkeiten des siderischen Pendels machen. Je passiver sich der Pendler, gerade bei Diagnosen oder Heilmittelbestimmungen verhält, je mehr Ruhe und Gelassenheit er besitzt, je besser er versteht, sein eigenes Denken und Wollen dabei auszuschalten, desto erstaunlichere Resultate wird er erzielen. Aber auch der ganze Charakter des Pendlers, seine konstante seelische Einstellung seinen Mitmenschen gegenüber ist von großem Einfluß auf seine Pendelfähigkeit, namentlich als ärztlicher Pendler. Sehr richtig sagt diesbezüglich DR. MED. CARL ERHARD WEI: in seinem sehr empfehlenswerten Buch ,,Das siderische Pendel im Reiche des Feinstofflichen'':

,,Immer werden aber die Ergebnisse dessen, der aus Menschenliebe und im ehrlichen Drange, dem Kranken zu helfen bemüht ist, bei weitem besser sein als die Erfolge dessen, der diese Methode gleichgültig und kalt wie eine Hundeschnauze nur zum mühelosen Gelderwerb verwendet, oder um sich das Ansehen eines Wundermannes zu geben. Das ist natürliche Folge dessen, daß der Untersucher zugleich als Reagens und als Beobachter mit seinem ganzen Ich in der Reaktion drinsteht.

Was also den Charakter besser macht und sittlich vervollkommnet, was im Menschen die Gliedhaftigkeit, das Verbundensein mit allen anderen Menschen, und namentlich mit dem Menschen, der im Augenblick sein Nächster ist, weil er in besonderem Maße auf seine Hilfe angewiesen ist, was im Menschen eine solche Gesinnung wesenhaft steigert und heranzieht, das wird ihn auch zu solchen Untersuchungen geeigneter machen und umgekehrt.''

PARACELSUS sagt in kürzeren Worten wohl dasselbe, wenn er dem angehenden Arzte den Rat gibt: ,,Du mußt helfen wollen und dann wird Dich der Geist der Wahrheit und Liebe leiten und führen.'' Diese geistige Einstellung ist es auch, welche Paracelsus als ,,Tugend'' oder Tauglichkeit des Arztes verlangt, dann erst kommt das Wissen. Es deckt sich auch mit dem bekannten Ausspruch Nothnagels: „Nur ein guter Mensch kann ein guter Arzt sein." Das mag auch ein Grund sein, weshalb viele nichtapprobierte Heiler, die aber von wahrer Liebe zum Nächsten erfüllt sind, gute Erfolge haben. Güte und Liebe kann man schwerlich erlernen, sie müssen angeboren oder uns von Gott verliehen sein. Und jeder wahre Heiler wird die Beobachtung gemacht haben, daß er die größten Kuren dann macht, wenn er tunlichst uneigennützig, ja umsonst den Kranken behandelt. Denn dann wirkt die All-Liebe durch ihn.

Viele Pendler haben gefunden, daß die Morgenstunden sich am besten zur Ausübung von Pendelversuchen eignen. Jede starke Ermüdung, jede Überanstrengung setzt die Pendelfähigkeit herab. Deshalb sollte man sowie sich bei Pendelversuchen Ermüdung zeigt, dieselben unterbrechen. Ebenso ist die Zeit unmittelbar nach den Mahlzeiten zu Pendelversuchen am wenigsten geeignet.

Das Grundexperiment mit dem siderischen Pendel ist überaus einfach. Nachdem man zuvor alle Metallgegenstände, die man am Leibe und bei sich getragen, beiseite gelegt hat, stützt man den Ellenbogen auf dem Tische derartig auf, daß der Pendel ruhig und ohne Erschütterung gehalten werden kann. Man schlingt nun einen gedrehten Seidenfaden von 30–35 Zentimeter Länge, an dessen Ende ein glatter goldener Ring befestigt ist, mittels einer knapp anschließenden Schlinge um das erste Glied des Zeigefingers (der rechten Hand) unmittelbar hinter der Nagelwurzel.* Darauf legt man ein kleines Stück Eisen oder Gold unter den Pendel, derartig, daß zwischen Eisen und Pendel ein Raum von 2–3 Zentimeter frei bleibt. Nach einiger Zeit wird das Pendel in Kreisform zu schwingen beginnen. Legt man statt des Eisens oder Goldes ein Stück Silber oder Kupfer darunter, so

---

* Nach Stadtbaudirektor Ingenieur STRANIAK muß man vorher die Finger der beiden Hände abpendeln lassen, da jeder Finger zwei Polaritäten haben kann und man daher den Faden des Pendels nur mit Fingern gleicher Polarität halten soll. Dies wäre hochwichtig und stellt ein Neuland der Pendelforschung dar. STRANIAK unterscheidet überhaupt sechs allgemeine Strahlungsarten kosmischer Richtung, diese stimmen mit Nord, Süd, Ost, West, Zenit und Nadir überein.

wird die Schwingungskurve des Pendels eine Ellipse sein. Der Kreis entspricht dem männlichen, die Ellipse dem weiblichen Prinzip. Dies ist der Fundamentalversuch. Man kann nun probieren, verdeckte Photographien oder Handschriften abzupendeln. Gelingt es da auch „Mann und Weib" zu unterscheiden, so ist man bereits einen Schritt weitergelangt. Alles Nähere findet man in den bereits zitierten Schriften KALLENBERGS. Wer die Sache durchaus rein wissenschaftlich betreiben will – ohne irgendwelchen „Mystizismus", der mache sich einmal die Arbeitshypothese des DR. RUSCH zu eigen, der da sagte: „Der siderische Pendel ist ein Empfänger und Geber unbekannter Strahlen von unbekannter Frequenz und Länge, die er konzentriert und weiterleitet." –

Interessant ist ferner die Brücke, die FRÄULEIN I. P. REIMANN, Halle a. d. S., gleichfalls Pendeldiagnostikerin, vom siderischen Pendel zur Astrologie schlägt. Das System ihrer siderischen Diagnosetechnik beruht auf Einteilung der siderischen Organismen in die Trigonität der Astrologie. Wie bekannt, gibt es in der Astrologie vier Trigone: Feuertrigon, Wassertrigon, Lufttrigon, Erdtrigon. Jedes Trigon hat seine spezifische Note, die sich auch bei der Pendeldiagnose ausdrückt.

Ein Ministerialbeamter zum Beispiel konsultierte FRL. REIMANN wegen Furunkulose. Astrologisch war sein siderischer Organismus im Feuertrigon. FRL. REIMANN empfing im Handpol brennende Strahlung, Längsachse wenig, Breitenachse rechts stärker.

Diese Pendeldiagnostikerin tritt dafür ein, vor Wissenschaftlern und „Streng-Exakten" die Wissenschaft des Siderismus (wozu selbstredend auch das siderische Pendel gehört) mit dem Namen „Siderilogie" zu bezeichnen. Sie schreibt darüber in ihrem vortrefflichen Artikel: „Die siderische Welle" (Zentralblatt für Okkultismus, Juniheft 1921) wie folgt:

„Vom Atom zum Sonnensystem wirkt der polare Gegensatz der universellen Energien, strömt die siderische Welle, alles polarisierend mit ihrem lebenden Rhythmus durchdringend.

Der feinste siderische Apparat ist jedoch der menschliche Organismus.* Zu seiner tiefsten Ergründung bedürfen wir einer freien Wissenschaft, eines Lehrstuhles, frei von der Beschränkung der modernen materialistischen Spaltungsmanie – denn nur als Einheit ist die lebendige Anschauung der wunderbaren, geheimen Verbindung zwischen Makrokosmos und Mikrokosmos erfaßbar. Der Mensch selbst – ein feinstes siderisches Instrument, ein Antennensystem ungeheuerer universeller Energien – ist innerhalb seines Organismus mit der überwiegend siderischen Polkraft seines Herzorgans** ausgestattet.

Der große Kreuz- und Sammelpol des menschlichen Körpers ist das Herz, welches die Spannungen, Hemmungen sämtlicher Kraftfelder der Körperorgane, des Nerven-, Muskel- und Organsystems, ausgleicht. Ganz frei, nur von den großen Blutgefäßen gehalten, befindet sich das menschliche Herzorgan in steter Vorwärtsschwingung seiner Herzspitze links unten nach vorn (zur vorderen Rippengegend) entsprechend den polaren Gesetzen der siderischen Welle. Die Herzbewegung, die intensivste von allen Organteilen, breitet sich aurisch über den ganzen Körper, bis über die Hände und Füße aus und wirkt, den ganzen Körper erfassend, als eine Ausgleichspendelung mit Rückwirkung auf alle Kraftfelder der Körperorgane, des Blut- und Kraftkreislaufes des ganzen Systems.***

---

* Schon GOETHE sagte: ,,Der Mensch ist der feinste physikalische Apparat, den es geben kann." In der Tat, mittels des Pendels kann man die große Wirksamkeit der homöopathischen Hochpotenzen bis zur 1000. Potenz und darüber feststellen. Da versagen wohl alle physikalischen Apparate, denn jenseits der 24. Potenz ist kein einziges Atom mehr in einer homöopathischen Potenz vorhanden, wir müssen annehmen, daß es sich vollkommen in strahlende Energie aufgelöst hat und diese dann den Pendel bewegt.

** Interessant ist die Beobachtung einiger Rutengänger, daß die Ausübung des Rutengehens starke Anforderungen an das Herz stelle, d. h. dieses Organ sehr anstrenge.

*** Dem Herzen entspricht im Makrokosmos die Sonne. Ich habe dies eingehend in meiner ,,Okkulten Astrophysik" nachgewiesen. Aber auch in mystischer Beziehung ist das Herz ein ganz eigenartiges Organ. KERNING sagt, wenn man sich auf sein Herz konzentriere und sich die Form desselben lebhaft vorstelle, wie es aufrecht im Organismus hinge, so sei es uns unmöglich, einen Menschen zu hassen.

Ich halte KERNING wohl für einen der bedeutendsten praktischen Mystiker des

Ist nun diese Funktion des Herzens schon ein siderischer Vorgang, mit dem eine selbsttätige Messung der polaren Spannung und ein unaufhörlicher Ausgleich der Über- und Unterspannung verbunden ist, so ist der menschliche Körper selbst das feinste Instrument für siderische Experimente.

So ist es tatsächlich möglich, bei Hemmungen oder Blockaden erkrankter Körperteile und Organe genau den kleinsten erkrankten Teil des Organismus festzustellen. Der Ausgleich, die Heilung, wird durch die odischen Schwingungen des Pendels, die durch eine Behandlung längere oder kürzere Zeit, entsprechend der Krankheit auf den kranken Körperteil wirken müssen, erreicht.

Ist man mit den polaren Gesetzen des Siderismus vertraut, kennt man die Bedeutung der Linien und Kurven in ihrem Zusammenhang mit den Vorgängen im menschlichen Organismus, so offenbart sich in überraschender Weise die polare Wechselwirkung der organischen Vorgänge für sensitive Menschen. Die kosmischen Schwingungen der siderischen Welle erfassen alle Kraftfelder des menschlichen Organismus. Biokosmisch und astrologisch können die Zentralsonnen und Planeten als die makrokosmischen Organe aufgefaßt werden, als die siderischen Kreuzungspole des Universums, mit ihren gewaltigen, ungeheuer fernwirkenden Kraftfeldern, das ganze kosmische Werden nach den gewaltigen Gesetzen der kosmischen Lebensharmonie ausgleichend.

Das genaue Abbild des Kosmischen sind die mikrokosmischen Organe des Menschen mit den Kraftfeldern des Herzorganes und des Plexus solaris, als den Hauptkreuzungs- und Ausgleichspolen. Die tiefste Basis der feinsten organischen Vorgänge liegt nicht in der Anwendung und Prüfung durch wissenschaftliche Instrumente, sondern dieses Wissen erfordert die Erkenntnis der

---

verflossenen Jahrhunderts. Aber erst KARL WEINFURTER hat uns in seinem Buche: ,,Der brennende Busch, der entschleierte Weg der Mystik" den wahren Schlüssel zu den Werken KERNINGS gegeben. Wer nach Weinfurter übt, wird seine Pendelfähigkeit sicher steigern.

organischen Vorgänge nach den Gesetzen der kausalen, mentalen und astralen Konstitutionen des Menschen.

Diese tiefste esoterische Erfassung des innersten menschlichen Wesens in Verbindung mit den äußeren Vorgängen kann uns allein die Geheimnisse der Materialisation, Kristallisation und Lösung der kosmischen Energien im Menschen offenbaren, wie Freiherr von REICHENBACH, FEERHOW, SURYA, J. P. THIEL die freie Wissenschaft über das tiefste menschliche Problem erfassen.

Die Esoterik sieht im Körper nur die Hülle, den Schatten des kosmischen Wirkens der kosmischen Kräfte durch die höheren Konstitutionen des Menschen. So ist auch der Heilsiderismus und der siderische Pendel ein Schlüssel zu lebendiger Anschauung der kosmischen, siderischen Vorgänge im menschlichen Körper."

Aus diesen vortrefflichen Ausführungen von PAULA REIMANN eersieht man, daß die Wissenschaft des Siderismus und des siderischen Pendels oder Strahlenpendels – obwohl nur ein Zweig der okkulten Wissenschaften – bereits wahrhaft allumspannend durch ihre so mannigfachen Beziehungen zwischen Makrokosmos und Mikrokosmos ist. Wir können ruhig sagen, daß die Entdeckung des Strahlenpendels für Menschheit und Wissenschaft ebenso epochemachend sein wird, wie etwa die Entdeckung und praktische Anwendung der Elektrizität oder der Radioaktivität.

Daß sich aber viele Wissenschaftler, namentlich Naturwissenschaftler, noch nicht mit der Pendelforschung beschäftigen, mag wohl darin seine Ursache haben, daß der moderne Naturwissenschaftler nichts von subjektiven Kräften und Erscheinungen wissen will, sondern nur von objektiven. Wir sahen dies ja bereits bei der Wünschelrute, den Erdstrahlen usw. Nun, für die Wünschelrute hat, wie wir bereits erfahren haben, DR. ING. LEHMANN den objektiven, experimentellen Beweis dafür erbracht, daß, wenn die Wünschelrute oberhalb unterirdischer Wasseradern und besonders deren Kreuzungen ausschlägt, an solchen Stellen das elektrische Potential und die elektrische Leitungsfähigkeit der Luft eine andere ist als an anderen Stellen, wo derlei Wasseradern nicht vorhanden sind. Damit ist die Objektivität der Erdstrahlen und deren Zusammenhang mit der Wünschelrute sowie ihre Beziehungen zu den sogenannten „Gewitternestern" physikalisch, also wissenschaftlich und objektiv erwiesen. –

Es wäre nun für die Pendelwissenschaft von großem Vorteil, wenn sich auf ähnliche Weise auch einige fundamentale Tatsachen der Pendelerscheinungen physikalisch-experimentell nachweisen ließen.

Nehmen wir gleich eine erste tatsächliche Erscheinung beim Pendeln, nämlich daß das Pendel oberhalb von verschiedenen Substanzen, Photographien, Handschriften usw. schwingt, unter die Lupe. Diese Schwingungen an sich kann wohl auch kein Physiker leugnen, wenn man sie ihm zeigt. Aber er wird sofort, im Verein mit den Psychologen und Physiologen erklären, daß alle diese Pendelschwingungen nur durch sehr feine, unwillkürliche Muskelbewegungen hervorgerufen werden, die ihrerseits wieder durch das Unterbewußtsein veranlaßt werden. Mithin muß man diese Pendelschwingungen, bezüglich der treibenden Kräfte doch nur als eine subjektive Erscheinung werten und damit haben die meisten exakten Wissenschaftler das Interesse an der ganzen Pendelforschung verloren.

Nun gibt es aber, wie mir FRIEDRICH KALLENBERG im Mai 1933 mitteilte, eine ganz einfache Pendelanordnung oder Apparatur, die sofort beweist, daß die Pendelschwingungen auch ohne unwillkürliche Bewegungen der menschlichen Hand sich zeigen, was beweist, daß hier andere Kräfte im Spiele sind.

Man kann sich diesen Apparat leicht selbst herstellen, indem man ein entsprechend großes Einmachglas nimmt, dessen Boden durchbohrt (das Loch braucht nur ganz klein zu sein) und nun durch dieses Loch den Aufhängefaden des Pendels führt. Derselbe wird an einem seidenumsponnenen Holzknopf befestigt, wie die Abbildung zeigt. Doch darf dieser Holzknopf niemals mit irgend einer Gummilösung, Siegellack, Paraffin, Wachs usw. befestigt werden. Damit sich dieser Knopf mit dem daranhängenden Pendel nicht verschieben kann, genügt es, den Aufhängefaden des Pendels, soweit er durch den durchlochten Boden des Einmachglases geht, mit etwas Seidenstoff zu umwickeln, so daß er dadurch gegen Verschiebungen fixiert ist.

Einmachglas, oben durchbohrt

Ein mit Seidenfaden umsponnener
Holzknopf; darf niemals mit irgend
einer Gummilösung, Siegellack, Paraffin, Wachs usw. befestigt werden.
Unter dem Pendel auf der Linoleum-
unterlage Handschrift, Photo usw.
Linoleum muß nicht unbedingt sein, da
nur zur Erhöhung der zu bependelnden
Sache dienend.

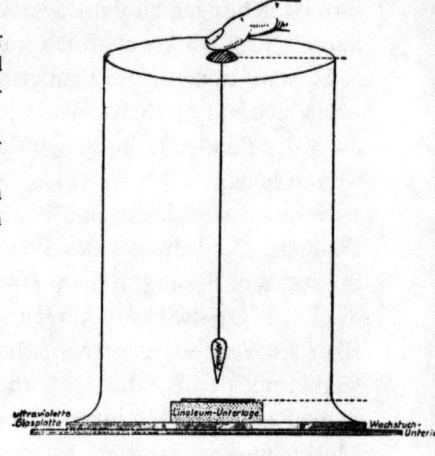

Der Pendel hängt innerhalb des Einmachglases wie unter einem Glassturz. Dieses umgekehrte Einmachglas ruht auf einer
ultravioletten Glasplatte, diese wieder auf einer Wachstuchunter-
lage. Der zu untersuchende Gegenstand, Handschrift, Photographie oder dergleichen wird, wie die umstehende Abbildung zeigt,
auf eine kreisrunde Linoleumplatte gelegt, die zur Erhöhung der
zu bependelnden Sache dient.

Legt nun eine sensitive Person nur ganz leicht einen Finger auf
den seidenumsponnenen Holzknopf, so fängt nach einiger Zeit
das Pendel zu schwingen an. Dieses Experiment hat, wie ich
hörte, bereits einige Zweifler, namentlich Ärzte, überzeugt, die
nun zugeben müssen, daß hier andere Kräfte im Spiele sind als
bloße „unwillkürliche Handbewegungen oder Muskelzuk-
kungen".

Die begreifliche Forderung der Naturwissenschaftler, die Pendelphänomene immer mehr und mehr dem subjektiven Einfluß
des Pendlers zu entziehen, haben wohl CARL BÜCHNER veranlaßt,
seine Fernelektrisier-Maschine zu ersinnen. Friedrich Kallenberg
schreibt darüber in seinem bereits erwähnten Buche „P-Strahlen;
das Neuland des siderischen Pendels", wie folgt:

200

„Wird der elektrische Strom einer Induktionsmaschine (oder Induktionsapparates), somit Wechselstrom, in zwei Metallplättchen geleitet, die an einem Isoliergerüst von Hartgummi hängen, und zwischen die Metallplättchen eine bestimmte Photographie so befestigt, daß sich die Plättchen nicht berühren, so empfindet die mit dem Bilde korrespondierende Persönlichkeit die elektrischen Ströme in ihrem Körper, d. h. sie hat das Gefühl, als ob sie selbst elektrisiert würde. Eine unaufgezogene Photographie eignet sich zu dem Experiment besser als ein auf Karton aufgeklebtes Bild; trotzdem tritt hierbei die Reaktion auch deutlich auf. Zweckmäßig ist es, wenn die betreffende Person isoliert steht.

Carl Büchners Fernelektrisierapparat

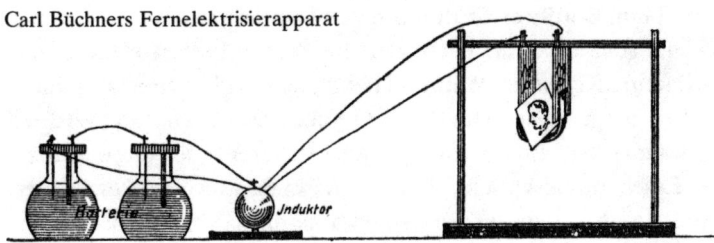

Der Versuch gelang uns auch deutlich auf eine Entfernung von 6,5 Kilometer. Bei Personen, die sich in passivem Zustande befinden, gelingt das Experiment natürlich wesentlich besser, als bei solchen, die sich aktiv betätigen. Die Stromstärke ist sehr ausschlaggebend, es muß aber vor der Anwendung eines zu starken Stromes ausdrücklich gewarnt werden. Wir arbeiten mit 2 bis 5 und 7 Volt. Es sei nun ausdrücklich darauf hingewiesen, daß bei unseren sehr objektiv ausgeführten Versuchen keine Rede sein kann von Autosuggestion, da die mit wissenschaftlicher Genauigkeit angestellte Kontrolle nicht die Möglichkeit einer Selbsttäuschung annehmen ließ.

Versuchsanordnung

Zu einer bestimmten Zeit setzt sich die Person und hat das Bestreben, sich möglichst passiv zu verhalten. Ohne von dem beabsichtigten Versuch unterrichtet zu sein, äußerst sich die Wirkung nach Einschalten des Stromes je nach der Persönlichkeit in mannigfacher Weise. Eigenartige Gefühle in den Beinen, teils auch im Kopf und Magen, zuweilen auch eine starke Müdigkeit und ein prickelndes Gefühl in den Gliedern zeigen den elektrischen Strom an. Das Verschwinden der fremden Gefühle stimmt ziemlich mit der Ausschaltung des Stromes überein. Je mehr eine Person sensitiv veranlagt ist, desto besser gelingt der Versuch. Weiter sei noch bemerkt, daß die ,,fernelektrisierte Persönlichkeit" beim Berühren Dritter mit den Händen, in diese elektrische Ströme senden kann. Diese letztere Person hatte von dem Versuch keine Kenntnis. Während beim direkten Elektrisieren durch Anfassen der beiden Hände die Gefühle fast gleich sind (bei allen Personen), tritt hier beim ,,Fernelektrisieren" der Photographie die Erscheinung zutage, daß die Wirkung auf den Körper verschieden ist, was zu erklären ist, erstens nach der Lage des Bildes, zwischen den Metallplättchen, zweitens nach dem Alter der Photographie. Wichtig für das Gelingen des Versuches ist folgendes: Kann sich das fragliche Individuum aktiv betätigen, wird durch die körperliche und geistige Arbeit die Aufnahmefähigkeit der Strahlen erschwert, mindestens aber vermindert und wirken also bei der Tätigkeit die hierbei entwickelten Kräfte hemmend auf die Aufnahmefähigkeit, da die ersteren meistens stärker sind. Vorzügliche Ergebnisse dagegen hatte ich, wenn die Versuchsperson sich in passivem Zustande befand, z. B. nachts oder in den frühen Morgenstunden, aber auch bei Betätigung, wenn die dabei entwickelten Kräfte gering waren: nähen, stricken usw. Es wurde auch weiter festgestellt, daß die fast an jedem menschlichen Körper sich vorfindende schwache Stelle, Organfehler u. dergl., vor allem in Mitleidenschaft gezogen wird.

Fünf Jahre später berichtet CARL BÜCHNER an KALLENBERG über nachstehende Verbesserungen am Apparat. Während früher das photographische Bildnis zwischen die Metallplättchen am Isoliergerüst eingeklemmt wurde (doch ohne diese zu berühren), habe ich später gefunden, daß es zweckmäßig erscheint, ein inniges Berühren der Metallplättchen mit dem photographischen Bilde zu bewerkstelligen. Die neue Anordnung besteht darin, daß auf einem Isoliergerüst aus Holz oder dergleichen eine Korkplatte gelegt wird, dann eine Messingplatte, darauf nur die Photographie, auf diese nun die zweite Messingplatte, nun wieder eine Korkplatte und als Beschwerungsmittel auf diese einen Stein von etwa 500 Gramm. Um aber keinen Stromschluß (Kurzschluß) zu erreichen, dürfen sich die Messingplatten natürlich nicht berühren, es muß also das photographische Bild zweckmäßig auf allen vier Seiten herausragen. Wenn nun in die Messingplatten ein Wechselstrom von etwa 4–20 Volt Spannung oder auch höher eingeschaltet wird, empfindet die mit dem Bilde korrespondierende Persönlichkeit eine mehr oder minder starke Reaktion. Was die Wirkungsweite der Wellen anbetrifft, so scheint die Entfernung ohne wesentlichen Einfluß darauf zu sein, denn es konnten noch zufriedenstellende Erfolge bis auf eine Entfernung von etwa 650 Kilometer beobachtet werden.

Daß durch diese Fernelektrisierung eines lebenden Menschen mit Hilfe seiner Photographie die ähnliche, magische Fernwirkung mittels Wachsfiguren oder vermittelst der Mumia (Haare, Nägel, Exkremente eines Menschen) zu guten oder bösen Zwekken, sozusagen physikalisch experimentell erwiesen ist, braucht

Rumkorf-Apparat

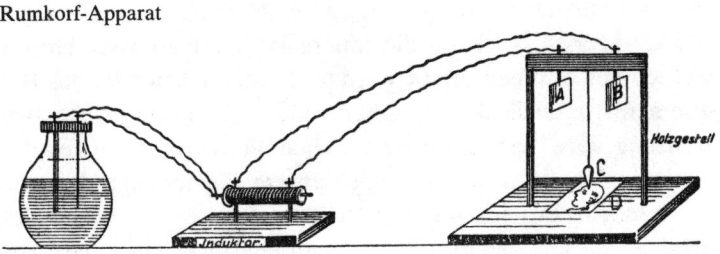

A und B: Messingplatten; C: Pendel; D: Photographie.

wohl nicht besonders hervorgehoben werden. Rochas und andere moderne Autoren haben darüber genügend und ausführlich geschrieben.

Schließlich will ich hier noch die Skizze eines Pendelapparates zeigen, der ganz ohne Zuhilfenahme der menschlichen Hand arbeitet. Der Pendel hängt an einem Holzgestell zwischen zwei Metallplatten A und B, welche mit einem Funkeninduktor (Rumkorf-Apparat) in Verbindung stehen. Mit anderen Worten: das Pendel schwingt innerhalb eines starken Wechselstromkraftfeldes. Ich verdanke diese Skizze Friedrich Kallenberg.

Hierzu schrieb mir Kallenberg am 29. Mai 1933 wie folgt: ,,Da Ihnen auf Grund Ihres werten Schreibens vom 27. Mai 1933 außerordentlich viel daran gelegen ist, nun endlich restlose Klarheit hinsichtlich der Wirkungsweise des Pendels mit Wechselstrombetrieb zu erhalten, so sei die Beantwortung um keinen Tag hinausgeschoben. Es unterliegt nicht dem geringsten Zweifel, daß in dieser Anordnung die Pendelschwingungen über dem Gegenstand (z. B. Photographie) ebenso exakt und differenzierend auftreten, wie in der Hinführung der menschlichen Strahlen. Also willkürliche, unmotivierte Ausschläge bleiben hier schon der Natur der Sache nach ausgeschaltet. Dabei bleibt immerhin die Möglichkeit, durch Gedankenkräfte dem Pendel nach Gefallen eine abweichende Richtung zu geben. Über das ,,aber" hingegen kommen wir nicht hinaus! Das ist, wollen wir auf das Mechanisieren des Vorganges uns beschränken, die Entbehrung des seelischen Reflexes auf den Operateur, vor allem auf solche Menschen, welche Defekte psychischer, organischer oder charakterlicher Art an sich selbst spüren. Erscheint z. B. der berüchtigte Ost-West-Strich, so kann die innere Bedeutung desselben nur seelisch vollkommen erfaßt werden. Ferner sehen wir, das Bestimmen der Örtlichkeit kranker Teile (also diagnostische Abgrenzung derselben) im mechanischen Verfahren nicht minder erschwert. Damit mögen sich auch unsere Gegner begnügen, die immer mehr exakte, reinphysikalische Beweise bezüglich des Pendels von uns haben wollen. Denn ein Sprichwort sagt ,Nur der Schuft gibt mehr als er hat'."

Zukünftiger Forschungsarbeit muß es also überlassen werden, diese Versuche des mechanischen oder wenn man will elektrischen Pendelbetriebes auszubauen. Es braucht wohl nicht erwähnt zu werden, daß sich dabei die Möglichkeit großer Entdeckungen und praktischer Anwendung verschiedenster Art ergeben werden.

Bei derlei Experimenten berühren sich sozusagen Physik und Metaphysik. Man wird dabei nach und nach entdecken, daß der Mensch weitaus mehr in die Ferne zu wirken vermag und auch von der Ferne aus beeinflußt werden kann, als die bisherige Wissenschaft ahnte oder zugeben wollte. So z. B. zeigte DR. PHIL. WELISCH, daß ein fünf Kilogramm schweres Pendel auf eine Entfernung von einigen Metern nur durch seinen konzentrierten Willen und Blick in Schwingung versetzt werden konnte. In Wien trat im Mai 1933 ein junger Mann auf, der nicht nur mit der Hand eine geschlossene Bussole (Kompaß) ablenken konnte, sondern auch durch bloße Willenskonzentration auf einige Meter Entfernung hin. Es gibt also zweifellos Menschen mit bedeutenden elektrischen und mechanischen Kräften, aber auch solche, die andere Energieformen, wie Od oder heilmagnetische Ausstrahlungen nach Belieben in die Ferne wirken lassen können. Natürlich gilt dasselbe von seelischen und geistigen Kräften. Und damit kommen wir schon in das Gebiet der wahren Parapsychologie. Nur für die bisher indifferente Wissenschaft wird es da prinzipiell Neues zu entdecken geben, nicht aber für den eingeweihten Okkultisten, oder gar für den Yogi und praktischen Mystiker. Wird dereinst eine ehrliche Geschichte der Wiederentdeckung der Geheimwissenschaften in einem künftigen Jahrhundert von Vertretern der Wissenschaft geschrieben werden, so zweifelt kein Wissender, daß man dabei auch des unscheinbaren siderischen Pendels ausführlich wird gedenken müssen als eines Instrumentes, welches außerordentlich viel dazu beigetragen hat, die Unhaltbarkeit einer rein materialistischen Weltanschauung experimentell zu beweisen.

Damit wollen wir unseren Abschnitt über Wünschelrute und siderisches Pendel abschließen und geben darüber eine gedrängte

Literaturangabe, wobei wir nur auf die wichtigsten Bücher hinweisen können, da diese Literatur in den letzten zehn Jahren außerordentlich angewachsen ist.

Literaturnachweis

FRIEDRICH KALLENBERG, Offenbarungen des siderischen Pendels. Die Leben ausströmende Photographie und Handschrift. Mit zahlreichen Illustrationen.
2. verbess. Aufl. Dießen 1913.
(Das erste und zugleich grundlegende Werk für die ganze Pendelforschung. Jeder Pendelforscher muß dieses wirklich bahnbrechende Werk gelesen haben.)

FRIEDRICH KALLENBERG, P-Strahlen, Das Neuland des siderischen Pendels.
1. u. 2. Aufl., Leipzig 1920.
(Sehr wichtiges Ergänzungswerk zum erstgenannten Buche. Besonders wegen Anwendung des Pendels zu diagnostischen Zwecken.)

FRIEDRICH KALLENBERG, Der Siegeszug des siderischen Pendels.
1911–1934. 164 S., Dießen 1934.
(Das Buch ist allen Pendlern hochwillkommen, denn darin findet man eine notwendige Ergänzung dessen, was Kallenberg bisher veröffentlicht hat. Sodann eine historisch-chronologische Aufreihung einer großen Anzahl von teils brieflichen, teils mündlichen Auseinandersetzungen mit seinen hervorragendsten Mitarbeitern seit dem Jahre 1913.)

DR. MED. ADAM VOLL, Wünschelrute und siderisches Pendel. Mit zahlreichen Abbildungen. 4. Aufl. Leipz. 1920. Erschien bereits in fünfter Auflage.

DR. MED. KARL ERHARD WEISS, Das siderische Pendel im Reiche des Feinstofflichen.
(Das Wesen der Pendelwirkung und die vermittels des Pendels möglichen exaktwissenschaftlichen Forschungen auf dem Gebiete der Homöopathie, Biochemie und des Magnetismus. Zu-

gleich eine kritische Rechtfertigung der Odlehre des Freiherrn von Reichenbach. – Ein ausgezeichnetes Büchlein, welches bestens empfohlen sei. Dr. Weiß, selbst Pendler, benützte das Pendel sowohl zu diagnostischen Zwecken als auch zur Bestimmung des richtigen Heilmittels in seiner Praxis.)

Sanitätsrat DR. MED. ERNST [FRIEDRICH] CLASEN, Die Pendeldiagnose. Ein Verfahren zur Feststellung der inneren Krankheiten des Menschen. Erweiterte 3. u. 4. Aufl., 172 S., Altmann-Verl., Leipzig 1936. Darin sagt der Verfasser: ,,Das vorliegende Buch soll zeigen, daß und wie der Pendel zur Erkennung der inneren Krankheiten, also zur ärztlichen Diagnose, verwendet werden kann, und zwar auf schnellere Art und mit ungleich größerer Sicherheit als es bisher möglich war. Clasen stellte auch fest, daß der Pendel sich besonders zur Feststellung jener Krankheiten eignet, die durch Bazillen verursacht werden."

Frank [August] Glahn's Pendelbücherei. Erschienen in sechs Bänden. Besonders wertvoll ist der erste Band: ,,Gebrauch des Pendels", Uranus-Verl., Memmingen/Bay. 1930/1936, sowie der fünfte Band, ,,Körper, Krankheit und Heilmittel", der zeigt, wie man eine erkrankte Körperstelle findet und mit Hilfe des Pendels das beste Heilmittel bestimmt. Glahn's Pendelbücher sind gut und erfreuen sich großer Verbreitung.

Kosmas Huber-Pluto, Glahn's Mitarbeiter, gab im Selbstverlag eine ,,Universal-Pendeltafel" (35 Seiten, Maschinenschrift, 1 Bl., 3 Tafeln, München 1932), heraus, die zur Bestimmung aller Krankheiten, der Lebenskraft, des Rassenblutes, sowie Geist, Seele, Charakter, Anlagen, Sympathie, Abneigung, Polarität, Medikamente, Geologie, Kriminalistik und Vermißtenforschung dient.

HEINRICH GEFFKEN, Neues über N-Strahlen. Versuch der Erschließung eines neuen Gebietes. Dießen 1919. Mit fünf zum Teil farbigen Tafeln und Abbildungen im Text.

Dieses Buch kann man ruhig jedem Physiker in die Hand geben, denn es enthält genaue Beschreibung von Versuchsanordnungen, wodurch die Übertragung von unbewußten oder erzwungenen Schwingungen der Hand auf das siderische Pendel tunlichst vermieden ist und sich das Pendel trotzdem bewegt.

ERWIN LIEK, Das Wunder in der Heilkunde. 208 S., München 1930.

V. POHL, Erdstrahlen als Krankheitserreger Forschungen auf Neuland. Rohm-Verl.

DR. MED. BLOS, Die Medizin am Scheideweg.

LEOPOLD ÖLENHEINZ, Der Wünschelring und die Feststellung von Bilderfälschungen.

PAULA REIMANN, Die siderische Welle. (Zentralblatt f. Okkultismus, Juniheft 1921.   ▸

DR. FRANZ HARTMANN, Denkwürdige Erinnerungen. o. J.

PROF. DR. MORITZ BENDEDIKT, Ruten- und Pendellehre. 1917.

–, Die Rute und die Dunkelkammer in der Physiologie und Pathologie des Menschen. o. J.

–, Die magnetischen Emanationen des menschlichen Körpers. o. J.

–, Emanationsstudien an Kranken und Röntgenaufnahmen. Nr. 1/2 der ,,Wiener Klinischen Rundschau". o. J.

G. W. SURYA, Okkulte Astrophysik, oder: kann die Wissenschaft den Lauf der Gestirne erklären? Ein Versuch. Leipzig 1910.

G. W. SURYA/M. E. VALIER, Okkulte Weltallslehre, München 1922.

G. W. SURYA/SINDBAD, Astrologie und Medizin, 6. Aufl. Rohm-Verl. Bietigheim 1980.

DR. H. LANGBEIN, Ergebnisse von Untersuchungen mit dem siderischen Pendel. o. J.

JOH. KARL BÄHR, Der dynamische Kreis. o. J.

DR. CARL REICHENBACH, Der sensitive Mensch und sein Verhalten zum Od.

Astrologische Diagnosen und Prognosen

> Unwissend ist der Arzt, der nichts von der Astrologie versteht.
>
> HIPPOKRATES

Wie wir bereits im vorhergehenden Abschnitt über Diagnose mit der Wünschelrute und dem siderischen Pendel sahen, ist die photographische Platte, ja selbst ein Bogen Schreibpapier, ungemein aufnahmefähig für vielerlei physiologische, pathologische, psychologische und mentale Strahlungen, die von Menschen ausgehen. Wir können ganz allgemein sagen – gestützt auf beweiskräftige Resultate der Psychometrie – daß die Materie überhaupt ungemein empfänglich und absorbierend für alle Strahlungen höherer Ordnung wie Gedankenstrahlen, spirituelle und seelische Strahlungen, ist.

Es soll uns daher nicht wundern, daß auch der menschliche Körper und die menschliche Seele aufnahmefähig sind für alle auf sie einwirkenden Strahlengattungen höherer Ordnung. Besonders empfänglich müßte der Mensch dann im Augenblick seiner Zeugung und Geburt für solche Impressionen sein. Und in der Tat erbringt die praktische Astrologie den Beweis dafür. Denn wir leben in einem Strahlenmeer, in einem kosmischen Kraftfeld, dessen Größe und Wirksamkeit unsere Vorstellung übersteigt. Außer Licht, Wärme und elektrischen Strahlungen sendet uns die Sonne Magnet-, Ultraviolett- und Radiumstrahlen zu. Damit ist die strahlende Energie der Sonne aber keineswegs erschöpft, denn die Sonne strahlt auch mächtig Od aus, sowie Strahlen und Emanationen höherer Ordnung, also psychische und spirituelle Energien. Dasselbe gilt von allen Planeten und Fixsternen. Es ist nun einleuchtend, daß alle diese Strahlen – wenn wir sie auch nicht direkt wahrnehmen – auf uns Menschen irgendwie im guten und bösen Sinne einwirken.

Zudem sind die Gestirne für den Okkultisten und Mystiker belebte und beseelte Wesenheiten, die natürlich sowohl auf die Seele des einzelnen Menschen, wie auf die Massenseele mächtig einwirken. Daß dem so ist und nach welchen Gesetzen dies speziell in gesundheitlichen Beziehungen geschieht, habe ich eingehend in meinem Buch: „Astrologie und Medizin" dargelegt, welches laufend überarbeitet und verbessert neu aufgelegt wird. Darin werden auch die astrologischen Diagnosen und Prognosen eingehend und kritisch behandelt. Ich verweise also den interessierten Leser auf das obengenannte Buch und behandle astrologische Diagnosen und Prognosen hier nur ganz kurz.

Was die Astrologie im Allgemeinen betrifft, so ist dies vorwiegend eine allerdings jahrtausendealte Erfahrungswissenschaft, welche sich in unserer Zeit und gerade in den letzten Jahren wieder durchgerungen hat. Es geht nicht an, die Astrologie deshalb abzulehnen, weil wir für dieselbe nicht eine ausreichende Erklärung besitzen. Wir wissen zum Beispiel ja auch nicht, was Elektrizität eigentlich ist und doch gibt es eine hochentwickelte Elektrotechnik! Wir wissen nicht genau, was Krebs eigentlich ist, noch kennen wir alle Krebsursachen, dennoch kann man Krebs heilen. Ähnlich steht es auch mit der Astrologie und besonders mit der medizinischen Astrologie. Es muß doch nachdenklich stimmen, daß zwei der größten Ärzte aller Zeiten, nämlich HIPPOKRATES und PARACELSUS den großen Wert der Astrologie für die praktische Heilkunde so sehr betonen. Es gibt auch heute schon eine ansehnliche Anzahl von Ärzten, welche die Astrologie in ihrer Praxis berücksichtigen, ja sogar literarisch zugunsten der Astrologie tätig sind.

Bekannt ist auch die große Rolle, welche die Astrologie in Amerika und in England im öffentlichen Leben spielt. Auch Deutschland, welches einen Kepler hervorbrachte, steht diesen Ländern nicht mehr nach. Sicher zählt auch in Deutschland die Astrologie schon eine Million Interessenten, viele Fachzeitschriften und Vereine treten unermüdlich für die Astrologie ein, und wer sich selbst von der Richtigkeit (natürlich nicht Unfehlbarkeit) der Astrologie überzeugt hat, läßt sich in seinen einmal gewonnenen Erkenntnissen nicht mehr irremachen. Die Astrologie wird auch in Deutschland derart gründlich und wissenschaftlich betrieben und hat auch soviele gesicherte Aussagen aufzuweisen, daß sie niemals mehr verschwinden wird, sowenig wie irgend eine der Naturwissenschaften.

Mangels Raumes kann ich hier nicht näher auf die medizinische Astrologie eingehen, sondern verweise nur nochmals auf das Buch: ,,Astrologie und Medizin", welches ich gemeinsam mit dem ausgezeichneten Astrologen SINDBAD (Pseudonym für den österreichischen Fregattenkapitän F. SCHWICKERT) herausgab und worin das Thema ausführlich und zeitgemäß behandelt ist.

Horoskop Nr. 1*
Männliche Nativität, Hühnerbrust, Asthma, 12 Finger, 12 Zehen

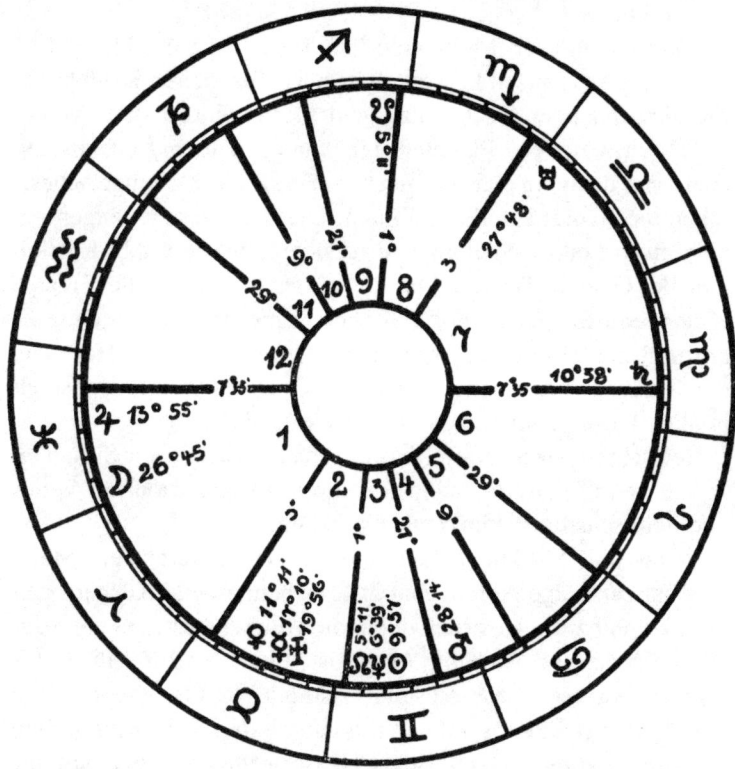

* Aus Diskretionsgründen können sowohl bei Horoskop Nr. 1 als auch bei Nr. 3 keine näheren Angaben der Geburtsdaten gemacht werden.

211

Zum Beispiel dafür, daß man aufgrund eines sorgfältig erstellten Horoskops sehr wichtige diagnostische und prognostische Schlüsse ziehen kann, ohne den Horoskopeigner selbst gesehen zu haben, sollen nachfolgend drei markante Horoskope aufgeführt werden.

Betrachten wir also Horoskop Nr. 1 etwas näher: Herr des Aszendenten ist Jupiter; er steht in seinem eigenen Zeichen, Fische in Opposition zum Saturn als krankmachendes Zeichen in der Jungfrau, die gleichzeitig Herrin des 6. Hauses (Krankheitsdisposition) ist. Die Opposition wird verschärft, da Jupiter im Quadrat zur Sonne steht und die Sonne wieder ein Quadrat zum Saturn hat.

Sonne sowohl als Mond sind hier Herren des 6. Hauses (29° Krebs und des ganzen Löwen). Sehen wir nun weiter, so steht der Mond auch zu den Fischen im Quadrat zum Mars in den Zwillingen. Sechs von neun Planeten stehen in gemeinschaftlichem Zeichen, vier davon in Kardinalzeichen. Fische auf Zwillinge beherrschen die Arme, Hände und Füße. Dies alles zusammengenommen, in so exakter Stellung und schlecht aspektiert, gibt Entstellung der Glieder. Beweis: Der Betreffende hatte an jeder Hand 6 Finger und an jedem Fuß 6 Zehen. Eine weitere Tendenz zu körperlicher Mißbildung zeigt uns Merkur, der doch Herr von den Zwillingen und vom Zeichen der Jungfrau ist. Merkur spielt in allen Gesundheitsfragen eine große Rolle.

Betrachten wir nun den Merkur selber, so sehen wir diesen im 2. Hause im Stier eingeschlossen und in Konjunktion mit Venus und dem sensitiven Punkt für Krankheit.

Venus und Merkur stehen aber im Halbquadrat zum Mars, dies hat zur Folge Abnormität in Knochenbau und Körperform. Dies kommt zum Ausdruck durch die Hühnerbrust. Da der Stier für die Nase und Atmungsorgane ist, Fische und Zwillinge für Lungen, so ergab das Resultat Asthma. Venus, Merkur und Punkt für Krankheit senden ein Quadrat zum 6. Haus und eine Opposition zum 8. Haus. Beide Häuser gelten als ungünstig für Gesundheitsfragen.

Nun zum zweiten Horoskop. Auch in dieser Nativität stehen

sieben Planeten im Kardinalzeichen: Der Herr des 6. Hauses (das Krankheitshaus steht im 11. Haus in Opposition, der Mond zerstört im Steinbock). Das 6. Haus ist kritisch mit einem verletzten Mars im Krebs besetzt. Uranus gleichfalls im Krebs im 5. Haus (an der Spitze des 6. Hauses) zeigt eine unheilbare Krankheit an, die jeder ärztlichen Behandlung spottet.

Uranus hat im Wassermann vom Aszendenten eine sekundäre Macht und steht zum Aszendenten mit dem Drachenschwanz im

Horoskop Nr. 2
Weibliche Nativität: Brustkrebs
Geburt: 24. September 1868, Tod: 11. April 1918
53° 33' nördl. Breite 9° 4'' östl. Länge.

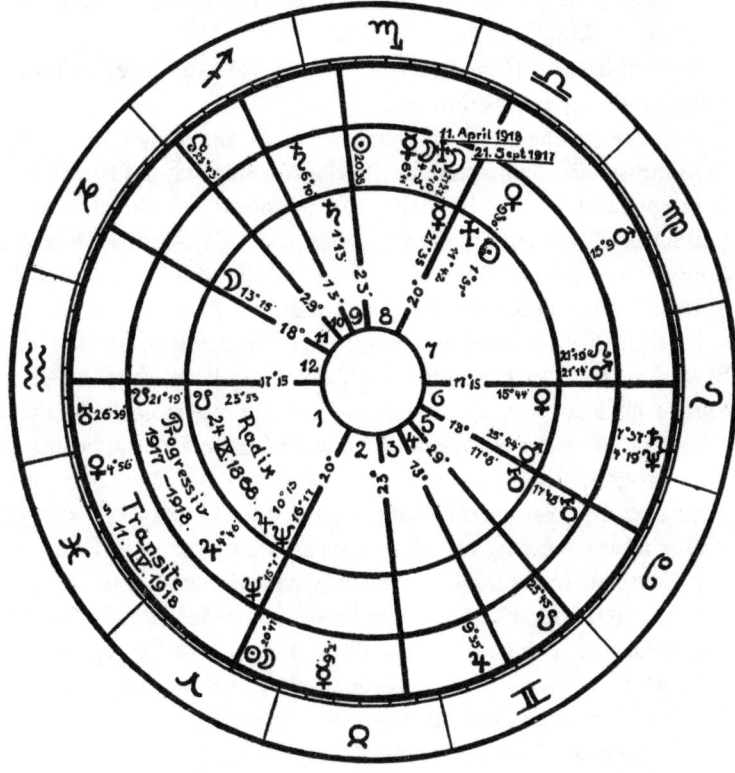

Quincunx. Mars im 6. Haus gibt operativen Eingriff. Merkur in der Waage stehend im Quadrat zum Mond und Mars, Uranus belebt das Todeshaus als solcher. So war das Radixhoroskop. Betrachten wir nun die progressiven Stellungen der Planeten im nächsten Kreisband, so ergibt sich folgendes Bild, das geeignet war, ein noch junges Leben zu zerstören:

Mars ging in das 7. Haus in absoluter Opposition zum progressiven Drachenschwanz. Die progressive Sonne stand nun in exaktem Quadrat zum Drachenschwanz – ein böses Omen. Die progressive Venus erreichte bis zum April 1918 den sensitiven Punkt für Krankheit und Tod und eine Opposition zum Jupiter Radix.

Der progressive Mond lief vom September 1917 ab durch das Todeshaus von 27° 27' Waage und erreichte vom März auf April den progressiven Punkt für Tod und den progressiven Merkur im Skorpion. Mond hier in seinem Fall.

Mars mit Uranus im Krebs, 6. Haus, weist auf Krebserkrankung und zwar Brustkrebs hin.

Diese Krankheit trat plötzlich wirklich auf und hatte einen verhältnismäßig sehr schnellen Verlauf. Lehrreich dafür sind im 3. äußersten Kreis des Horoskopes die Transite der Planeten vom laufenden Kalenderjahr. Der Tag des Todes 11. April 1918 zeigt Sonne in Konjunktion Mond 20° 47' Widder, Opposition zur Spitze des 8. Hauses und Merkur Radix.

Merkur 9° im Stier, Opposition zum progressiven Merkur im Skorpion. Merkur bestrahlte auch den Transit von Neptun und Saturn im Löwen 6. Haus im Quadrat. Uranus vom laufenden Jahr ging über den Drachenschwanz und hatte eine Opposition zum progressiven Mars. Jupiter ging durch die Zwillinge und löste eine Opposition zum Saturn im Schützen aus.

Bei dieser verhängnisvollen Konstellation war eine Rettung der Kranken leider nicht mehr möglich, vielmehr müssen wir sagen, daß die Kranke vermöge dieser Konstellation keine Hilfe finden konnte. Denn schon PARACELSUS sagte, daß die Möglicheit einer Heilung auch davon abhänge, daß der Kranke zur richtigen Zeit zum richtigen Arzt komme oder hingeführt werde.

Das nächste Horoskop ist ein Musterbeispiel für ererbte Geisteskrankheit, und zwar vonseiten des Vaters. Die Sonne gibt ererbte Tendenzen, der Mond dagegen erworbene.

Sonne steht hier im Steinbock mit verbranntem Merkur im 4. Hause in scharfer Opposition zum Uranus im Krebs am Med. Coeli.

Es ist hier auffallend, daß von neun Planeten sieben in Kardinalzeichen und Kardinalhäusern stehen, alle in wechselseitiger Opposition und Quadratur. Der Aszendent 16° 51' Waage liegt am verbrannten Weg. Mars in der Waage zerstört, in Quadratur Saturn und Drachenschwanz. Wir wissen, daß der Steinbock, in

Horoskop Nr. 3
Ererbte Geisteskrankheit, die mit Tobsucht verbunden periodisch auftritt

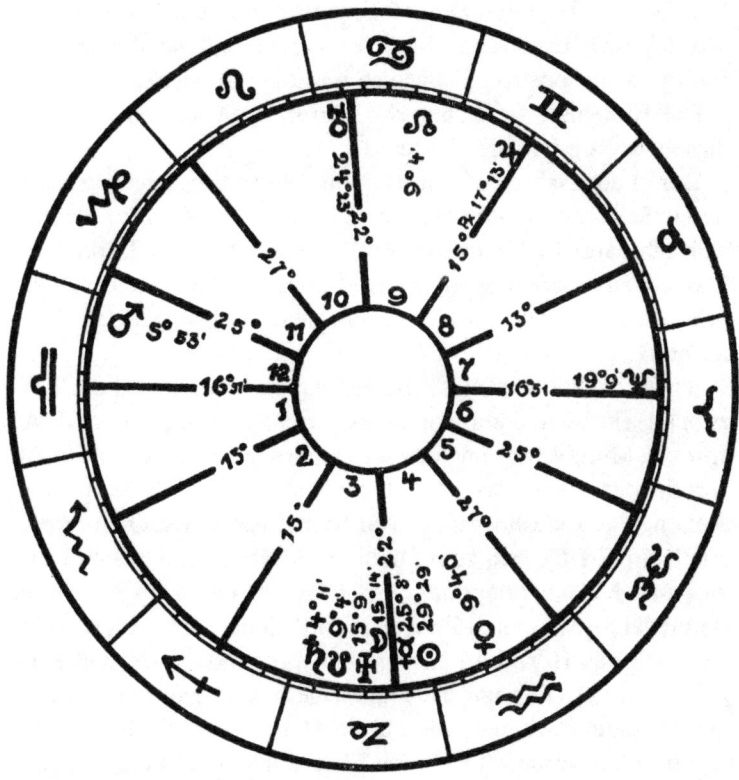

dem Saturn herrscht, ein Zeichen der Melancholie ist. Mond steht hier auch in seiner Verletzung, noch dazu in Konjunktion zum Punkt für Krankheit. Mond im Steinbock an und für sich gefährdet, bedroht durch Neigung zu Melancholie und Manie. Hier ist er noch dazu durch Saturn schlecht aspektiert.

Mars, Uranus und namentlich Neptun zeigt manisch-depressives Irresein, krankhaft gesteigertes Selbstgefühl, was hier zu Tobsucht und anderen Erregungszuständen führt, wie z. B. aggressives Verhalten gegenüber Familienangehörigen und Größenwahn.

Die Stellung von Mars im 12. Haus erschwert es, den Betreffenden zu internieren. Mars verhilft nämlich zur Flucht. Der Betreffende brennt – wie man zu sagen pflegt – mit Glück durch. Das Wort „durchbrennen" fände also hier seine vernünftige astrologische Erklärung. Mars ist ja ein feuriger Planet, der Energie – mit positver oder auch negativer Tendenz – auslöst.

Die Ereignisse im Leben des Horoskopeigners Nr. 3 haben diese alte Regel wieder bestätigt.

Der Lebensabschluß dürfte ein plötzlicher, gewaltsamer, durch Selbstmord oder Katastrophe ausgelöster sein. Verantwortlich dafür ist Uranus im Krebs, 4. Zeichen des Tierkreises. Das 4. Haus von Krebs so beherrscht, zeigt das Ende aller Dinge. Schon der Vater dieses Horoskopeigners starb in geistiger Umnachtung! –

Ich verdanke die gütige Überlassung dieser drei – für Studienzwecke sehr wertvollen Horoskope – der Astrologin FRAU M. A. VON DER MEDEN, was mich dieser Dame gegenüber sehr zu Dank verpflichtet. FRAU VON DER MEDEN hat auch durch die genaue Stellung des Todeshoroskops von KURT EISNER Aufsehen erregt. Als KURT EISNER sich zum Diktator aufschwang, ließ sich FRAU VON DER MEDEN telephonisch die Geburtsdaten angeben und stellte dann – wie durch Zeugen schriftlich bestätigt – im November 1918 das Horoskop Eisners und prognostizierte, daß Kurt Eisner am 21. Februar 1919 auf einem Weg außerhalb seines Hauses einem Attentat, durch die Hand eines Adeligen, zum Opfer fallen werde. (Tod durch Feuerwaffe, zwei Verletzungen, eine am Kopf, eine an der Lunge. Tod tritt durch Erstickung ein.) In der Tat wurde Kurt Eisner am 21. Februar 1919 durch den jungen Grafen Arco-Valley durch zwei Schüsse niedergestreckt, einer ging durch den Kopf, einer durch die Lunge. Der Tod trat nicht sofort ein, sondern erfolgte – wie die Leichenöffnung ergab – durch Blutgerinnsel in der Luftröhre, wodurch Erstickung eintrat.

Ich fordere Mathematiker nun auf, mittels der Wahrscheinlichkeitsrechnung nachzuweisen, wie äußerst gering die Wahrscheinlichkeit ist, eine derartige genaue Todesprognose neben allen Begleitumständen, so optimal erraten zu können. Die Gegner der Astrologie aber mögen aus solchen Beispielen ersehen, was diese heute leistet. Übrigens weiß man heute schon, daß viele Päpste, Kardinäle, Bischöfe und Priester selbst sehr tüchtige Astrologen waren oder sich von solchen beraten ließen. Warum also erwiesene Tatsachen bekämpfen! Schließlich und endlich geschieht nichts ohne Zulassung Gottes! Im Verhältnis zu Gott sind die Gestirne nur sekundäre Mächte und der geistig wiedergeborene Mensch ist, wie PARACELSUS sagt, erhaben über alle Gestirneinflüsse.

Noch wäre hier im Anschluß an die Astrologie die Prognose mittels der Tattwas zu besprechen. Infolge Raummangels kann ich hier nicht näher darauf eingehen und verweise deshalb auf das Buch von KARL BRANDLER-PRACHT: ,,Tattwische und astrale Einflüsse", ein Schlüssel zur Verwendung der kosmischen Schwingungen für das praktische Leben.

Wie mir der homöopathische Arzt OTTINGER einmal mitgeteilt hat, bewahrheitet sich die Tattwalehre auch im Leben des praktischen Arztes. OTTINGER fand nämlich, daß Kranke, die zum Zeitpunkt eines günstigen Tattwas mit ihm frühzeitig in Berührung kamen, weitaus rascher und leichter geheilt wurden, wie andere, die unter ungünstigen tattwischen Einflüssen zu ihm kamen!

Zusammenhängend mit der Lehre von den Tattwas ist auch die Wissenschaft des Atmens, wie sie uns am gründlichsten in der indischen Literatur entgegentritt. Ich verweise diesbezüglich auf das Werk von RAMA PRASAD: ,,Die feineren Naturkräfte und die

Wissenschaft des Atmens." Darin sind auch einige sehr bemerkenswerte diagnostische und prognostische Regeln – namentlich bezüglich der Todesprognosen enthalten. Allerdings ist es notwendig, daß abendländische Okkultisten diese Regeln der indischen Atemwissenschaft und der Wissenschaft der Tattwas überprüfen, ehe wir daraus Nutzen ziehen können.

Literaturnachweis

G. W. SURYA/SINDBAD, Astrologie und Medizin, 4. Aufl., 1980. Rohm-Verl., Bietigheim/Württ.

CHANDA RAMA PRASAD, Die feineren Naturkräfte und die Wissenschaft des Atmens. o. J.

KARL BRANDLER-PRACHT, Tattwische und astrale Einflüsse. o. J.

Diagnose durch Psychometrie und Hellsehen

Die menschliche Seele ist das feinste Instrument.

Mit diesem Abschnitt kommen wir endlich zu den höchsten und feinsten Formen des riesigen Gebietes der okkulten Diagnostik und Prognostik, nämlich zu den rein psychischen Methoden der Psychometrie und des Hellsehens oder der ,,Schauung".

Uralt wie die Geheimwissenschaften selbst, sind gerade diese Anwendungen rein psychischer Fähigkeiten zu diagnostischen und prognostischen Zwecken. Der Yogi im alten Indien, der Priesterarzt im alten Ägypten, übte sie gerade so aus wie die Propheten des alten Testaments, wie CHRISTUS und seine Apostel sowie ihre wahren Nachfolger, mögen sie nun von der Kirche offiziell heilig gesprochen worden sein oder nicht. Stets hat es Menschen gegeben, deren inneres Auge mehr oder minder geöffnet, deren Seele mehr oder minder erwacht war, die zur ,,Schauung" gekommen waren, durch deren höchste Grade diesen Auserwählten unaussprechliche Geheimnisse des Mikro- und Makrokosmos sich entschleierten, Dinge, von welchen man wirklich sagen kann, daß sie jenseits aller Wahrnehmbarkeit unserer tagwachen Sinne liegen, Dinge, die kein fleischliches Auge gesehen, kein sterbliches Ohr je vernommen hat. –

Hier beginnen die wirklichen Mysterien, hier beginnt das unermeßliche, unergründliche und unvergängliche Reich des Geistes und der Seele. Kein Unwürdiger, kein Unreiner und kein Abtrünniger kann das Allerheiligste dieses Tempels betreten.

So luftig und ätherisch diese Schranken auch sind, die den Sinnessklaven und Verstandesmenschen von den höheren Regionen oder Ebenen des Universums trennen, so unüberschreitbar sind sie für ihn. Ewige, aber im Grunde genommen ganz einfache, geistige Gesetze, die ihre Analogien in zahlreichen Naturgesetzen haben, sorgen mit nie versagender Präzision dafür, daß zu den höheren Regionen der unsichtbaren Welten wirklich nur verklärte Seelen geistig wiedergeborener Menschen Zutritt haben. Hier ernten nun diese erlesenen Geister die Früchte ihres Strebens nach Veredlung, Vollendung und Vergeistigung, wenn auch der Weg dahin oft durch Wüsten und rauhe Pfade geführt hat.

Und mag ein Mensch noch so roh und verstockt sein, mit scheuer Ehrfurcht wird er den wirklichen Seher betrachten, vor dessen geistigem Auge er keine Krankheit seines Leibes oder seiner Seele verbergen kann, der, wenn er will oder eine höhere Macht es zuläßt, ihm mit wenigen Worten sogar seine Zukunft enthüllt.

· Da fühlt auch der primitivste Mensch, daß es ein Reich der Seele und des Geistes gibt, vor dem er sich beugen muß. Und hat er das Glück gehabt, einem wirklichen Seher zu begegnen, der ihm Beweise seiner Seherschaft gegeben hat, so wird dieser Eindruck ein unauslöschlicher sein. Es war dies für ihn eine praktische Belehrung, daß es wirklich so etwas wie eine Allwissenheit geben kann.

Auf welch tiefer Stufe muß also die materialistische Wissenschaft der letzten 50 Jahre gestanden haben, für die das ganze riesige Gebiet des Hellsehens, von der einfachen Psychometrie angefangen, bis zum prophetischen Schauen in die Zukunft, einfach nicht existierte oder die diese Wunder des Seelenlebens als Betrug, Ding der Unmöglichkeit, als Märchen, und wenn es hoch kam, als Produkte einer krankhaft überreizten Phantasie, als Halluzination und Hysterie erklärte! Als dann endlich seit ungefähr zwei Jahrzehnten, jener Wolkenbruch okkulter Phänomene über uns Mitteleuropäer niederging – gegen welchen auch der Regenschirm des schärfsten Skeptizismus nichts mehr nützte – da entdeckten endlich zaghaften Schrittes auch einige deutsche Professoren, daß es ein Hellsehen gibt. Um aber ja nicht dadurch die Seele entdecken zu müssen, schrieb man diese seelischen Fähigkeiten nur dem rätselhaften Unterbewußtsein zu. Und Gelehrte und Laien begnügen sich mit diesem Schlagwort, als ob es je ein Bewußtsein ohne Bewußtseinsträger, ein geistiges Licht ohne geistigen Brennpunkt, kurz, ein Ichbewußtsein ohne Seele geben könnte.

Um alle Rätsel des Seelenlebens mit Hilfe dieses Unterbewußtseins zu erklären, mußte man ihm schließlich sogar die Eigenschaften des Absoluten, nämlich Allwissenheit und Allmacht zuschreiben. Und nun fragen wir: Geht es an, einem Dinge zwei Attribute des Absoluten zu verleihen, und ihm die anderen gleichzeitig abzusprechen? Die Antwort kann solchen Gelehrten, die dieses Kunststück de facto zu Wege brachten, jeder Mittelschüler geben, sobald er die einfachsten Fundamentalgesetze der Logik kennengelernt hat.

Ist das Unterbewußtsein nämlich allmächtig und allwissend, so ist es sicherlich auch unzerstörbar und ewig. Und weiß das Unterbewußtsein alles über alle Dinge, so weiß es auch von seiner eigenen Existenz, d. h., es muß Selbstbewußtsein, Selbsterkenntnis seines eigenen Wesens und Ichbewußtsein haben. Darauf hat zwar schon Du Prel hingewiesen, aber man berauschte sich derartig an dem Wundertrank des Unterbewußtseins und an Eduard von Hartmanns Philosophie des Unbewußten, daß man schließlich die menschliche Seele nur als eine Summe von Tätigkeiten des rätselhaften Unbewußten erklärte. Damit war die selbstbewußte, selbsterkennende Seele zu einem nebulosen Gebilde degradiert, ihr mangelte die Individualität. Dagegen nützt auch die Erklärung gewisser Monisten nichts, ,,daß sich in den Individuen das Unbewußte ein Bewußtsein schafft. Ja wie denn?" (Näheres darüber in meiner Schrift ,,Wahrer und falscher Monismus").

Es wiederholt sich da Ähnliches, wie seinerzeit der Versuch, die Entstehung des Lebens aus Unbelebtem zu erklären, indem man das Leben als bloße Folge des Aufeinanderwirkens der unbelebten Materie und der blinden Kraft, mithin als ein Produkt des Zufalls hinstellte. Endlich aber zwangen die fortschreitenden Entdeckungen der Naturwissenschaften sogar Haeckel, seine ,,Kristallseelen" zu schreiben, worin er nicht nur die Kristalle, sondern auch Atome, Elektronen, ja den Äther als beseelt und belebt anerkennt, weil eben aus Unbelebtem nie Belebtes entstehen kann.

Nur dem Menschen gönnt Haeckel auch in diesem seinem letzten Werk keine selbständige, unzerstörbare Seele. Für ihn ist eben Gehirn gleich Seele! Worauf wir uns nur die Frage gestatten, wie denn die Kristalle, Atome, Elektronen und der Äther eine Seele haben können, nachdem uns HAECKEL wohl schwerlich das Gehirn eines Kristalls, geschweige denn eines Elektrons, wird demonstrieren können.

Ich mußte dies alles anführen, weil eben das Unbewußte und Unterbewußte der letzte Rettungsanker der materialistischen Wissenschaft ist, um ihr Schifflein vor dem Scheitern durch die hochgehenden Wogen des Okkultismus am Felsen der wahren Erkenntnis zu retten. Es wird ihnen aber wenig nützen, denn bereits beginnt es auch in Professorenkreisen mächtig zu dämmern, wie die Schrift „Der Okkultismus im modernen Weltbild" von DR. TRAUGOTT KONSTANTIN ÖSTERREICH, Professor an der Universität Tübingen, zeigt. Darin geht auch ÖSTERREICH dem Unterbewußtsein scharf zu Leibe, indem er sagt:

„Wir reden von Bewußtsein in allen Fällen, in denen wir eine Kenntnis von Sinnesinhalten oder psychischen Prozessen in uns haben. ‚Unterbewußtsein' aber würde bedeuten, daß wir ‚unterhalb' des Bewußtseins solche Kenntnisse haben. Das hieße, daß wir sie wohl haben, als auch nicht haben – also ein vollkommen innerer Widerspruch. Man mag noch so viele unterbewußte Prozesse annehmen, aber man kann nicht ein ‚unterbewußtes Bewußtsein' annehmen."

Uns dünkt, daß es viel richtiger ist, der menschlichen Seele ein Überbewußtsein zuzuerkennen, als wie ein Unterbewußtsein. Die Seele kann eben durch Vermittlung ihres Schaltwerkes (des Gehirns nämlich) nur einen kleinen Teil ihres Bewußtseins in dieser grobstofflichen Welt offenbaren. Stellen wir den ganzen Bewußtseinsinhalt unserer unsterblichen Seele als einen Kreis dar, so ist unser tagwaches, irdisches Bewußtsein nur ein sehr schmaler Sektor dieses Kreises, von vielleicht nur 1– 2°. Das heißt, das Bewußtsein des inneren, unsterblichen Menschen überragt hundertfach dasjenige der sterblichen Persönlichkeit, die es jeweilig überschattet. Dieses Bild kommt der Wahrheit sicherlich näher, wie das des Unterbewußtseins. Noch besser ließe sich das Überbewußtsein des inneren, unsterblichen Menschen mit einem starken Lichte vergleichen, das in einer undurchsichtigen Kugel eingeschlossen ist, welche nur an einer kleinen Stelle eine Öffnung besitzt. Das Strahlenbündel, das da aus der Kugel herausstrahlt, entspricht unserem tagwachen Bewußtsein oder unserem mehr oder minder beschränkten Intellekt. Die Reflexionen des Lichtmeers innerhalb dieser Kugel sind natürlich für das ausgestrahlte Lichtbündel „unbewußte Prozesse". Denkt man sich diese geistige Lichtquelle im Inneren der Kugel mit einer Zentrale (dem Absoluten) verbunden, von welcher in Wirklichkeit das Licht im Kugelinnern herrührt, so hat man ein modernes technisches Gleichnis, das die Verhältnisse anschaulich wiedergibt.

Soviel also über tagwache Bewußtseinszustände und solche, die darüber liegen, oder richtiger gesagt, größer sind und es umfassen. Wir mußten diese Dinge etwas eingehender beleuchten, damit das Folgende besser verstanden wird, denn sowohl in der Diagnose durch Psychometrie, wie auch durch Hellsehen im somnambulen Zustand, spielt das tagwache Bewußtsein keine Rolle, höchstens eine hindernde, denn je mehr dieses ausgeschaltet werden kann, desto besser offenbaren sich die höheren Aufnahmefähigkeiten und Bewußtseinszustände der Seele. Du PREL hat dafür sehr treffend das Bild gebraucht, daß der Untergang der Sonne erst die Bedingungen schafft, damit das Licht der Sterne für uns sichtbar werde. Deshalb heißt es auch in den Veden „Öffnet sich das Auge des Geistes, so schließt sich das Auge des Leibes, öffnet sich das Auge des Leibes, so schließt sich das Auge des Geistes". Bei Somnambulen kann man dies meist buchstäblich erfüllt sehen. Im übertragenen Sinne heißt dies wohl, daß der Mensch nicht gleichzeitig zwei Welten erobern kann (nämlich die geistige und materielle), daß er nicht gleichzeitig zwei Herren dienen kann. Es sind dies uralte Wahrheiten, die aber immer wieder beiseite geschoben werden, wenn neue Propheten auftauchen, die neue Wege und Systeme lehren, für deren Richtigkeit sie aber meistens den Beweis schuldig bleiben. Solange sie aber die Richtigkeit ihrer Lehre nicht einwandfrei beweisen, ist es besser, wir halten uns an die Weisheitslehren der Veden, der großen Mystiker und Erleuchteten, für diese gab es kein „Ober-"

und „Unterbewußtsein", sondern ein unmittelbares Sehen mit der Seele, im Gegensatz zur Wahrnehmung durch die Augen des physischen Leibes. Dabei wollen auch wir bleiben.

Für diagnostisch-prognostische Zwecke kommen nun hauptsächlich zwei okkulte Fähigkeiten der menschlichen Seele in Betracht: Die Psychometrie und das Hellsehen. Wir wollen uns nun mit ersterer etwas eingehender beschäftigen.

Wenngleich es für jeden Kenner der Geheimwissenschaften eine unumstößliche Tatsache ist, daß die Psychometrie seit der ältesten Zeit bekannt war, und sicherlich auch damals von Ärzten und Heilkundigen – sei es bewußt oder unbewußt – ausgeübt wurde, so verdanken wir die Wiederentdeckung und erste systematische Durchforschung der Psychometrie dem amerikanischen Professor der Medizin DR. J. RODES BUCHANAN, der sich 1842 in New York aufhielt und dort mit einem Bischof der Episkopalkirche namens POLK, der eine eigentümliche Feinfühligkeit (richtiger Hellfühligkeit oder Sensitivität) besaß, bekannt wurde. Mit diesem Bischof Polk machte also Buchanan die ersten grundlegenden Versuche, welche wir hier wiedergeben wollen, weil sie für die reine Form der Psychometrie typisch sind und weil danach die weitere Entwicklung der Buchanan'schen Methode durchgeführt wurde, wie aus BUCHANANS „Handbuch der Psychometrie" (Manuals of Psychometry) deutlich hervorgeht.

POLK hatte also die Fähigkeit – auch in der Dunkelheit der Nacht – lediglich durch Berührung Gebrauchsgegenstände von Metall voneinander zu unterscheiden. Er hatte dabei einen Metallgeschmack auf der Zunge, der differierte, je nach dem Metall, das berührt wurde.

BUCHANAN ging nun der Sache nach und prüfte, ob auch andere Personen diese eigenartige Fähigkeit besaßen. Er beschränkte sich jedoch nicht auf Metallgegenstände, sondern nahm noch stark schmeckende Substanzen zu Hilfe: wie Salz, Pfeffer, Zucker, Säuren usw. Als Versuchspersonen dienten BUCHANAN seine Studenten der Medizin.

Wenn nun diese Versuchspersonen die genannten Objekte berührten oder in die Hand nahmen, so hatten viele davon – neben

224

einer eigentümlichen Empfindung des Ziehens in Arm und Kopf – noch genaue Geschmacksempfindungen, die je nach der Art des berührten Objektes wechselten; manchmal war es fast so, als wenn der berührte Gegenstand in kleinen Quantitäten direkt auf die Zunge gelegt worden wäre.

Nun werden natürlich vieler meiner Leser sagen, das sei eine ganz natürliche Suggestionswirkung. Obwohl nun zur Zeit der ersten psychometrischen Experimente BUCHANANS die wissenschaftliche Welt keine Ahnung hatte von der tatsächlichen Wirkung der Autohypnose und Autosuggestion, so finden wir bereits bei BUCHANAN Versuchsanordnungen, die dieser Fehlerquelle Rechnung getragen haben. Er gab seinen Studenten nämlich Arzneimittel in die Hand, die durch entsprechende Papierumschläge unkenntlich gemacht waren. Trotzdem lösten diese verhüllten Mittel, wenn sie die Versuchspersonen 5–20 Minuten in der Hand hielten, ähnliche Wirkungen wie bei einer oralen Einnahme aus. Die Wirkungen der untersuchten Mittel waren manchmal so stark, daß die Versuche abgebrochen werden mußten. So z. B. verursachte eine in Amerika als Brechmittel viel benutzte Droge, Lobelia, sogar nur durch das In-die-Hand-nehmen starke Neigung zum Erbrechen. Zu diesen Experimenten hatte BUCHANAN etwa 80 Personen zugezogen, die Hälfte davon erwies sich als genügend sensitiv, um die Wirkungen der durch Einhüllung unkenntlich gemachten Drogen zu empfinden.

BUCHANAN hat nun durch diese Experimente viele Ärzte, die selbst gute psychometrische Fähigkeiten besaßen, veranlaßt, sich mit Psychometrie zu beschäftigen, so z. B. auch einige Mitglieder des Professoren-Kollegiums seiner Fakultät, wie PROF. HILL, PROF. SHERWOOD, PROF. VAUGHAM, PROF. GATCHELL, PROF. KING.

Bei diesen Versuchen BUCHANANS mit Drogen und Arzneien in massiver Dosis, nur durch Papierpackung isoliert, liegt wohl die Erklärung auf der Hand, daß die starken Emanationen dieser Substanzen, ähnlich den Duftwellen, die von starkriechenden Körpern ausgehen, irgendwie durch die Handnerven weitergeleitet werden und so zum Schlusse sich als einwandfreie Empfindung manifestieren.

Dies erinnert uns an die Experimente des DR. DINGFELDER mit LUDWIG AUB, wobei DINGFELDER feststellte, daß AUB aus einem einzigen homöopathischen Arzneikorn Zusammensetzung und Wirkungskreis des betreffenden Mittels unfehlbar erkennen und beschreiben konnte!

Nun hat zwar PROF. G. JÄGER durch seine Neuralanalyse – durch bisher unwiderlegte Versuche, die mit größter wissenschaftlicher Präzision angestellt wurden – nachgewiesen, daß die Empfindlichkeit des menschlichen Nervensystems speziell gegenüber Gerüchen eine ganz außerordentliche ist und jede sonstige Untersuchungsmethode übersteigt. Man kommt daher leicht in Versuchung, solche psychometrischen Experimente doch rein auf das Konto einer erhöhten Nervenempfindsamkeit zu setzen und zu behaupten, das den Nervenreiz auslösende Prinzip sei aber noch immer stofflicher Natur. Diese Schlußfolgerung hat nur bis zu bestimmten Grenzen ihre Berechtigung, und zwar aus folgenden Gründen:

Die Untersuchungsergebnisse der Spektralanalyse als bisher feinste Untersuchungsmethode, endigen bei Kochsalz mit 3 Millionstel Milligramm, bei Lithium mit einem Hunderttausendstel Milligramm, bei Calcium und Strontium mit sechs Hunderttausendstel Milligramm, gehen also über die sogenannte 6.–7. homöopathische Potenz nicht hinaus, während Jäger noch bei der 100.–200. Potenz, ja sogar bei der 1000. Potenz (von Thuja) deutlich nachweisbare Resultate erhielt.

Um sich nur eine mathematische Vorstellung von der 200. Dezimalpotenz zu machen, sei darauf hingewiesen, daß ein Gramm eines solchen homöopathischen Präparates an Arzneimittelteilen den

$$\frac{1.}{\text{1 mit 200 Nullen}}$$

Teil der Muttersubstanz enthält, – also nichts mehr von der Muttersubstanz, denn in der 24. Dezimalpotenz befindet sich das „letzte einsame Molekül." (Entnommen dem ausgezeichneten

Vortrag „Beiträge zur Hochpotenzwirkung" von Dr. med. et phil. M. F. Kranz-Busch, Wiesbaden. Allg. Homöop. Zeitung, Januar-Februar 1921.)

Ich überlasse es der Phantasie der Leser, wieso dann die 200. Protenz noch die Geruchsnerven beeindrucken kann, denn in der 200. Potenz ist sicherlich nicht einmal ein Elektron der Muttertinktur vorhanden.

Erinnern wir uns auch des siderischen Pendels, das tadellos auf homöopathische Hochpotenzen reagiert, wie dies DR. KARL ERHARDT WEI: nachgewiesen hat, und man findet abermals den Satz bestätigt, daß die menschliche Seele in der Tat das feinstempfindliche Instrument darstellt. Was ist es aber, das in den Hochpotenzen noch jenseits der 24. Potenz wirksam ist? Wir können uns die Sache wohl nur so erklären, daß durch fortgesetzte Potenzierung, durch Verreibung oder Verdünnung, das letzte Atom in strahlende Energie sich auflöst und diese dann sich dem auflösenden Mittel mitteilt oder es mit seiner Radioaktivität erfüllt. Demnach wäre dann die medizinische Wirksamkeit der Hochpotenzen, die für den Praktiker außer Zweifel steht, nicht mehr als eine materielle, sondern als eine dynamische zu erklären. Heute, da wir wissen, daß alle Materie schließlich in Energie oder Kraft aufgelöst werden kann, ist uns eine derartige Erklärung sehr verständlich. Nicht aber war dies zu Hahnemanns Zeiten der Fall, und dennoch fand dieser, der geniale Entdecker der Homöopathie, bald heraus, daß es sich bei den höheren homöopathischen Potenzen um eine rein dynamische Wirkung handle, wir demgemäß auch die Heilwirkung der Hochpotenzen nicht materiell beurteilen sollen. Über all diese Dinge herrschen heute leider noch viele Unklarheiten. Wer sich aber darüber gut orientieren will, dem empfehle ich mein Buch: „Homöopathie, Isopathie, Biochemie, Jatrochemie und Elektrohomöopathie", erschienen im Rohm-Verlag, 7120 Bietigheim.

Zum Studium des siderischen Pendels möchte ich noch auf die kleine, aber vortreffliche Schrift, „Die Diktatur des Atoms" von SPERLING, hinweisen.

Aus diesem Beispiel ergibt sich aber, daß die materialistische

Erklärung der Psychometrie nur bis zu einer gewissen Grenze berechtigt ist.

Psychometrie ist also in der Tat – wie das Wort es auch sagt – ein Messen mit der Psyche oder Seele. Nun kann aber die Seele sicherlich nur das Wesensgleiche am leichtesten und vollkommensten fassen, denn Längen können nur durch Längen, räumliche Gebilde nur durch andere räumliche Gebilde gemessen werden, folglich kann Seelisches nur mit Hilfe der Seele gemessen werden. Es muß also in allen Körpern, Arzneien usw. auch ein seelisches Prinzip vorhanden sein, sonst gäbe es keine Psychometrie in ihren feinsten Formen.

PARACELSUS lehrte ausdrücklich und wiederholt, daß in jedem Arzneimittel nicht der Körper, sondern das darin enthaltene seelische Prinzip das Wirksame sei. Wir sind also, ausgehend von der Tatsache der Psychometrie auf dem Umwege der Neuralanalyse und der homöopathischen Hochpotenzen, zu denselben Anschauungen wie PARACELSUS gekommen.

Es ist gewiß für manche, die bisher im materialistischen Fahrwasser gesegelt sind, schwer in allen Körpern etwas Geistiges und Seelisches zu erblicken, aber man braucht heute nur die Werke eines SCHLEICH zu lesen, so wird man sofort eines Besseren belehrt, und sogar HAECKEL schrieb als letztes seiner Werke die ,,Kristallseelen'', wonach, wie bereits erwähnt, nicht nur Kristalle, sondern auch Atome, ja sogar die Elektronen und der Äther beseelt sind.

Wunderbar ist es, wie SCHLEICH die schwierige Frage zu lösen versucht, wie aus dem Stoffe und seiner Berührung durch den tastenden Finger Gefühle und Gedanken in uns entstehen. Er löst dieses Problem einfach dadurch, daß für SCHLEICH auch die Körper nur Verdichtungen des Geistes darstellen. Hier haben wir abermals die Grundlage für einen geistigen Monismus klar ausgesprochen, wie er uns übrigens schon bei den alten indischen Weisen und Philosophen begegnet, wonach Materie nichts anderes ist als zeitweise verdichteter oder bildlich gesprochen kristallisierter Geist. Daß Materie nur zeitweise verdichtete Energie oder Kraft ist, lehrt die heutige Physik ausdrücklich. Mithin ist die Wissenschaft bei einem dynamischen Monismus angelangt. HAECKEL ging einen Schritt weiter und verkündete schließlich einen seelischen Monismus; Schleich aber tritt hier für den höchstdenkbaren Monismus ein, nämlich für den Monismus des Geistes. Er ist zweifellos die unüberwindliche und allumfassendste Form menschlicher Erkenntnis, wie sie auch bei GOETHE sich nachweisen läßt. Alle wahrhaft Großen kommen eben zu dieser letzten und höchsten Erkenntnis, nur die rein materielle Wissenschaft braucht sehr lange, bis sie „derlei zugeben kann", denn was man nicht experimentell beweisen kann, existiert für sie nicht.

Die Stoffe, die wir betasten können, sind ihrem Wesen nach nichts anderes als Gedankenwirbel, Gedankenknäuel. Wenn meine Fingerkuppe einen Glasstab betastet, so findet an der Berührungsfläche ein Sichdurchfließen von zwei Strahlungswirbeln statt. „Hier liest nun mein Geist ab, genau, wie wenn der betastete Gegenstand ein zusammengeballtes Ideenknäuel wäre mit tausenden darauf eingeritzten telegraphischen Zeichen, die nun ein feiner Apparat von eingestimmten Ideenrhythmen abtippt, wie ein Telegraphist die Telegraphenzeichen von einer Papierrolle abliest."

Für SCHLEICH ist also auch das Betasten eine geistige Wechselwirkung. Dann ist im Grunde all unser Erkennen durch die Sinnesorgane ein geistiger Vorgang, ist „Psychometrie" im weitesten Sinne des Wortes, einerlei, ob nun die Verbindung von Subjekt zu Objekt durch Betasten, durch Emanationen, Geruchswellen oder rein psychische Strahlungen erfolgt. Immer ist es die Seele in uns, die sich mit der Seele der Dinge außerhalb unserer Wahrnehmung in Kontakt setzt, das ist die einfachste und beste Definition der Psychometrie, die auch bereits die prinzipielle Erklärung des Vorganges auf breitester Basis in sich schließt.

Noch unentwickelte Seelen vermögen sich nur durch die gröberen Formen der Psychometrie, also z. B. durch Betasten, Empfinden von allerlei materiellen Emanationen und Strahlungen psychometrisch mit der Umwelt in Kontakt zu setzen. Höher entwickelte Seelen benützen dazu die feineren Formen der Psychometrie, sie bedienen sich der psychischen und spirituellen Emanationen und Strahlungen, die von allen Dingen ausgehen.

Daß diese verschiedenen Emanationen und Strahlungen sich verändern, wenn der Zustand eines Körpers sich verändert, ist wohl naheliegend, und wird durch viele physikalische Experimente erwiesen. Ein Stück Eisen z. B. sendet je nach dem Grade seiner Temperatur die verschiedensten Lichtstrahlen vom dunkelsten Kirschrot bis zum strahlenden Weiß aus.

Daß aber der Zustand eines kranken Menschen von dem eines gesunden verschieden ist, weiß wohl jedermann. Folglich muß ein Kranker auch ganz andere Emanationen und Strahlungen aussenden als ein Gesunder. Dies ist tatsächlich der Fall. Vom Geruch angefangen, bis zu den psychischen und mentalen Strahlungen, ist beim Kranken alles verändert. Hier haben wir eine zweite vernünftige Basis für die Möglichkeit der Psychometrie.

Daher gibt es ebenso eine Diagnose durch den speziellen Geruch der verschiedenen Krankheiten als auch für den Seher durch die verschiedenen Färbungen in der Aura des Menschen und deren Ausstrahlungen usw.

Es ist gar nicht so sehr zu verwundern, daß unsere verschiedenen Ausstrahlungen, auch auf die Kleider, die wir tragen, auf das Papier, das wir beschreiben, übertragen, richtiger gesagt von diesem aufgenommen werden und daß diese gleichsam imprägnierten Gegenstände wieder dieselben Strahlungen, die sie aufgenommen, von sich geben. Ein Psychometer kann also sehr wohl durch die Ausstrahlung eines Briefes oder Kleidungsstückes nicht nur auf den intellektuellen und moralischen Zustand des Briefschreibers oder ehemaligen Trägers eines Kleidungsstückes schließen, sondern mittels dieser Kontaktbrücken auch Diagnosen stellen.

BUCHANAN hat dies auch getan. Er ließ zuerst seine Sensitiven ihre Hände auf die Magengrube von Kranken legen. Es bedurfte dann nur einiger Aufmerksamkeit, und die typischen Krankheitssymptome wurden am Körper des Psychometers empfunden.

Buchanan selbst, der zu Beginn seiner Experimente gar nicht besonders sensitiv war, wurde nach und nach durch Übung ein guter Psychometer. Endlich kam er so weit, daß er eine solche Untersuchung von Kranken zur Diagnostizierung kaum länger als einige Minuten ausdehnen konnte, um von den Krankheitssymptomen nicht zu stark belästigt zu werden.

Geübte Psychometer können auch an gesunden Körpern die verschiedenen Organe und deren Tätigkeit unterscheiden. Sie legen beispielsweise ihre Hände auf die Gegend der Lungen, des Magens, der Leber und der Nieren usw. Dadurch können auch ohne Entkleidung die Grenzen der einzelnen Organe festgestellt werden. Selbstredend vermittelt ein erkranktes Organ einen anderen Eindruck, als ein gesundes. Aber diese Verschiedenheit der Eindrücke kann nur durch Übung empfunden, nie aber demonstriert werden.

Die meisten erfolgreichen Magnetopathen fühlen genau die krankhaften Stellen des Organismus heraus. Viele Heilmagnetiseure tasten den Körper des Patienten ab, um die leidenden Organe der Körperteile zu finden. PROFESSOR JÄGER (1832–1917), (der bekannte Woll-Jäger, da er für die Verwendung von Schafwolle bei der Kleidung eintrat), war der Meinung, daß jeder gute Magnetiseur oder Magnetopath diese Fähigkeit des „Fühlens" haben muß, wenn er überhaupt etwas Tüchtiges leisten will. Sehr oft klagen auch Magnetopathen, daß sie während der Behandlung von Kranken an ihrem eigenen Körper alle Schmerzen des Patienten fühlen oder genau empfinden, wo im Körper des Kranken „Ablagerungen" usw. sich vorfinden. Sogar bei manchen Ärzten spielt die Psychometrie – wenn auch vielleicht unbewußt ausgeübt – eine große Rolle. Solche Ärzte sind vortreffliche Diagnostiker, nicht vermöge ihres Wissens oder ärztlichen Blickes, sondern vermöge ihrer Einfühlung in das Wesen des Patienten. Auch wird zweifellos durch Übung die psychometrische Fähigkeit gesteigert; das gilt namentlich für die Anwendung der Psychometrie zu diagnostischen Zwecken.

Deshalb sollte ein jeder Arzt oder Heilkundige, der an sich eine, wenn auch vielleicht geringe psychometrische Begabung feststellt, dieselbe pflegen und entwickeln. Der praktische Arzt G. REINHARDT schrieb diesbezüglich eine sehr wertvolle Broschüre „Seelische Erkenntnis und ihre Stellung im modernen Leben. Kurze Charakteristik mit besonderer Berücksichtigung der medizinischen Psychoanalyse" (Verlag von A. Heitmann, Bremen). Ergänzt wird dieselbe durch die Schrift „Praktische Psychometrie" von P. REINHART, gleichfalls praktischer Arzt. Wer sich also mit Psychometrie zu diagnostischen Zwecken ernstlich befassen will, der studiere vorerst diese beiden Abhandlungen, mit ihren sehr brauchbaren Winken für die Praxis.

Den Übergang vom rein psychometrischen Hellfühlen zum direkten Hellsehen bildet wohl die im Somnabulismus auftretende Fähigkeit der Innen- oder Selbstschau der eigenen Organe der Somnambulen sowie des Durchschauens der Körper anderer Menschen.

Die abnormen psychischen Fähigkeiten der Somnambulen sind bereits im Altertum bekannt gewesen und von den ägyptischen Priesterärzten in idealer Form zu medizinischen Zwecken benützt worden. Im Abendlande wurde der Somnambulismus jedoch erst seit etwa hundert Jahren wieder mehr beachtet und von einzelnen Wissenschaftlern erforscht. Aber es herrschen über das eigentliche Wesen des Somnambulismus sowohl in Ärzte- als auch in Laienkreisen mitunter derartig verworrene Anschauungen, daß wir nicht umhin können, hier etwas klärend zu wirken.

Vielfach wird nämlich der Somnambulismus mit dem Hellsehen identifiziert oder es werden beide Begriffe verwechselt. Nun ist der Somnambulismus an sich – wie schon sein Name andeutet – nichts weiter als ein besonderer Schlafzustand, den man bald als „Tiefschlaf", bald als „magnetischen Schlaf" bezeichnet hat. Dieser Schlafzustand kann durch magnetische Striche der Hände, an anderen Personen künstlich erzeugt werden. Daß durch diese magnetischen Striche an sich kein Hellsehen bewirkt wird, ist wohl einleuchtend. Was durch diese magnetischen Striche bewirkt wird, ist – wie bei jedem Schlafzustand – ein Ausschalten des tagwachen Bewußtseins und gleichzeitig die Schaffung von Bedingungen, unter welchen das Bewußtsein des inneren Menschen (das sogenannte Unterbewußtsein der modernen Wissenschaft) und dessen übersinnliche Fähigkeiten sich offenbaren können. Wäre dieser innere Mensch, oder die Seele, mit ihren okkulten Fähigkeiten nicht in uns vorhanden, so würde auch kein magnetisches Streichen sie hervortreten lassen können! – Das Magnetisieren zur Herbeiführung des somnambulen Zustandes gleicht also technisch gesehen nur dem Umschalten des Bewußtseins von der Ebene der sinnlichen auf jene der übersinnlichen Wahrnehmung. Mithin bringt der somnambule oder magnetische Tiefschlaf ein inneres Erwachen mit sich, und zwar genau in dem Maße, als er unsere Sinne von der Außenwelt abblendet oder abschließt. Im geringeren Grade ist dies schon im gewöhnlichen Schlafe der Fall; da aber Somnambule durch Befragen zum Sprechen gebracht werden können und dann berichten, was sie im eigenen Körper oder im Körper eines anderen sehen oder fühlen, so kann man dadurch wichtige diagnostische und prognostische Aufschlüsse erhalten. Dies war schon HIPPOKRATES bekannt, der in seiner Abhandlung über die Träume schrieb: ,,Nachdem die Seele durch den Schlaf nicht geradezu vom Körper, aber doch von dem groben Dienste seiner Teile sich losgebunden, so zieht sie sich in sich selbst zurück, gleichsam wie in einen Hafen, um sich vor Gewitter zu schützen, sie sieht und erkennt dann alles, was im Innern vorgeht, und malt sich dann diesen Zustand aus mit verschiedenen Figuren und Farben und erklärt sich deutlich den Zustand des Körpers." Ferner sagt HIPPOKRATES in seinem dritten Buche ,,Über die Lebensweise": ,,Alles, was im Körper vorgeht, sieht die Seele auch mit verschlossenen Augen." Und DU PREL weist in seiner ,,Philosophie der Mystik" anschließend an diese Zitate aus den Schriften des Hippokrates auf die Veden hin, in welchen offenbar von den gleichen Fähigkeiten der Seele die Rede ist. Es heißt darin: ,,Wenn die Seele in jenes verborgene Gemach gelangt, in welchem Brahma wohnt, dann erbebt der große Leib und es durchschaut die Seele mit forschendem Blicke diese Wohnung (den Leib), welche das Haus des Menschen ist."

Und kürzer heißt es an anderer Stelle: ,,In seinem Leibe geht er nach Wohlgefallen umher." Wer ist dieser ,,Er"? Der ,,Atman" in uns oder unser innerstes Ich, unsere unsterbliche Seele.

Ein Mensch, der seine Seele soweit von den Körperfesseln befreit hat, daß dieselbe nach Belieben (Wohlgefallen), sei es innerhalb ihres Hauses (Leibes) oder außerhalb desselben ,,umhergehen kann" und sich auch der Eindrücke bewußt ist, die er dabei empfangen hat, solch ein Mensch ist ein Yogi. Von ihm ist also offenbar die Rede, wenn es heißt ,,In seinem Leibe geht er nach Wohlgefallen umher". Das ist etwas anderes als der nebelhafte Begriff des Unter- oder Oberbewußtseins. Bleiben wir also dabei, daß das Sehen und Empfinden der Somnambulen ein Sehen und Empfinden mit der Seele ist. Natürlich gibt es da verschiedene Grade oder Abstufungen, die aber durch Übung gesteigert werden können. Zuerst mag eine Somnambule nicht über innerliche Gefühle hinauskommen, aber später sieht sie alle ihre innerlichen Organe ebenso wie die Nervenströme in den Nerven, sie sieht ihr eigenes Gehirn ebenso wie ihr Rückenmark usw. Das ist dann die innere Selbstschau der Somnambulen. Diese beschreiben dann das Geschaute etwa so, wie ein Laie ohne Kenntnisse der Anatomie und Physiologie diese Dinge beschreiben würde. Auffallend ist es, daß kranke Somnambule zuerst ihr erkranktes Organ sehen. Daß sie auch oft sich selbst treffliche Heilmittel gegen ihr Leiden verordnet haben, ist eine altbekannte Tatsache für alle, die den Somnambulismus studiert haben.

Welche unendlichen Perspektiven sich dem Arzte durch die somnambule Selbstschau eröffnen würden, das geht aus nachstehendem Ausspruch einer Somnambulen hervor, die zu PELETIN sagte: ,,Ein Arzt würde sich glücklich schätzen, wenn er meine Krankheit (nämlich den kataleptischen Zustand, wodurch Somnambulismus erzeugt wurde) nur auf eine Viertelstunde hätte; die Natur würde ihm alle ihre Geheimnisse enthüllen, und wenn er seine Wissenschaft liebte, würde er nicht so, wie ich, wünschen, rasch wieder gesund zu werden."

Manchmal tritt diese innere Selbstschau auch spontan auf. Der berühmte PROF. DR. CHRISTIAN WILHELM HUFELAND (1762 bis 1836), ein hervorragender Arzt, führt drei verschiedene Fälle dieser Art an. Die eine Kranke sah, als sie sich zu Bette legte, plötzlich ihre Eingeweide. Als sie aufstand, hörte die Vision auf.

Ein anderes Mal erwachte sie des Nachts und rief, sie sehe ihr Gehirn und Rückenmark. Eine andere Kranke sah nur diejenigen Teile ihres inneren Organismus, die in der Nähe der von HUFELAND berührten Stellen lagen. Eine dritte endlich sah sofort die inneren Fleischteile und Adern ihres Armes, sobald sie einen Magnet berührte, daher sie sorgfältig vermied, ihn anzufassen, weil ihr dieser Anblick widerlich war.*

Beim reinen Somnambulismus jedoch pflegt die betreffende Person, wenn sie aus diesem Zustande erwacht, keine Erinnerung an denselben zu haben. Verfallen Somnambule wieder in diesen somnambulen Zustand, so erinnern sie sich sofort der Erlebnisse und Gesichte, die sie in früheren somnambulen Krisen hatten. Ja, es kommt vor, daß sie in einer solchen Krise sich auch der Worte erinnern, die Personen sprachen, wie z. B. eine Somnambule als sie einmal in Narkose lag, um operiert zu werden. Wieder ein Beweis, daß der innere Mensch kein Wort vergißt, das er je gehört hat.

Man hat oft versucht, den ganzen Somnambulismus lediglich als Sehen mit der Magengrube oder mit dem Sonnengeflecht hinzustellen, weil viele Somnambulen verschlossene Briefe, die sie an die Magengrube legten, lesen konnten. Bestärkt wurde man darin, daß manche Somnabule erklärte, sie sehe alle Teile ihres Körpers, nur nicht den Magen und diejenigen Teile der Stirne über der Nase, welche mit dem vom Magen ausgehenden Anschauungsstrahl in Verbindung steht.

Solche Aussprüche verleiten natürlich dazu, das Sonnengeflecht als den materiellen Träger des inneren Sinnes anzusehen. Aber die SEHERIN VON PREVORST beschreibt auch ihren Magen und sogar das Sonnengeflecht selbst. Sie sieht das letztere als eine Sonne, die sich langsam bewegt, ihre Nerven sieht sie leuchtend und beschreibt von mehreren derselben ganz richtig den anatomischen Verlauf.

Wäre nun die Seele mit dem Gehirn, dem Rückenmark oder dem Sonnengeflecht unzertrennlich verbunden, beziehungsweise

---

* Hufeland: Über Sympathie. 155, 199, 200, 202.

mit nur einer Funktion dieser Organe, dann könnte sie sich nie zur Selbstschau dieser Organe erheben; daß aber die Seele diese Organe vollkommen objektiv im somnabulen Zustand betrachten kann, beweist neuerdings, daß die Existenz der Seele unabhängig vom Körper ist.

Durch diese somnambule Selbstschau oder Innenschau eröffnet sich nun der wahren ärztlichen Wissenschaft und natürlich auch der okkulten Medizin ein ebenso großartiges wie segensreiches Feld der Forschung und Tätigkeit. Dies hat schon Du Prel sehr klar erkannt, als er darüber in seiner „Philosophie der Mystik" schreibt:

„Indem aber bei der inneren Selbstschau der lebendig tätige Organismus beobachtet wird und der Prozeß, in welchem die Naturheilkraft das zerstörte Gleichgewicht der organischen Kräfte wiederherzustellen sucht, verspricht das Studium des Somnambulismus viel wertvollere Aufschlüsse über den Menschen, als sich aus Leichenbefunden selbst dann ergeben könnten, wenn wir noch das halbe Tierreich zur Vivisektion ergänzend heranziehen. Die Vivisektoren können nur darum an die Unentbehrlichkeit ihrer Methode glauben, weil sie in Sachen des Somnambulismus ganz unwissend sind, und überhaupt nur die materialistische Erklärung des Lebens für möglich halten. Alle Ärzte hingegen, welche den Somnambulismus studiert haben, sind darüber einig, daß nur aus diesem wertvolle Aufschlüsse über die Ökonomie des Organismus erhalten werden können; sie können also in der Vivisektion nichts weiter sehen als eine nutzlose Grausamkeit."

Möchten doch diese klaren Worte Du Prel's dazu beitragen, daß man endlich in wissenschaftlichen Kreisen an die Abschaffung der Vivisektion geht.

Wie langsam bricht sich doch die Wahrheit Bahn! Bereits 1831 haben elf Ärzte aufgrund fünfjähriger Untersuchungen an der medizinischen Fakultät der Akademie in Paris einen einstimmig abgefaßten Rapport öffentlich vorgetragen, worin es u. a. heißt: „Daß der Somnambulismus mit allen seinen sogenannten Wundern, an deren Gesetzmäßigkeit aber nicht zu zweifeln ist, als eine nicht zu bestreitende Tatsache erwiesen worden ist. Der

Magnetisierte, in Somnambulismus versenkt, beurteilt die Krankheit der Personen, mit welchen er sich in Rapport setzt, bestimmt den Charakter der Krankheit und gibt die Heilmittel an."

Was war übrigens der Tempelschlaf im Altertum anders, als die praktische Verwertung der divinatorischen Kraft der Seele im Schlafe zu Heilzwecken? Der Somnambulismus stellt nun nichts anderes als einen künstlich hervorgerufenen, vertieften Tempelschlaf dar und sollte dementsprechend heute wieder eifrig zur Diagnose, Prognose und zur Heilung im Zusammenwirken mit den jeweilig richtigen Heilmitteln benutzt werden. Zwar arbeiten auch heute – selbst bei uns in Deutschland – einige Ärzte und Heilkundige mit Hilfe von Somnambulen; allein die offizielle medizinische Wissenschaft will von dieser Anwendung der okkulten Fähigkeiten der menschlichen Seele noch nichts wissen. Es wird aber hier gerade so gehen, wie mit der Naturheilbewegung, durch starkes Umsichgreifen des Okkultismus und der okkulten Medizin wird man endlich auch zur uralten Form der Diagnose, Prognose und Heilmittelwahl mittels Somnambuler und Hellseher zurückkehren und aufhören mit der Vivisektion und den Giftkuren der Allopathie.

Daß sogar ein einfacher Traum oft Diagnosen und Heilmittel treffend angeben kann, war schon im Altertum bekannt. HIPPOKRATES, ARISTOTELES, PLINIUS, CICERO waren davon überzeugt.

PLINIUS Casc. Sec. d. J. (61– 114) berichtet von einer Mutter, welche träumte, sie sollte ihrem auf dem Feld arbeitenden Sohne die Wurzel von Waldrosen senden, die sie am Tage vorher gesehen, sie tat es, und ihr Sohn, der von einem wütenden Hund gebissen, an einem typischen Symptom der Tollwut, der Wasserscheu litt, genas. In meinem Buch: „Bewährte Heilmethoden gegen Schlangenbiß und Biß toller Tiere" findet sich eine ganze Reihe von erstaunlich wirksamen (auch ärztlich erprobten) Heilmitteln gegen Tollwut, selbst wenn bereits ausgebrochen. Das Pasteur'sche Tollwutserum kann bereits ausgebrochene Tollwut nicht heilen. Es gibt aber ganz einfache und sichere Mittel gegen die Tollwut.

Bekannt ist auch ein Traum ALEXANDER DES GROSSEN. Er schlief neben seinem Freunde PTOLOMÄUS ein, der an einer tödlichen Giftpfeilwunde darniederlag. Im Traume sah er einen Drachen, der im Munde ein Kraut hielt und ihm sagte, damit würde er seinen Freund heilen. Beim Erwachen gab Alexander die Farbe des Krautes genau an und den Ort, wo es zu finden sei und versicherte, daß er es erkennen würde, wenn man es fände . . . Die ausgesandten Soldaten fanden und brachten das Kraut, das nicht nur in kurzer Zeit den PTOLOMÄUS heilte, sondern auch noch viele andere Soldaten, welche ebenfalls durch Pfeilwunden erkrankt waren.

Ebenso wunderbar sind die Prognosen, die durch Träume oder Somnambule zustande kommen. Schon HIPPOKRATES von Kos hat gelehrt, daß es Träume gibt, in welchen die Krankheiten des Körpers, oder deren Verlauf vorausgesagt werden. Wenn es auch heute noch hier und da Skeptiker geben mag, welche die Möglichkeit von Wahrträumen bezweifeln, so ist andererseits eine Reihe von namhaften modernen Forschern dafür eingetreten, daß es divinatorische Träume gibt. So DU PREL, DR. WALTER BORMANN, DR. MAX KEMMERICH, DR. LOMER u. a. Nebenbei bemerkt beweist dies, daß die Psychoanalyse von FREUD – die in allen Träumen nur verhüllte bzw. verdrängte Erotik sieht – zumindest sehr einseitig ist.

Die Fähigkeit der Somnambulen, für sich und andere Prognosen bezüglich Krankheiten zu erstellen, ist in neuerer Zeit von einer sehr großen Anzahl von Ärzten bestätigt worden. Wir erwähnen hier nochmals das Gutachten der elf Ärzte vom Jahre 1831 in Paris, worin ausdrücklich auf die prognostische Gabe der Somnambulen verwiesen wird.

Der Arzt DELPIT berichtet von einer Epileptikerin, die während eines Anfalles ihre Genesung auf die Minute genau vorausgesagt hat. In DR. ALEXANDRE BERTRANDS (1795–1831) ,,Traité du somnambulisme" sind mehr als sechzig konvulsivische Anfälle gefährlicher Art erwähnt, welche von den Somnambulen vorhergesehen wurden und deren Eintritt und Dauer auf die Minute bestimmt war. Der gleiche Arzt berichtet von einer Somnambu-

238

len, welche ein Delirium von 43 Stunden 14 Tage vorher verkündet hatte, wovon sie in der Zwischenzeit nichts mehr wußte. DR. BENDSONS Somnambule gab genau die Zeit an, wann sie von einem Wurm befreit sein würde und sogar die genaue Lage desselben. Frau LANGENDRÉ, eine Somnambule, welche magnetisiert worden war, um Angaben von ihr über den Gesundheitszustand ihrer Mutter zu erhalten, gab folgende Diagnose: ,,Die rechte Lunge ist verschrumpft und zusammengeknickt, sie schwimmt mitten in einer Menge Wasser. Die rechte Lunge atmet nicht mehr, sie ist tot. Im Herzbeutel befindet sich etwas Wasser. Die Kranke stirbt in 24 Stunden." Nachdem nun die Mutter – wie es die Somnambule vorausgesagt hatte – tags darauf starb, nahmen DR. DRONSART und MOREAU, Sekretär der Kgl. Akademie der Medizin, die Sektion vor, welche die vollkommene Richtigkeit der vorgenannten Aussage ergab.*

In der Salpêtrière in Paris wurde eine Somnambule in Schlaf versetzt, um eine fremde Krankheit zu bestimmen: Sie geriet in heftige Aufregung, noch bevor die zu diagnostizierende Kranke die Tür geöffnet hatte, und weigerte sich sodann, in Gegenwart derselben die Diagnose zu stellen. Als diese entfernt war, widersprach sie dem ärztlichen Befund, wonach die Patientin brustkrank sei, behauptete das Vorliegen einer Herzkrankheit, sagte für den vierten Tag einen heftigen Blutsturz und für den zehnten Tag den Tod voraus, was auch eintraf; auch die Diagnose wurde später für richtig befunden.**

Merkwürdig ist auch, daß alle Somnambulen, sobald sie in genügend tiefen magnetischen Schlaf versetzt werden, bezüglich ihrer eigenen Person gar keine Todesfurcht mehr haben, weil sie eben wissen, daß die Seele unsterblich ist, daß der Tod nur den Körper vernichten kann. Der Zustand im Jenseits erscheint ihnen begehrenswerter als das Leben hier im Fleische, und wie DELEUZE sagt, gebe es Somnambule, die aus diesem Grunde sich weigern, Heilmittel für sich selbst zu nennen. – Erinnern wir uns

* Ganthier: ,,Historie du somnambulisme" II. 365.
** Mirville: Pneumatologie I, 32. Paris 1853.

daran, daß die SEHERIN VON PREVORST mit einem Freudenschrei starb, so findet man derlei Angaben um so glaubwürdiger. DU PREL hat schon recht, daß, um die Existenz der Seele und deren Fortleben nach dem Tode zu beweisen, man gar nicht des Spiritismus bedürfe, dazu genüge schon das eingehende Studium des Somnambulismus. –

Es kommt aber auch vor, daß die Fähigkeit, Krankheiten auf hellseherischem Wege zu bestimmen, ausnahmsweise schon im Wachzustand auftreten kann. Solche Menschen nennt man dann Hellseher oder einfach Seher. Meist sind es ganz einfache Menschen, wie Hirten, Bauern, Schäfer, die die Gabe der Seherkraft im tagwachen Zustand besitzen und die von oberflächlichen Gelehrten als Schwindler bezeichnet werden.

Doch ist das älteste hierzu gehörige Beispiel dennoch das eines Arztes. Vom griechischen Arzt GALENOS (um 129–200 n. Chr.) wird berichtet, daß seine Diagnosen und Prognosen so merkwürdig scharf bestimmt waren, daß sie sehr an das magnetische Hellsehen der Somnambulen erinnerten.

So sagte er dem SENATOR SEXTUS – der anscheinend ganz wohlauf war – vorher, daß er nach drei Tagen von einem Fieber ergriffen würde, das am sechsten Tage nachlassen, am vierzehnten Tage wiederkehren und mit einem allgemeinen krisenhaften Schweiße am siebzehnten Tage verschwinden würde, wie dies in der Tat dann der Fall war. Einem fieberkranken jungen Römer widerriet er die von anderen Ärzten empfohlene Blutentziehung mit dem Bemerken, daß eine Blutung aus dem linken Nasenloche eintreten und er dann genesen würde. –

Ich selbst habe in meinem Leben verschiedene Hellseher kennen gelernt, die ähnlich treffsichere Diagnosen und Prognosen gaben. So z. B. der Bauer JOSEF HILDWEIN in Wollmannsberg bei Stockerau in der Nähe Wiens, der vor etwa 50 Jahren starb. Unvergeßlich bleibt mir sein Wirken und der tiefe Eindruck, den seine Sehergabe auf alle machte, die mit ihm in Berührung kamen. Es war im Winter, als ich zu HILDWEIN kam. Die Kranken kamen oft in schweren Pelzen daher und HILDWEIN sagte mitunter schon den zur Türe eintretenden Patienten – indem er seinen

240

Kopf von diesen absichtlich abwandte – sofort ihre Leiden und Gebrechen, die physischen ebenso wie die moralischen. Er wollte damit demonstrieren, daß er ohne Zuhilfenahme der Augen durch alle Kleidungsstücke hindurchsah und daß ihm auch keine Falte des Herzens, kein Gedanke des Betreffenden verborgen blieb. Einmal war ich Zeuge, wie Wiener Ärzte mit einer Dame im Schlitten angefahren kamen. HILDWEIN ging eben zur Bahn. Der Schlitten hielt nur einen Augenblick, aber der genügte, denn HILDWEIN stellte sofort eine derartig treffsichere Diagnose, daß die Ärzte von seiner Sehergabe überzeugt waren.

Ein andermal kam ein Herr aus Deutschland zu HILDWEIN, der es sehr eilig hatte und im vollen Wartezimmer nicht länger warten wollte, bis ihn HILDWEIN vornahm. Da sagte HILDWEIN zu ihm: ,,Gut, wenn du nicht länger warten kannst, bis ich dich alleine vornehme (er duzte jedermann, wie dies auch PASTOR FELKE tat), so wisse, daß nicht nur du syphilitisch bist, sondern du hast auch deine Frau und deinen vier Jahre alten Sohn damit angesteckt. Genügt dir dies?'' Der Herr hatte genug und verschwand daraufhin schleunigst!

So stellt die Seherschaft oder das Hellsehen im Wachzustand die einfachste und höchste Form der okkulten Diagnostik und Prognostik dar. Ihr gegenüber verschwinden alle materiellen Maßnahmen.

Man ahnt, weshalb die indischen Weisen, ebenso wie die Mystiker, Gnostiker und echten Rosenkreuzer, dem wirklich strebsamen Jünger nur eines empfahlen: Die Versenkung in das eigene Innere, die Erweckung der in uns allen schlummernden mystischen Kräfte der Seele, denen gegenüber alle Schulweisheit doch nur ein schwacher Abglanz, ja ein Nichts ist. Denn der Schatz aller Schätze, der Schlüssel zu aller Weisheit liegt in uns selbst, im Zentrum unseres wahren Ichs, in unserer Seele.

Natürlich wird nun so mancher Leser dieses Buches den Wunsch haben, auch hellsichtig zu werden, zumal ja heute darüber eine Reihe von Büchern existiert, wie man sich zum Hellseher ausbilden kann. So z. B. schrieb der bekannte Hellseher MÖCKE in Berlin ein derartiges Buch, welches vielfach an indische

Methoden der Yogis erinnert. Doch sind derlei okkulte Wege nicht so leicht und ungefährlich, wie man meint, und liegen dem Europäer auch nicht. Zudem, wenn jemand gar keine Veranlagung zum Hellsehen hat, kann er es auch durch derlei Methoden kaum erlernen. Gefahrloser ist aber der mystische Weg, wie solchen KARL WEINFURTER in seinem Buche: ,,Der brennende Busch oder der entschleierte Weg der Mystik" sehr klar und offen geschildert hat. Es ist dies wohl das bedeutendste Werk über praktische Mystik der letzten Jahre und gibt auch den Schlüssel zu KERNINGS Werken. Doch auch dieses Buch ist nicht für jedermann geschrieben, man muß auch dazu herangereift sein, um es erfassen und danach, mit der nötigen Ausdauer, üben zu können. Und dann, der wahre Mystiker will gar keine okkulten Kräfte erreichen, er hat nur ein Ziel, sich Gott zu nähern, um endlich mit ihm bewußt einszuwerden. Allerdings, gelingt ihm dies, so fällt ihm alles übrige von selbst zu, denn Gott ist alles in allem und in allen Dingen das Höchste.

Literaturnachweis

DR. TRAUGOTT KONSTANTIN ÖSTERREICH, Der Okkultismus im modernen Weltbild.

SPERLING, Die Diktatur des Atoms.

DR. MED. GUSTAV JAEGER, Duftstoffe.

–, Entdeckung der Seele.

HAECKEL, Kristallseelen.

DR. MED. G. REINHARDT, Seelische Erkenntnis und ihre Stellung im modernen Leben. Kurze Charakteristik mit besonderer Berücksichtigung der med. Psychoanalyse. Verl. Heitman, Bremen o. J.

DR. P. REINHART, Praktische Psychometrie.

DR. Y. RODES BUCHANAN, Handbuch der Psychometrie (Manuals of Psychometrie).

DR. CHRIST. WILH. HUFELAND, Über Sympathie.

242

DR. ALEX., JAQUES FRANĊOIS BERTRAND, Traité du somnambulisme, Paris 1823.

–, Du Magnétisme animal en France, Paris 1826.

LUDWIG GURLITT, Ludwig Aub als Hellseher. Becker-Verl., München, o. J.

Diagnose vermittels der Kilnerschirme

Krankheit äußert sich in veränderter Strahlung und
gestörter Polarität des Menschen.

Uralt ist die Lehre, daß der sichtbare Mensch nicht der ganze
Mensch ist, daß vielmehr jeder Mensch von einem Dunstkreis,
einer Aura umgeben ist, die normalerweise nur von Sensitiven
oder Hellsichtigen wahrgenommen werden kann, die aber unter
Umständen bei einzelnen Menschen derartig stark strahlend und
leuchtend wird, daß sie von jedermann gesehen werden kann,
wie dies zum Beispiel bei dem sogenannten Heiligenschein der
Fall ist. Die christliche und buddhistische Kunst hat diese Form
der Aura in zahllosen Varianten dargestellt. Für die Wissenden
und Eingeweihten war die Aura des Menschen immer ein besonderes Studienobjekt, da die Aura ein getreues Spiegelbild der
Gesundheit, Intelligenz und des moralischen Fortschrittes darstellt. Ich verweise diesbezüglich auf das bekannte Werk von
LEADBEATER ,,Der sichtbare und unsichtbare Mensch.‘‘

Jedoch beginnt die rein naturwissenschaftliche Entdeckung
und Erforschung der Aura erst mit DR. CARL FREIHERR VON REI-
CHENBACH (1788–1869), der vor etwa hundert Jahren mit seiner
OD-LEHRE an die Öffentlichkeit trat. Sein Hauptwerk ist: ,,Der
sensitive Mensch und sein Verhalten zum Od.‘‘

REICHENBACH steht heute glänzend gerechtfertigt da. Aber er
wurde seinerzeit von der offiziellen Wissenschaft ebenso angegriffen wie heute etwa die Erdstrahlenforscher, die sich dem Vor-
wurf ausgesetzt sehen, daß die Erdstrahlen für die Wissenschaft
deshalb nicht existieren, weil sie nicht objektiv, also mit physikalischen Instrumenten nachweisbar sind. Nun konnte aber Reichenbach am Ende seiner Odforschungen auch den objektiven
Beweis für die Existenz der Odstrahlen bringen, indem er die
odische Ausstrahlung von großen Kristallen und Magneten pho-
tographierte. Was übrigens den objektiven Nachweis der Erdstrahlen anbetrifft, so gelang es 1933 DR. ING. LEHMANN, zu beweisen, daß oberhalb von unterirdischen Wasseradern das elektrische Potential der Luft wesentlich anders ist als sonst.

Was den Namen OD anbetrifft, so mag dieser mit ODEM, gleichbedeutend mit lebendigem Atem oder Lebensodem zusammenhängen. Das Od tritt auch in der Tat besonders stark bei belebten Wesen auf. Möglicherweise hängt Od mit Odin (Wotan), dem höchsten Gott der alten Germanen, zusammen. Daß alles Leben immer von der höchsten Gottheit ausgehend gedacht wird und auch tatsächlich von ihr ausgeht, finden wir auch in anderen Religionen immer wieder ausgesprochen. So ist BRAHMA bei den Indern der Schöpfer und Erhalter des ganzen Weltalles. Durch seine Ausatmung entstehen alle Welten, durch seine Einatmung gehen sie wieder in den nichtoffenbaren Zustand zurück, und neueste astronomische Beobachtungen zeigten tatsächlich, daß das ganze Weltall noch immer sich ausdehnt. Dies entspricht dem Ausatmen BRAHMAS.

Auch in der Bibel ist von dem alles belebendem Odem Gottes die Rede. Man sieht, die Geheimwissenschaften geben allen Religionen die beste metaphysische und auch naturwissenschaftliche Stütze.

REICHENBACH hat, gestützt auf über 13 000 Experimente, die er an mehr als 100 Personen durch 10 Jahre vornahm, den Nachweis geliefert, daß nicht nur Steine, lebende Pflanzen, Kristalle und Magnete in absoluter Dunkelheit ein feines zartes Licht, das sogenannte Odlicht, ausströmen, sondern daß auch der Mensch ebenso strahlt und leuchtet, falls er in einer Dunkelkammer von Sensitiven beobachtet wird.

Der ganze Mensch erscheint dann in eine leuchtende Dunstwolke gehüllt, die ihn etwa in einer Distanz von 15–20 Zentimetern umgibt. Besonders stark leuchten Kopf, Hände und Füße. Von diesen Gliedern gehen förmliche Strahlenbündel aus. Aber auch das Brustbein, die Brustwarzen (namentlich bei Frauen), die Magengrube und Genitalien leuchten stark.

Schon Reichenbach fand mit Hilfe seiner Sensitiven, daß die Größe und Leuchtkraft der Aura eines Menschen von seiner Gesundheit und von seiner seelischen Harmonie abhängt. Erkrankt jemand oder ist er seelisch deprimiert, so zieht sich die Aura zusammen und ihr Leuchten nimmt ab.

Nun ist aber die Aura eines Menschen keineswegs eine einfache Sache. Der Mensch hat verschiedene „Auren", so eine Wärmeaura, eine elektrische, eine magnetische, eine astrale, eine mentale Aura usw., die zusammen ein komplexes Phänomen bilden. Hellseher verschiedenen Grades werden also an ein und demselben Menschen verschiedene Teile der Aura sehen, je nachdem ihre Hellsichtigkeit entwickelt ist.

Zur physischen Aura des Menschen rechnet man noch dessen „Gesundheitsaura", das ist jener Teil der Aura, der durch die magnetische Ausstrahlung der Lebenskraft gebildet wird. Sie ist von sehr zartem bläulichem Weiß und erscheint gestreift, das heißt, sie besteht aus einer Unzahl feiner Strahlen, die den Poren des Körpers nach allen Seiten entströmen. Bei vollkommener Gesundheit sind diese Strahlen regelrecht parallel zu einander, wenn man nur kleine Abschnitte des Körpers in Betracht zieht; sonst kann man allgemein sagen, daß sie senkrecht zu den Körperkonturen stehen. Bei Krankheiten oder geschwächter Gesundheit erfolgt diesbezüglich sofort eine Veränderung. Die Strahlen in der Nähe kranker Teile kreuzen sich untereinander und sind umgebogen, wie die Stengel welker Blumen.

Was wir bisher über die Aura und deren Veränderung in Krankheitsfällen hörten, war auf die Wahrnehmung und die Aussagen von Hellsehern beschränkt. Nun würden zweifellos viele Ärzte der Auraforschung und deren Verwertung zu diagnostischen Zwecken gern näher treten, wenn es eine andere Beobachtungsmöglichkeit derselben gäbe, eine Beobachtungsmöglichkeit, die mehr der streng naturwissenschaftlichen Richtung der meisten Mediziner entspricht. Denn beim Hellsehen kann immer der Einwand erhoben werden, es handle sich dabei nur um subjektive Wahrnehmungen und nicht um objektive Phänomene. Es wäre nun in der Tat sehr zu begrüßen, wenn es Mittel und Wege gäbe, um die Aura etwa mit physikalischen Hilfsmitteln derart erforschen zu können, wie man beispielsweise die Mikroben unter dem Mikroskop sichtbar macht oder wie die Röntgenstrahlen den Hellseher teilweise ersetzen können.

Von solchen Gedanken ließ sich der englische Arzt WALTER J.

KILNER leiten, der im Jahre 1911 ein ganz eigenartiges Werk „The human Atmosphere or the Aura made visible by the aid of chemical screens" (London, bei Rebmann Limited 129. Shaftesbury Avenue) herausgab. Ins Deutsche übertragen, würde der Titel dieses Buches so lauten: „Die menschliche Atmosphäre oder ‚Aura' und ihre Sichtbarmachung mittels chemischer Schirme."

Dieses Buch samt den zum Experimentieren erforderlichen vier Farbschirmen und einem diagnostischen Tabellen- und Skizzenheft war früher aus England zu beziehen.

Die Entdeckung KILNERS und seine Forschungen sind deshalb wichtig, weil KILNER, ohne Okkultist zu sein, durch seine Arbeiten die bisherigen Erfahrungen der Okkultisten in der Auraforschung bestätigt hat.

KILNER war Arzt am St. Thomas-Hospital in London. Es war ihm somit reichlich Gelegenheit geboten, seine Studien an Kranken zu machen. Die ganze Abfassung seines Werkes zeigt ihn, wie FEERHOW (DR. PHIL. ET MED. WEHOFER) in seinem Büchlein „Die menschliche Aura und ihre experimentelle Erforschung" sagt, „als einen tüchtigen Physiologen und physikalischen Experimentator. Seine Versuche sind mit theoretischer und praktischer Sachkenntnis durchgeführt; schon allein durch seine Darstellungsweise flößt er Vertrauen ein."

Auch hat KILNER seine Entdeckung keineswegs „zufällig" gemacht, sondern er wurde dazu durch die Berichte über die „N-Strahlen" BLONDLOTS, die CHARPENTIER, der französische REICHENBACH, am menschlichen Körper entdeckte, veranlaßt. Nebenbei bemerkt sind diese „N-Strahlen" mit dem Od REICHENBACHS identisch – wie ich bereits 1910 in meiner Einführung zu Reichenbachs „Sensitiven Menschen" ausdrücklich erklärte, und wie dies FEERHOW in seiner Schrift „N-Strahlen und Od" wissenschaftlich nachwies. FEERHOW hat meine Feststellung der Identität von Od und „N-Strahlen" ausdrücklich in seinem eben genannten Werke gebührend hervorgehoben, sowie er auch meine Experimente mit den Kilnerschirmen als sehr beachtenswerten Anfang der deutschen neueren naturwissenschaftlichen Auraforschung anerkannte. Er hat sie ziemlich eingehend in seiner obengenannten Schrift „Die menschliche Aura und ihre experimentelle Erforschung" beschrieben. Ich war der Erste, der auf deutschem Boden mit dem Kilnerschirm experimentierte und habe die Resultate meiner Versuche im Februarheft 1912 des „Zentralblattes für Okkultismus" veröffentlicht.

Ich ging insofern weiter als DR. KILNER, indem ich gelungene Versuche mittels der Kilnerschirme auch zur Feststellung von Gedankenformen machte. Einiges darüber, namentlich über Gedankenformen, die sich beim Gebet bilden, findet man auch in meiner Schrift „Die Kraft der Gedanken, des Wunsches und Gebetes", eine kleine aber praktische Schrift.

KILNER dachte sich also, daß diese N-Strahlen oder die odischen Strahlungen des menschlichen Körpers auch mit anderen Mitteln, als mit Hilfe des Schwefel-Kalziumschirmes, der dadurch bloß in phosphorszierendes Leuchten versetzt wird, sich feststellen lassen müssen. So gelangte er zur Erfindung der nach ihm benannten KILNERSCHIRME. Es sind dies nichts weiter als zwei Glasplatten von etwa 12 x 4 Zentimeter, zwischen welchen Farbstofflösungen von Dicyanin und Karmin eingeschlossen sind.

Mit Hilfe dieser Schirme – die man vor die Augen hält – konnten nach meinen Nachprüfungen der Versuche KILNERS etwa 50 % von gänzlich unvorbereiteten Versuchspersonen, die nie etwas von diesen Schirmen und deren Wirksamkeit gehört hatten, tatsächlich nicht nur die menschliche Aura, sondern auch jene von Stahlmagneten, Kristallen usw. sehen. FEERHOW scheint aber weniger sensible Versuchspersonen gehabt zu haben, und so sank sein Hundertsatz auf 25 %. –

Also kann nach unseren Versuchen mit den KILNERSCHIRMEN nicht jedermann die Aura sofort sehen, sondern es gehört dazu ein – wenn auch geringer – Grad der Sensitivität. Ist derselbe gar nicht vorhanden, so wird die betreffende Versuchsperson auch mit Hilfe der Kilnerschirme – wenigstens beim ersten Versuch – die Aura nicht sehen.

Ob nun die Kilnerschirme bloß die Empfindlichkeit der Netzhaut des Auges durch „Reizung" erhöhen oder durch Transformation der offenbar höherschwingenden Odlichtstrahlen in solche von niedriger Schwingungszahl wandeln und auf diese Weise das somit Unsichtbare sichtbar machen, darüber wage ich noch keine Entscheidung zu treffen, dieselbe muß vielmehr durch eine Reihe von sorgfältigen, wissenschaftlichen Versuchen herbeigeführt werden.

Mangels Raumes muß ich bezüglich solcher Fragen sowie über die Art und Weise, wie man mit den KILNERSCHIRMEN arbeitet, nochmals auf die bereits genannte Schrift FEERHOW's ,,Die menschliche Aura und ihre experimentelle Erforschung" hinweisen. Darin sind auch die Versuche der Wiener ,,Psychologischen Gesellschaft" von 1911–1913 mit den Kilnerschirmen enthalten.

Für uns von Wichtigkeit ist nur die Tatsache, daß KILNER und seine Assistenten die KILNERSCHIRME bereits zu diagnostischen Zwecken benutzten, indem gewisse Krankheiten wie Epilepsie, Hysterie, Neurasthenie deutlich wahrnehmbare Veränderungen in Form und Farbe der Aura zeigen. Bei Hysterischen zum Beispiel treten unförmige Auraausbuchtungen mit Vorliebe am Rücken und Bauch auf; Epileptiker haben auf einer Körperseite eine schmälere Aura als auf der anderen. Auch Periode und Schwangerschaft künden sich in der Aura des weiblichen Organismus durch besondere Formationen an.

Es sei hier nur noch erwähnt, daß nach Experimenten von ROCHAS und DURVILLE bei Austritt des Fluidalleibes auch die Aura mit diesem verschwindet. Den ausgetretenen Fluidalleib hat ROCHAS mit Hilfe eines Schwefelkalziumschirmes, der aufleuchtet, wenn der Fluidalleib ihn berührt, sowie durch Photographie nachgewiesen. Da der Fluidalleib auch der Sitz des Wollens und Denkens ist, so ist dieser eigentlich der wahre innere Mensch. Hellseher sahen wiederholt, wie dieser Fluidalleib bei Eintritt des Todes den physischen Leib für immer verläßt. Dabei reißt ein leuchtendes Band, welches den Fluidalleib mit dem physischen bei nur zeitweisem Austritt verbindet. Also ist auch die dauernde Trennung von Seele und Leib, oder was wir bisher Tod nannten, für den Okkultisten eine erweisbare Tatsache. Wir wissen nun endlich, was der Tod eigentlich ist, nämlich die endgültige Trennung der unsterblichen Seele vom physischen Leibe. Man sieht daraus, welch hochwichtige Probleme durch die experimentelle Erforschung der menschlichen Aura und des Fluidalleibes einer befriedigenden Lösung zugeführt werden. Näheres darüber ist dem Werke von DURVILLE „Der Fluidalleib des lebenden Menschen, seine Anatomie und Physiologie" zu entnehmen.

Damit ist zweifellos der Grundstein zu einer rein wissenschaftlichen Erforschung der Aura und deren Anwendung zu diagnostischen Zwecken gelegt. Wir stehen aber hier erst am Anfang, und es ist sichtbar, daß durch weitere Verbesserung der Kilnerschirme oder ähnlicher Instrumente die Diagnose aus der Aura große Fortschritte machen wird. Mögen an dieser Erschließung eines ganz neuen Wissensgebietes nun auch deutsche Okkultisten teilnehmen.

Was nun den objektiven Nachweis der menschlichen Ausstrahlungen sowie der Aura anbelangt, so ist man darin doch ein gutes Stück weiter gekommen seit Reichenbachs Zeiten. Ich erinnere hier nur an die photographischen Aufnahmen der Ausstrahlungen menschlicher Hände, welche besonders gut bei jenen Personen ausfielen, welche über starke heilmagnetische Kräfte verfügen. Solche Personen konnten mittels ihrer Handstrahlung, gleich Röntgenstrahlen, Metallgegenstände, die in einer Holzkassette eingeschlossen waren, photographieren. Des weiteren hat man Odoskope oder Odmesser erfunden, bei welchen ein um eine vertikale Achse leicht drehbares Strohstück unterhalb einer Glasglocke bei Umfassung durch die Hand Ausschläge gleich einem Kompaß ergab. Dann hat man den teilweise oder ganz herausgetretenen Fluidalleib lebender Menschen photographiert, sogenannte Phantomphotographien, die oft zufällig gemacht wurden. Endlich verweise ich auch auf Photographien der Phantome Abgeschiedener, sogenannte „Geisterphotographien", von welchen es natürlich neben Fälschungen zweifellos auch echte gibt. In London existiert schon seit Jahren eine eigene „Gesellschaft für supranormale Photographie", deren Vorsitzender ein sehr angesehener Arzt ist, und welcher mir vor etlichen Jahren über sechzig der erstaunlichsten Aufnahmen dieser Art zeigte.

250

Noch fehlt aber ein Instrument oder Apparat, welcher die höheren, feineren und rascheren Schwingungen der menschlichen Ausstrahlungen der Aura und des Fluidalleibes jedermann sichtbar macht, indem eben diese höheren Schwingungen herabtransformiert werden. Gelingt dies, so würde durch diesen objektiven Beweis mit einem Schlag die Geisterwelt oder wenigstens ein Teil von ihr als tatsächlich nachweisbar erwiesen gelten. Auch wäre es denkbar, daß man einen ähnlichen Transformator für die Tonwellen der Geisterwelt und deren Bewohner erfindet; man könnte dann auch hören, was diese Wesen sprechen. Kein Geringerer als EDISON hielt die Erfindung solcher Apparate für durchaus möglich! Eine andere Frage ist nur, ob die Materialisten und Gottesleugner, die fort und fort nach „objektiven Beweisen" übersinnlicher Phänomene und Wesenheiten rufen, besonders erbaut sein würden, wenn man ihnen diese eines Tages wirklich erbringen könnte.

In England sind übrigens Physiker von Weltruf wie CROOKES, LODGE, WALLACE seit etwa siebzig Jahren überzeugte Spiritisten und scheuen sich auch nicht, dies öffentlich zu bekennen. Es gibt zweifellos auch in Deutschland Wissenschaftler, die sich ebenfalls von der Realität der echten spiritistischen Phänomene überzeugt haben, aber nur wenige davon haben den Mut, ebenso offen wie ihre englischen Kollegen zu Gunsten des Spiritismus oder einer spiritualistischen Weltanschauung einzutreten. Es gibt zwar in Deutschland auch von Akademikern gegründete parapsychologische Gesellschaften, aber in diesen versucht man solange als möglich, alles animistisch zu erklären.

Man leugnet zwar nicht mehr die okkulten und spiritistischen Phänomene an sich, weil dies heute nicht mehr möglich ist, aber man erklärt, daß alle diese Phänomene nur durch lebende Menschen hervorgebracht werden können. Andererseits hat bereits AKSAKOW, dieser große Kenner des Spiritismus zugegeben, daß neun Zehntel aller spiritistischen Phänomene auch animistisch erklärbar sind. Aber es bleibt doch ein erheblicher Rest von Phänomenen, und es ist auffallend, daß solche nun auch in deutschen Tagesblättern ohne ironischen Kommentar abgedruckt werden. Man erklärt sie am einfachsten nur durch die Annahme des Fortlebens der menschlichen Seele nach dem Tode.

So steht zu hoffen, daß auch in deutschen Landen in wenigen Jahren die Unsterblichkeit der menschlichen Seele als experimentell erwiesen gelten wird; denn Millionen deutscher Spiritualisten und Okkultisten sind rastlos tätig, Beweismaterial dazu zu erbringen. Gegen Tatsachen anzukämpfen oder sie immer falsch auszulegen, ist auf die Dauer ein Ding der Unmöglichkeit; dies lehrte uns das Wiedererwachen der Geheimwissenschaften zu deutlich an vielen Beispielen, man denke nur an die wissenschaftliche Anerkennung des Hypnotismus, der Suggestion, der Telepathie und des Hellsehens in Raum und Zeit; man denke ferner daran, wie sich Wünschelrute und Pendel trotz aller Gegenströmungen ebenso ausgebreitet haben wie die Astrologie. Die Zahl der Anhänger dieser Geheimwissenschaften und deren praktische Ausüber geht, wie gesagt, in deutschen Landen in die Millionen. Daß aber die daraus resultierende neue Weltanschauung, die in Wirklichkeit eine uralte ist, auch für die Medizin, ja unser ganzes Leben, einen großen umwälzenden Einfluß ausüben wird, ist zweifellos.

Literaturnachweis

DR. CARL FRHR. V. REICHENBACH, DER SENSITIVE MENSCH UND SEIN VERHALTEN ZUM OD.

DR. WALTER J. KILNER, The human Atmosphere or the Aura made visible by the aid of chemical screens, Rebmann Lim. 129, London 1911, Shaftesbury Av.

FEERHOW [Dr. phil. et med. Wehofer], Die menschliche Aura und ihre Erforschung.

DURVILLE, Der Fluidalleib des lebenden Menschen, seine Anatomie und Physiologie.

Diagnose und Prognose aus dem Harn

Der Urin ist der Spiegel des inneren Chemismus,
und der innere Chemismus ist der Ausdruck der
Harmonie der Funktionen der einzelnen Organe.
Deshalb werden wir durch gründliche Beobachtung
alles dessen, was im Urin zum Ausdruck kommt,
am leichtesten imstande sein, den Organismus zu
beurteilen.

HARTUNG

Wer hat nicht schon von allerlei Wunderdoktoren und alten
Weibern gehört, die lediglich aus dem Harn des Kranken ihre
Diagnose und Prognose stellen? Während ich diesen fünften
Band meiner „Okkulten Medizin" in erster Auflage zum Ab-
schluß bringe, flattern mir aus dem schönen Graz in der grünen
Steiermark eine Menge von Briefen und Zeitungsausschnitten
zu, die mich alle auf den Prozeß gegen den Stainzer Wunderdoktor und Bauern HÖLLERHANSEL aufmerksam machen. Wirklich
bis zur Siedehitze hat diese Gerichtssache alle Gemüter in Graz
erhitzt, und was sich einzelne Tagesblätter da an Wut und Haßti-
raden gegen Höllerhansl und die „Sippe der Wunderdoktoren
und Kurpfuscher" leisteten, verdient wirklich, wenigstens teilweise, als „Kulturdokument" verewigt zu werden.

So schrieb das sozialdemokratische Blatt von Graz, der „Ar-
beiterwille", am 6. Juli 1921 über diese Gerichtssitzung gegen
HÖLLERHANSEL wie folgt:

„Die Steiermark ist ein günstiger Boden für alle Nachtschat-
tengewächse der klerikalen Gehirnversumpfung; alle Figuren des
vom Zauberer in Rom arrangierten Puppentheaters geistern in
diesem Lande und der „HÖLLERHANSL" in Stainz und die anderen
Abergläubigen bilden zusammen eine große Sippschaft der Kurpfuscher und Wunderdoktoren, der verschlagenen und pfiffigen
Medizinmänner, die sich mästen an der Dummheit, dem Aberglauben, der hirnlosen Leichtgläubigkeit und biblischen Einfalt
der von Ammenmärchen und Köhlergeschichten infizierten
Menschen. Der Bazillus Klerikalis ist es, der Erreger der fatalen
schwarzen Gehirnepidemie, unter dessen Zeichen die Schwindler

jeder Kategorie ihre schönsten und billigsten Triumphe feiern. Der Doktor von Stainz, der schlaue, geriebene Bauernfänger, der das Geld aus den Taschen seiner Patienten operiert, ist die Verkörperung der klerikalen Steiermark mit ihrem vielgestaltigen Aberglauben."

Man ist wahrlich erstaunt, so etwas zu lesen. Als ob es nicht zu allen Zeiten und in allen Ländern Ärzte und Laien gegeben hätte, die gleichfalls die Kunst verstanden, aus dem menschlichen Harn auffallend treffsichere Diagnosen zu stellen. Das hat doch mit „Klerikalismus" und „Aberglauben" nichts zu tun, aber rein gar nichts.

Wir wollen nun einen Zeugen zugunsten des HÖLLERHANSL zu Worte kommen lassen. Es schrieb mir nämlich ein Leser meiner „Okkulten Medizin" aus Graz am 10. Juli 1921 wie folgt:

„Ich habe diesen wunderbaren Mann selbst einigemal aufgesucht und bekam jedesmal am Hinwege die unglaublichsten Dinge zu hören. Außerdem hat man ja Gelegenheit bis zu dem Momente, wo man selbst an die Reihe kommt, die verschiedensten Diagnosen, nebst Bezeichnung des Alters, Geschlechtes, der Dauer der Krankheit aus seinem Munde zu hören, und ich weiß keinen Fall zu berichten, daß einmal die Diagnose von irgend jemanden der Anwesenden korrigiert worden wäre.

Jedem Spezialisten würde es zur besonderen Ehre gereichen, wenn er imstande wäre, in einem etwa zehnmal längeren Zeitraum ähnliche, präzise und vollkommen zutreffende Diagnosen stellen zu können, als jener HÖLLERHANSL, der sich vermaß, durch psychische Einwirkungen magische Heilungen zu erzielen.

Da aus seinen mir persönlich gemachten Äußerungen hervorgeht, daß nur zwei Arten von Tees in seiner Therapie Verwendung finden, dürfte es sich bei den meisten Heilungen um jene Art von Einwirkungen auf das Vorstellungsleben des Kranken handeln, das durch die Gerüchte von den vielen Wunderheilungen einerseits, andererseits durch das in der in allen Einzelheiten zutreffenden Diagnose erweckte Vertrauen, nebst gewisser günstiger Astral-Konstellationen (Gestirnstellungen) begründet sein dürfte.

254

Daß er nicht allen Menschen helfen konnte, ist nicht zu verwundern, da es selbst den Herrn Autoritäten der Gegenwartsheilkunde oft genug passieren muß und in dem gestellten Bulletin seinen trefflichen Ausdruck findet, daß trotz aller Anstrengungen die Operation zwar wohl als „gelungen" bezeichnet werden mußte, wenn der Patient dabei nicht gestorben wäre." –

Wenn ein Arzt, Richter* oder Schriftleiter einer Tageszeitung nie etwas in seinem Leben von Psychometrie oder Hellsehen gehört hat, dann natürlich muß er die diagnostisch-prognostischen Leistungen eines HÖLLERHANSL oder HILDWEIN als „Schwindel", „Unsinn", „Betrug" und „Aberglauben" betrachten. Denn wer nur das Alphabet der materialistischen Schulweisheit kennt, dem ist das Wirken eines solchen „Wunderdoktors" entweder ein Buch mit sieben Siegeln, oder etwas verdächtig Unglaubwürdiges.

Wie ich persönlich bei Hildwein sah, stellte er auch aus dem Harn Alter, Geschlecht, Zahl der Kinder, Ursache einer Krankheit, Dauer und Ausgang derselben in wenigen Augenblicken fest.

Diese Art der Diagnostik und Prognostik aus dem Harn ist allerdings durchaus okkult. Wer keine hellseherischen Fähigkeiten hat, wird sie nie erlernen können, wer aber hellseherisch oder psychometrisch veranlagt ist, der bedarf dazu nicht einmal des Harns, er kann auch – wie es der vielgeschmähte Schäfer AST tat – aus drei Nackenhaaren Diagnosen und Prognosen stellen. Solch ein Hellseher kann auch nicht beschwindelt werden, indem man ihm drei Haare eines Pudels oder den Urin einer Kuh, als von einem Kranken stammend, vorlegt. Leider ließen sich Ärzte dazu tatsächlich hinreißen!

Eine ganz eigenartige Form der Diagnose aus dem Urin betrieb ALOIS SPERNEDER, der Wunderdoktor von Purkersdorf bei

---

* Obgleich sogar der Staatsanwalt zugunsten des HÖLLERHANSL plädierte, indem er hervorhob, daß es im Menschen auch geheime Kräfte gebe, die der Wissenschaft verborgen seien und nur in auserwählten Personen sich offenbaren, wurde HÖLLERHANSL von einem Richter verurteilt, der offenbar nichts vom Okkultismus wußte und sich nur an den trockenen Wortlaut des Gesetzes hielt.

Wien. Er hat schon im Jahre 1925 vor Gericht im Allgemeinen Krankenhaus in Wien vor einem Forum von Ärzten bewiesen, daß er lediglich aus dem Geruch des Harns eines Kranken sehr treffsichere Diagnosen stellen konnte. Man gab ihm Harnproben von zehn verschiedenen Kranken. In acht von zehn Fällen stimmten sie, darauf wurde SPERNEDER freigesprochen! In acht der Fälle diktierte er so rasch die Diagnosen, daß die Gerichtsstenographen kaum nachkommen konnten. Er diagnostizierte auf diese Art vor Gericht z. B. auch eine Rückgratverkrümmung und sagte, sehr zum Erstaunen der anwesenden Sachverständigen, daß deren Ursache ein vor Jahren erfolgter Sturz sei. Auch eine Leberverhärtung (Zirrhose) erkannte er lediglich aus dem Geruch des Harns. ,,Wie ist dies möglich?'' fragte ihn ein Arzt. Worauf SPERNEDER einfach erwiderte: ,,Ich hab' halt so eine feine Nase!'' Daß SPERNEDER hellriechend war, dürfte die richtigste Erklärung sein. Er heilte nur mit Hilfe von Kräutern, deren Kenntnis er von einem alten Heilkundigen in Bayern erlernte. SPERNEDER hatte eine sehr große Praxis und machte tatsächlich unglaubliche Kuren. Daß die Gabe SPERNEDERS ans Hellsehen heranreichte, bewies er 1933, als man ihm den Harn eines Kranken brachte und SPERNEDER sagte, daß der Kranke seit einer Stunde tot sei. Eine sofortige telefonische Rückfrage bestätigte dies.

Daß es aber auch eine Diagnose aus dem Harn aufgrund von jedermann sichtbaren Merkmalen gibt, ist eine längst bekannte Sache. Auch der Spagyriker DR. PHIL. ET MED. ZIMPEL, der Entdecker der bekannten Zimpelmittel, tritt in seinen Schriften für diese Art von Harndiagnosen ein. So z. B. in seinem ,,Medizinischen Hausschatz'' und in seiner Schrift: ,, Selbsthilfe für Jedermann durch Galvanismus und Magnet-Elektrizität.'' DR. PHIL. ET MED. CARL FRIEDRICH ZIMPEL, (1800–1878 – Geburts- und Todesjahr stehen nicht eindeutig fest, es kann sich auch um die Jahre 1801–1879 handeln) war durch seine Doppelpromotion vielen an positivem Wissen überlegen. Auch vom okkulten Wissen und Können des DR. ZIMPEL darf man voll überzeugt sein.

Wir lassen hier aus dessen Erfahrungsschatz einige allgemeine Regeln folgen:

„Ein gesunder Urin ist strohfarben, hat einen eigentümlichen, mitunter veilchenartigen Geruch, darf keineswegs stinken und bleibt klar. Folgende Umstände haben auf seine Veränderung Einfluß: Eine starke Körperkonstitution hat mehr gefärbten und stärker riechenden, bei schwächerer einen blasseren, schaumigen, etwas Bodenansatz machenden Urin. Auch die Jahreszeit hat Einfluß auf den Harn. Im Sommer ist derselbe dunkel gefärbt und der Quantität nach geringer, im Winter ist er blasser und die Quantität (selbstredend bei gleicher Flüssigkeitsaufnahme) eine größere.

Eine bewegte Lebensweise verringert die Harn-Quantität und macht ihn dunkel; eine sitzende mehr blaß. Im Alter ist das Quantum geringer, dunkler und neigt zu üblem Geruch. Geschlecht: Frauen haben einen bleicheren Urin mit mehr Bodensatz. Verdauung und Nahrung: Viel Trinken vermehrt ihn und macht ihn bleicher. Spargelgenuß macht ihn stinkend. Während der Verdauung ist er trübe. Zur Beurteilung eignet sich kein Urin, der sechs Stunden nach dem Essen gelassen wurde. Ferner gehört dazu, daß der Urin wenigstens zwei Stunden ruhig stehen bleibe, und zwar in einem nicht zu warmen Zimmer; er darf auch nicht zu schnell von der Wärme in die Kälte oder umgekehrt gebracht werden.

Ein vermehrter Abgang des Urins infolge derjenigen Krankheiten, welche Folgen unterdrückter Ausleerungen sind, z. B. Wassersucht, ist ein sehr gutes Zeichen.

Leidet ein Mensch dagegen an Erschlaffung der Harnorgane, wie z. B. der Harnruhr, dann ist diese Vermehrung ein schlimmes Zeichen. (Diabetes!)

Der Mangel an Urin ist gefahrdrohend, wenn als dessen Ursache Krankheiten und organische Fehler der Harnorgane angenommen werden müssen, weniger gefahrdrohend, wenn das Übel von Erkältung oder nach dem Genuß von sauren Sachen entsteht.

Dünner, durchsichtiger, gelblicher oder weißer Urin, wenn der Kranke dabei wenig getrunken hat, deutet auf unterdrückte Ausleerung und Krampf der Harnwerkzeuge. In hitzigen und entzündlichen Krankheiten ist er öfter der Vorbote von Raserei mit Krämpfen, welche mit dem Tode endigen und gibt die schlechte Beschaffenheit der Unterleibseingeweide zu erkennen. Gelber Harn zeigt Gallenerguß in das Blut an, z. B. bei der Gelbsucht.

Roter Harn ist ein Zeichen von Fieber, und zwar eines der gefährlichsten, wenn er brennend rot, hell und wenig oder gar keinen Bodensatz zeigt.

Grüner Urin ist ein schlimmes Zeichen, denn er deutet auf allgemeine Verderbnis der Körpersäfte und verkündigt die baldige Auflösung.

Der schwarze Urin, in entzündlichen Krankheiten, zeigt den Brand an.

Trüber Urin zeigt an, daß entweder ein Vergehen in der Lebensordnung des Kranken oder schlechte Säfte die Ursache davon sind.

Ein einziges Wölkchen im Urin, ohne Bodensatz, zeigt häufig die beginnende Besserung, hingegen fortwährende Unreinigkeiten in demselben, daß die Natur noch immer bemüht ist, die schlechteren Säfte aus dem Körper zu entfernen, und daß die Genesung nur sehr langsam vorwärts schreitet.

Eine Fetthaut auf dem Urin ist in Auszehrungskrankheiten ein schlimmes Zeichen und deutet bei Schwindsüchtigen auf baldigen Tod. Wenn sich aber der Urin schnell aufklärt und einen rötlich-gelblichen, mit weiß untermischten Bodensatz macht, zeigt dies eine baldige Genesung an. Viel weißer Bodensatz ist in Fiebern ein gutes, ein geringer und dünner, ein schlimmes Zeichen. Rötlicher Bodensatz im roten Urin ist in Fiebern ein gutes Zeichen der Besserung, dagegen dicker, kleieartiger ein schlimmes.

In Krankheiten von bösartigem Charakter ist es ein Zeichen, daß ein guter Ausgang nahe bevorsteht, wenn sich in dem Urin kleine schimmernden Blättchen absondern und häufig ansetzen.

Wenn sich mit zähem, schleimigem Urin eine sandige Masse absondert, so beweist es an sich das Vorhandensein desselben, sowie des Steines.

Weißer, kreidiger Bodensatz bei dickem, dunklem Urin zeigt

gichtische Beschaffenheit, auch Harnsteine, dunkler und schwarzer Bodensatz weist auf faulichten Zustand hin.

Milchweißer, trüber Harn der Kinder läßt auf Würmer schließen.

Wenn der vorher klare oder der vorher dicke und trübe Urin einen Bodensatz absetzt und oben abklärt, ist dies ein Zeichen der glücklichen Entscheidung der Krankheit.

Roter, ziegelfarbener Bodensatz zeigt Wechselfieber oder rheumatische Beschaffenheit der Krankheit an."

Wer sich eingehender mit dieser Art von Diagnose und Prognose aus dem Harn beschäftigen will, findet dieselbe sehr ausführlich und gediegen in AD. ALF. MICHAELIS: ,,Semiotik, oder die Lehre von den Krankheitszeichen" behandelt.

Indessen ist im Jahre 1931 im Verlag von Krüger & Co. in Leipzig von DR. MED. WILHELM HELD ein ganz eigenartiges und für die Praxis bedeutsames Buch erschienen, betitelt: ,,Die Urinschau des Mittelalters und die Harnuntersuchung der Gegenwart." Darüber schrieb DR. MED. PFLEIDERER in der ,,Biologischen Heilkunst", 1931, Nr. 8 wie folgt: ,,Die alten Ärzte haben eine Menge von Zusammenhängen zwischen der Beschaffenheit des Harns nach Geruch, Farbe, Trübung usw. mit den verschiedener Krankheiten und Zuständen des Körpers und der Seele entdeckt. Ich habe die beiden oben angeführten Untersuchungsweisen erprobt und Aufschriebe gemacht über 44 000 genau in diesem Sinne geführte Untersuchungen. Ohne Vermischung der beiden Untersuchungsweisen, der alten Harnschau und der neuzeitlichen chemischen, möchte ich nicht mehr Arzt sein. Ich rate jedem, zu dieser Art der Harnuntersuchung überzugehen. Ich halte obiges Buch für sehr brauchbar."

Das Buch von DR. HELD behandelt in vier Teilen: 1. Die historische Entwicklung der Urinschau von HIPPOKRATES über die großen arabischen Ärzte bis tief ins Mittelalter.

2. Auszug aus dem seiner Zeit hochgeschätzten Urin-Spiegel des Leibmedikus des Prinzen von Condé und weiland berühmten Arztes DAVACHE DE LA RIVIÈRE, dessen Arbeit auch in Deutschland viele Auflagen erlebte.

3. Die Krankheitszeichen aus dem Urin (ohne Hilfe der heutigen Untersuchungsmethoden), wie sie als Sonderfach auf den Universitäten bis ca. 1830 gelehrt wurden.

4. Endlich die modernen Untersuchungsmethoden.

Der Verfasser bietet hier eine Arbeit, die bis jetzt noch niemand geleistet hat, nämlich Geschichte und Bedeutung der Harnschau von HIPPOKRATES bis auf unsere Tage. Es ist erfreulich zu sehen, daß man immer mehr und mehr das Wissen und Können der alten Ärzte zu würdigen und praktisch zu verwerten beginnt. Diese alten Ärzte waren mitunter sehr scharfe Beobachter und verfügten auch über sehr wirksame Heilmittel und Methoden, die wert sind, der Vergessenheit entrissen zu werden. Voll und ganz bestätigt dies auch der Wiener Privatdozent DR. MED. BERNHARD ASCHNER (geb. 1883 in Wien): ,,Die Krise der Medizin – Lehrbuch der Konstitutionstherapie". Ein ausgezeichnetes Werk, welches bereits viele mit ihren diagnostischen Möglichkeiten unzufriedenen Mediziner zu wahren, praktischen Ärzten gemacht hat.

Literaturnachweis

DR. MED. ET PHIL. CARL FRIEDRICH ZIMPEL, Selbsthilfe für Jedermann durch Galvanismus und Magnet-Elektrizität.

–, Medizinischer Hausschatz.

ADOLF ALFRED MICHAELIS, Semiotik, oder die Lehre von den Krankheitszeichen.

DR. MED. WILHELM HELD, Die Urinschau des Mittelalters und die Harnuntersuchung der Gegenwart. Verl. Krüger & Co., Leipzig 1931.

DR. MED. BERNHARD ASCHNER, Die Krise der Medizin – Lehrbuch der Konstitutionstherapie.

Schlußbetrachtung

Obwohl ich mich möglichster Knappheit der Darstellung und Auswahl des Stoffes beflissen habe, ist dieser Band V meiner „Okkulten Medizin", der eine Übersicht der hauptsächlichsten Formen der „Okkulten Diagnostik und Prognostik" geben soll, weitaus umfangreicher, als ursprünglich geplant war, geworden. Er erhebt natürlich keineswegs Anspruch auf Vollkommenheit, dessen bin ich mir bewußt; dennoch glaube ich, fehlte in der deutschen okkulten Literatur eine derartige Abhandlung wie die vorliegende, und wenn sie diese Lücke ausfüllt, so hat sie bereits einen guten Teil ihres Zweckes erfüllt.

Redlich bemüht habe ich mich, durch gute Literaturangaben den ernsthaft Suchenden und Strebenden Winke zu geben, wie sie ihr Wissen auf diesem oder jenem Gebiet der okkulten Diagnostik und Prognostik erweitern können. Daß ein Mensch alle Formen der okkulten Diagnostik beherrscht, ist wohl kaum anzunehmen, er sei denn ein Eingeweihter oder Erleuchteter. –

So bleibt dem Durchschnittsmenschen, der sich mit okkulter Diagnostik und Prognostik abgeben will, nichts anderes übrig, als nur solche Teile derselben zu studieren, die ihn besonders anziehen oder zu welchen er eine natürliche Veranlagung besitzt. Bald aber wird er herausfinden, daß gewisse Formen der okkulten Diagnostik sich ergänzen, wie z. B. die chiromantische und die astrologische Diagnose*, die Gesichtsausdruckskunde und die Augendiagnose. Wenn nun ein solcher Freund der okkulten Diagnostik zwei ihrer Disziplinen kennt, wird er bereits tieferen, praktischen Einblick in die verborgenen Signaturen des menschlichen Körpers und die makro- und mikrokosmischen Zusammenhänge haben, als ein ansonsten namhafter Gelehrter, der sich jedoch nie mit okkulter Diagnostik und Prognostik abgegeben hat.

* Wie weit die Beziehungen zwischen Astrologie und Chiromantie gehen, hat auch A. M. GRIMM nachgewiesen, und zwar in seinem Buche: „Das Horoskop in der Hand" (1932) wo aufgrund indischer Methoden gezeigt wird, wie man aus der Hand Geburtsjahr, Tag und Stunde lesen kann.

261

Daraus folgt wohl für den ernsten Kritiker, daß er – ehe er es wagt, die okkulte Diagnostik und Prognostik zu verurteilen – vorerst die Sache einmal näher kennen müßte. Hat er aber dies getan, dann wird er sicherlich kein abfälliges Urteil darüber mehr abgeben können. Solch ein objektiver Standpunkt täte auch jenen Menschen not, die des öfteren Gelegenheit haben, über „Kurpfuscher", wie Pastor Felke, Schäfer Ast, Höllerhansl, Hildwein und Sperneder zu Gericht zu sitzen.

Es nützt nichts, es gibt eine okkulte Diagnostik und Prognostik, und sie wird sich trotz Verurteilung vieler ihrer Vertreter durchringen und vielleicht in wenigen Jahren schon gelehrt werden. Ich rate jedem, vorsichtig und gerecht in seiner Beurteilung dieser Dinge zu sein und zu bedenken, daß sich auch hier – wie auf vielen Gebieten – die Wahrheit langsam aber sicher Bahn bricht.

Ich bemühte mich in dieser Darstellung, keine Phantastereien vorzubringen, sondern auf dem Boden der Tatsachen zu bleiben, die jeder ernstliche Sucher bei genügender Ausdauer selbst überprüfen kann. Wer dies vorliegende Buch aufmerksam gelesen hat, wird herausgefunden haben, daß fast alle darin beschriebenen Methoden der okkulten Diagnostik und Prognostik heute bereits von einer Reihe von deutschen Ärzten praktisch erprobt und für durchaus brauchbar, ja wertvoll befunden wurden. Einige dieser Ärzte, darunter auch solche, die selbst okkulte Fähigkeiten besitzen, haben über einzelne dieser Methoden wertvolle Bücher geschrieben. Andererseits wurden Praktiker dieser Methoden, die keine approbierten Ärzte waren, gerichtlich freigesprochen, weil sie für die Güte und Richtigkeit ihrer Diagnosen den Wahrheitsbeweis erbringen konnten.

Diese Tatsachen müssen jeden Einsichtigen nachdenklich stimmen. Er muß fühlen, daß ein derartiger Umschwung in medizinischen Anschauungen und Praktiken nur dadurch erklärbar ist, daß wir tatsächlich die Schwelle eines neuen, dem Geistigen zustrebenden Zeitalters überschritten haben und zwar die des Wassermannzeitalters, wie dies Okkultisten und Mystiker schon seit Jahrzehnten immer wieder verkündet haben. Und dieses neue Zeitalter ist der Entfaltung des Spirituellen und Ethischen im Menschen weitaus günstiger als das abgelaufene, es bedingt und begünstigt vor allem neue Heilweisen, die dem Natürlichen und Körperlichen ebenso gerecht werden, wie dem Seelischen und Geistigen.

Das heißt aber mit anderen Worten, daß die materialistisch-mechanistische Weltanschauung in absehbarer Zukunft endgültig überwunden sein sollte.

Leider Gottes hat die falsche Richtung des Denkens oft genug Jammer, Not, Elend, ja sogar neue Krankheiten hervorgebracht. Die medizinische Wissenschaft spann sich teilweise in falsche Theorien ein und entfernte sich dabei immer mehr von GOTT und der Natur, diesen beiden größten Quellen des Heils und aller Weisheit. Kein Wunder, daß infolgedessen die Medizin in der Praxis ab und zu ganz versagte und dadurch das Vertrauen der Kranken verlor.

Andererseits haben die Naturheilmethode, die Homöopathie, Biochemie, Kräuter- und Pflanzenheilkunde sowie die okkulten Heilweisen in vielen Fällen ihre große Heilfähigkeit bewiesen, so daß die Kranken im gesunden Selbsterhaltungstrieb immer mehr diesen erfolgreichen Heilmethoden zuströmen.

Einsichtige Ärzte wie MUCH, DINGFELDER SENIOR, SCHLEICH, LIEK,

ASCHNER, BIER, KLEINSCHRODT, KLEIN, KLIMASZEWSKY, BACHEM usw.

um nur einige zu nennen, erklärten aber auch: Es gibt nur einen Ausweg aus dieser Entwicklung der Medizin, nämlich daß diese sich wieder der natürlichen Heilkunde zuwende und sie ausübe, wie sie uns im Lebenswerk und Beispiel der großen Ärzte wie HIPPOKRATES, PARACELSUS, HAHNEMANN, RADEMACHER und ZIMPEL entgegentritt, aber auch in den nichtapprobierten Heilern wie PRIESSNITZ, SCHROTT, MATTEI, KNEIPP, RIKLI, FELKE, COUÉ usw. Deshalb wünsche und hoffe ich, daß auch die Ärzte sich in Zukunft mehr dieser so segensreichen und vor allem giftfreien Heilmethoden bedienen werden.

Aus Verkehrtem kann nur Verkehrtes entstehen. Darum wollen wir uns einer höheren Weltanschauung zuwenden, damit wir praktische Idealisten, Gesundheitslehrer, Volkserzieher und schließlich, wenn wir dazu auserwählt sind, wieder gottverbundene Priesterärzte werden können, zum eigenen Heil und zum Heile der armen leidenden Menschheit und vor allem des eigenen Volkes.

Vielleicht wird mancher sagen, daß ich die okkulte Medizin zu sehr in den Vordergrund stelle und aus dem Arzt wieder einen „Zauberer oder Magier" machen wolle, was doch nicht mehr zeitgemäß sei. Darauf möchte ich nur folgendes erwidern: Ich empfehle die Methoden der okkulten Medizin nur insofern, als diese mehr leisten als die übrigen Heilweisen; denn in der praktischen Heilkunst kommt es nur auf die effektive Leistung an. Wenn irgendwo, so gilt hier der Spruch: „Das Bessere ist des Guten Feind."

Daß aber in jedem wirklich guten Arzt ein Stückchen Zauberer oder weißer Magier vorhanden sein muß, gibt auch Liek zu. Und sei es auch nur die Magie der Güte, die ihm entströmt, der Zauber der selbstlos-hingebungsvollen Liebe aller leidenden Kreatur gegenüber und der magisch wirkende Wille des Helfenwollens. In der Hand eines solchen Arztes fühlt sich der Kranke wohl und geborgen. Man erkenne doch endlich, wie viel gerade beim Arzt von der Macht seiner Persönlichkeit abhängt, von Imponderabilien und seelischen Potenzen, die man bisher für nebensächlich hielt. Und doch machen diese neben Wissen und Können das Geheimnis der wahrhaft großen Ärzte aus. Paracelsus nannte sie „die zum ärztlichen Beruf notwendige Tugend", man könnte heute dafür Gnade, Talent oder Tauglichkeit sagen. Auch heute noch – oder wieder – ist Paracelsus eine unerschöpfliche Fundgrube auf dem Wege zur wahren Heilkunst, falls man sich nur bemüht, in den Geist seiner Medizin einzudringen.

Aber man findet auch in den Schriften von Reformärzten sehr wertvolle Gedanken und Leitsätze. So z. B. sagt Dr. med. Walther Kröner, Charlottenburg, in seiner sehr lesenswerten Broschüre: „Die Gesundheitsreform des deutschen Volkes":

„Was unterscheidet und scheidet uns Reformärzte von dem

herrschenden wissenschaftlichen und medizinalpolitischen System, dem Medizinismus unserer Tage?

Da ist zunächst und immer wieder das weltanschauliche Moment hervorzuheben. Deshalb so wichtig, weil alle Formen des bürgerlichen Lebens, der Wissenschaft, der Wirtschaft, des Sozialen, alle form- und schicksalsbestimmenden Bewegungen, Reformationen und Revolutionen in der Welt- und Völkergeschichte, letzten Endes auf weltanschauliche Strömungen, seien sie religiöser, seien sie philosophischer Natur, zurückgehen. Man kann also konstatieren, wie die Weltgeschichte letzten Endes von der Metaphysik her gemacht wird und wie das Transzendentale wiederum nicht eine gedankliche Konstruktion einzelner Köpfe ist, sondern etwas aus den Urtiefen der Volks- und Menschheitsseele Emanierendes, der Ausdruck der Sehnsüchte, Ängste, Verirrungen und Begnadungen, das eine Mal wie eine ansteckende Krankheit, das andere Mal wie ansteckende Genesung sich über den Lebensraum ausbreitend, je nachdem, ob das göttliche oder luziferische, das idealistische oder das materialistische Moment in diesen ‚Urströmen‘ überwiegt.

Unsere eigentliche alte deutsche Heilkunst vor dem großen Liberalen VIRCHOW, wurzelte vielmehr in Volkstiefen, in der Empirie der Naturfühligen einerseits, in mystisch-philosophischer Intuition genialer Adepten andererseits. Letzten Endes ist ja doch die Medizin rein religiös-priesterlichen Ursprunges. Und das Religiöse wiederum läßt sich ebenso wie die Heilkunde noch weiter zurückführen auf das eigentliche Okkulte, auf die Magie, die seelische Lebensform der menschlichen Urrasse: Krankheit ist ja nicht eine materielle Vergiftung, sondern ein geistiger Zerfall mit der Natur und mit dem Göttlichen im Menschen, ist Behexung, Verzauberung, schwarze dämonische Magie.

Und heilend wirkt die Rückkehr zu den Quellen der Natur und des Göttlichen, heilend wirkt der Heiler, der heilende Geist, die heilende Hand, der Zauber, die weiße Magie."

So schrieb also DR. W. KRÖNER im Jahre 1933. Man ist als Außenseiter freudig überrascht, derartig richtige, vernünftige und metaphysisch begründete Ansichten auch von einem deutschen Reformarzt zu hören. So schließt sich der Ring, nämlich die Erkenntnis, daß zu Urzeiten die Magie die Quelle war, aus der die Heilkunde entsprang und daß wir heute wieder, geläutert durch unendliches Leid, zu den wahren Heilsquellen zurückstreben müssen, zur Natur und zum Göttlichen und aus dieser gnadenvollen Symbiose damit wieder zum heilenden Wirken des weißen Magiers im Gewande des ärztlichen Heilers.

Das aber ist in wenigen Worten auch das Programm der Medizin des PARACELSUS. Und der Geist dieser Medizin hat heute die besten Reformärzte und Heilkundigen in Deutschland erfaßt. Er pocht auch mit dröhnenden Schlägen an alle Pforten. Öffnet man ihm in Verblendung und Hochmut nicht die Tore, so wird er dennoch über die Gegner ruhig hinwegschreiten. Er wird sich dann unter suchenden Menschen immer mehr taugliche Werkzeuge auswählen und im Volke die Reformation der Medizin beenden, die er vor 400 Jahren begonnen hat.

Und man wird einsehen, daß die wahre Heilkunst sich mindestens auf zwei Säulen stützen muß: auf Verstand und Gefühl oder auf Wissenschaft und Kunst, wobei aber zu bemerken ist, daß der Verstand weitaus leichter irrt, als das hochentwickelte Gefühl der erwachten menschlichen Seele.

Literaturnachweis

A. M. GRIMM, Das Horoskop in der Hand, 1932.
DR. MED. WALTHER KRÖNER, Die Gesundheitsreform des Deutschen Volkes, 1933, Göppingen/Württ.

G. W. SURYA

Paracelsus – richtig gesehen

Surya ging davon aus, daß alles Leben von Allkräften bestimmt ist, das heißt, von Gott stammt. Ganz im paracelsischen Sinne erkannte er, daß der Mensch aus der in drei geteilten Einheit von Körper, Seele und Geist besteht.
Wir müssen daher die ,,okkulten", das heißt die noch nicht sichtbaren oder greifbaren Gesetze auf Gebieten wie zum Beispiel der Telepathie, der Geistheilung, des Hellsehens usw. erforschen, um zum Beispiel körperliche Schädigung auf geistiger Basis erkennen und heilen zu können.
Der Mensch ist in kosmische Bezüge eingebettet, und nur aus dieser Sicht und nach der von G. W. Surya praktizierten Methode kann das Werk von Paracelsus richtig gedeutet und verstanden werden.

Homöopathie

Isopathie, Biochemie, Jatrochemie und Elektrohomöopathie und deren Beziehungen zum Okkultismus

Mit einem Anhang ,,Praktische Homöopathie"
von Freiherrn von Hohenstein

Okkulte Diagnostik und Prognostik

Mit einer Tafel für die Augendiagnose
und zahlreichen Abbildungen

Rohm Verlag   7120 Bietigheim

G. W. SURYA

(in Vorbereitung)

Schlangenbiß und Tollwut

Eine Sammlung seltsamer, jedoch äußerst wirksamer
Heilmethoden dagegen

Die Sonne, das Licht und die Heilkraft des Lichtes

Vom geheimwissenschaftlichen Standpunkt betrachtet

Ursachen der Krankheiten

Wesen und Überwindung des Leides

Die Kraft der Gedanken
des Wunsches und Gebetes

Über die Anwendung geistiger Kräfte

Der Tod – kein Ende

Naturwissenschaftliche Begründungen der Seele und
Tatsachen, die für ein Fortleben nach dem Tode sprechen

Rohm Verlag   7120 Bietigheim